믿고 있다면
모든 것이 가능하다

믿고 있다면 모든 것이 가능하다

발행일	2015년 9월 30일			

지은이	김 정 훈			
펴낸이	손 형 국			
펴낸곳	(주)북랩			
편집인	선일영	편집	서대종, 이소현, 권유선	
디자인	이현수, 윤미리내, 임혜수	제작	박기성, 황동현, 구성우, 이탄석	
마케팅	김회란, 박진관, 이희정, 김아름			
출판등록	2004. 12. 1(제2012-000051호)			
주소	서울시 금천구 가산디지털 1로 168, 우림라이온스밸리 B동 B113, 114호			
홈페이지	www.book.co.kr			
전화번호	(02)2026-5777	팩스	(02)2026-5747	

ISBN	979-11-5585-755-7 03320(종이책) 979-11-5585-756-4 05320(전자책)

이 도서의 국립중앙도서관 출판예정도서목록(CIP)은 서지정보유통지원시스템 홈페이지(http://seoji.nl.go.kr)와
국가자료공동목록시스템(http://www.nl.go.kr/kolisnet)에서 이용하실 수 있습니다.
(CIP제어번호 : CIP2015025853)

서른다섯 김정훈의 불가능에 대한 도전

믿고 있다면
모든 것이 가능하다

국제사회 최대목표를 지원하는, 전 세계 유일의 UN 지원모델 설립

김정훈 지음

'미래가 기대되는 젊은 리더'

- 반기문 UN 사무총장

접시닦이 아르바이트생에서
국제무대의 글로벌 리더로
서기까지의 여정

북랩 book Lab

2000년
스무 살에 입대했던
해병대

2004년 스물네 살 때
반기문 당시 외교통상부
장관님을 직접 개최한
컨퍼런스에 초청했었다.

스물네 살, 반기문 총장님과의 세 번째 만남

2005년 서울시청 근무 때 당시 이명박 시장님과
유인촌 서울문화재단 대표님과 함께

2007년 역대 최연소로 대통령직인수위원회 방송담당
관으로 임명되었다. 당시 이경숙 인수위원장께 임명장
을 받는모습

2008년 인수위를 나온 후 8개월간 접시 닦는 아르바
이트를 하였다.

2008년 인수위를 나온 후 호텔에서 아르바이트할 때

2009년 출간한 『세계의 리더와 어깨를 맞대라』는 문광부 선정 우수교양도서이자 베스트셀러가 되었다.

첫 번째 책 출간 후, 놀랍게도 코스모폴리탄, 쎄씨, 루엘 같은 유명 패션매거진의 인터뷰와 화보촬영 제의가 들어왔다.

2009년 첫 해외출장으로 내몽고 사막을 방문했다. 박대원 코이카 이사장님과 강진욱 연합뉴스 부장님과 함께

2009년 내몽고 출장 때

2009년 숙명여대 강연에서

2009년 정부 녹색성장위원회에서 강연 중인 모습

2010년 4월 일본의 리츠메이컨대학교에 초청 강연을 했다.

2010년 에티오피아 출장 시, 빈민촌 입구에서 만난 아이들

2010년 에티오피오 출장 시, 해맑은 아이들과 함께

2010년 에티오피아 출장 시, 한국정부가 세워준 초등학교 방문

2010년 에티오피아의 빈민촌 방문

2010년 6월 베트남 출장 시, 중부지역의 한 초등학교를 방문하였다. 역시 우리 정부에서 세워 준 학교다.

에티오피아 출장 시 한국전 참전용사들과 함께

2010년 6월 미얀마에서 코이카 동료들과 즐거운 아침 식사 중

미얀마 출장 시, 구제역 방지사업 차 방문했던 우시장에서

2010년 6월 당시 군부정권하에 있던 미얀마를 출장 차 방문하였다.

2010년 봄 아시아나항공과의 프로젝트 진행 시, 어떤 일을 하든 혼신을 다했다.

2010년 강연을 하면 수많은 청중들에게 둘러싸여 사인을 하였다.

2010년에는 여러 곳에서 강연을 많이 하였다. 이화여대 초청강연 중

2010년 서울대 강연

2010년 G20브릿지포럼의 기획단장으로 재직시 우간다
부통령과의 면담

2010년 12월 코이카에서의 마지막 근무시절

2011년 코이카 퇴직 후 개인 사무실을 열었을때 구한
1.5인실의 매우 작은 방

2011년 한 외교모임에서 조해진 의원님을 만났다. 그는
나와 서울시에서 함께 일한 인연이 있었다.

2011년 IDP 설립 후 첫 캠페인의 수익금 전액을 유니세
프에 기증하였다. 박동은 유니세프 사무총장님과 장광
효 디자이너 선생님과 함께

2012년 직접 개최한 캠페인 행사에서 연설하고 있는 모습

김정훈 캠페인 특별대표와 대화 나누는 박근혜 비대위원장

뉴시스　2012.03.09 오전 9:10
최종수정　2012.03.09 오전 9:11

가－　가＋

2012년 IDP를 설립하고 개최한 두 번째 캠페인에 당시 유력 대선후보였던 박근혜 비대위원장께서 참석하였다. 박 위원장님 앞에서 인사말 하는 모습

2012년 내가 개최한 캠페인에 참여한 당시 박근혜 비대 위원장님과 있는 모습을 보도한 기사

2012년 7월 국회 캠페인에 함께한 IDP 직원들과 스태프들

2012년 IDP 설립 후 세 번째 UN 캠페인을 국회에서 개최 하였다. 당시 함께한 나승연 전 평창올림픽 대변인님, 김주 원 발레리나, 김세연 의원님, 이희성 인텔 사장님과 함께

2012년12월 UN 본부 방문 시 총장님과 함께

2012년 UN 본부 출장 시, UN의 상징인 총회장을 방문 하였다.

2012년 12월 뉴욕 출장 시, 5번가 애플 플래그샵 앞에서

2013년 세계적인 명품 브랜드 TOD'S의 기획모델로 발탁되었다.

2013년 중국 서안에서의 강연

2014년 UN협회세계연맹(WFUNA) 보니안 골모하마디 사무총장님과 강남 한 치킨집에서 식사 중

2014년 5월 국회와 함께 설립한 국회 UN SDGs 포럼 행사에서 진행을 하고 있는 모습

2014년 5월 국회 UN SDGs 포럼에서 포럼대표 권성동 의원님, 정의화 국회의장님, 기업인 분들과 함께

2014년 UN 본부 출장 시, 아미나 모하메드 UN 사무차장보님과의 업무미팅

2014년 8월 UN 출장 시 함께한 국회대표단과 기업대표단

2014년 UN 본부 출장 시, 얀 엘리어슨 UN 사무부총장님을 면담했다.

2014년 8월 UN 본부 출장 시 반기문 총장님과 함께

2014년 여름 UN 본부 출장 시 숙소에서 본 아름다운 뉴욕시

2014년 여름 유럽 출장 중 독일 뮌헨역에서 기차를 타기 직전

2014년 여름 유럽 출장 시 파리의 센느강가에서

2014년 여름 유럽 출장 중 체코의 수도 프라하를 방문했다. 많은 국가를 방문했지만, 프라하만큼 아름다운 곳은 없었다.

2014년 여름 유럽 출장 중 오스트리아의 잘츠부르크를 방문했다. 글을 모르는 사람을 배려하기 위한 인상적인 상점간판들이 보인다

2014년 세계자연기금 장폴페덱 본부장님과 함께, 2013년부터는 본격적으로 여러 국제기구들과 많은 협력을 하였다.

2014년 가을 중남미 출장 시, 칠레를 방문하여 주 칠레 대한민국 대사관의 유지은 대사님을 뵈었다. 그는 코이카 시절부터 나와 인연이 있었다.

2014년 가을 중남미 출장 중 면담한 칠레 외교부 차관 보님과 함께

2014년 가을 산티아고에 있는 UN 중남미경제위원회를 방문하여 에너지 담당 국장님들과 면담하였다.

중남미 출장 중 파타고니아에 있는 숙소 앞 뜰에서 망중한을 즐기고 있다.

2014년 칠레출장 중 효찬 씨와 지구대륙의 땅끝으로 걸어가고 있다.

UN 중남미경제위원회 본부에서

2014년 가을 칠레 출장 중, 지구대륙 땅끝마을인 푼타 아레나스를 방문했다. 손으로 가리키는 곳이 남극으로 가는 전초기지이자 지구의 끝부분이다.

중남미 출장 중 방문한 파타고니아의 또레스 델 파이네 의 툰드라 지역

2014년 가을 출장으로 방문한 빙하지역, 그 아름다움은 말로 표현할 수 없었다.

2014년 글로벌기업 GE에서 연설 중

2014년 12월 세계적 기업 GE의 여성을 위한 특별대사로 임명되었다

2014년 12월 ASD와 UNOSD, 환경부가 함께 개최한 대학생 UN SDGs 제주총회

최고 미래인재들인 대학생 UN SDGs 홍보대사들과 함께

ASD가 UN협의지위 기구가 된 후, 여러 기업들의 참여를 이끌어냈다. 현대엔지니어링 기획실장님과 함께

SK하이닉스의 ASD 가입 시, 대외협력본부장님과 함께

KT와 11개기업 노사가 함께 만든 노사공동나눔협의체
UCC 주역들과 해외 봉사활동

그 어떤 말로도 존경과 사랑을 충분히 표현할 수 없는,
내 삶의 영원한 스승이신 사랑하는 아버지, 어머니

많은 것을 알려주시는 훌륭한 리더 권성동 의원님과 함께,
현재 국회 UN SDGs 포럼 대표를 맡고 계신다.

UN 지원SDGs한국협회(ASD)의 직원들과 인턴, 스태프
들. 그들의 열정을 존경한다.

2014년 가을. 앞으로 다가올 그 어떤 도전도 감사함으
로 받아들일 준비가 되어있다.

2015년 UN 경제사회이사회 고위급회담에 나와 ASD가
낸 성명서가 채택된 뒤, 사무실 한쪽 벽을 가득 채운 UN
인증문서들 앞에서

나는 2009년에 『세계의 리더와 어깨를 맞대라』(21세기북스)라는 책을 출간했었다.

대단한 베스트셀러는 아니었지만, 수많은 사람들이 책을 읽었고, 자기계발 분야 베스트셀러에 오르기도 했다. 또한 문화체육관광부의 우수교양도서로도 선정되며, 처음 글을 쓴 사람으로서는 드물게 스포트라이트를 받았다.

그 책은 당시 내 삶에 작지 않은 변화를 주었기 때문에, 나는 몇 년 후의 내 모습에도 큰 기대를 품었다.

6년이 지난 지금. 나는 그 기대 이상으로 삶의 계획을 잘 이루어 나가고 있다. 어쩌면 6년 전 상상하지 못할 만큼 많은 기적이 생기기도 했다.

하지만 조금 더 솔직하고, 현실적으로 말하자면, 나는 아직 여전히 누군가를 뒷받침하는 사람으로 살고 있다. 다른 누군가의 한마디, 한마디에 걱정하고 잠 못 이루는 날들이 예전보다 더 많아진 것이다.

꽤 화려한 경력을 가지고 있고, 한때 주요언론에서 주목하는 차세대 리더였음에 불구하고, 지금의 현실은 어느 곳에서도 내 이름 한 줄 표현할 수 없는 사람이며, 여전히 너무나 큰 벽 앞에서 서 있는 사람이다.

이 책은 전작처럼 어떠한 일방적인 희망의 메시지를 담고 있거나, 힘내라는 말을 하는 이야기는 절대 아니다. 그래서 어떤 이는 읽고 나서, '결국 그래서 어떤 말을 하고 싶은 거야?'라고 의문을 가질 수도 있다.

하지만 이 이야기는 생애 가장 치열하게 살아온 모든 순간에 대한 기록이며, 가장 거친 도전들을 하나씩 헤쳐나간 생생한 삶의 도전기이다.

따라서 이 책 속에는 우리가 살아가며 느낄 수 있는 모든 감정들, 모든 기쁨과 슬픔, 모든 고통의 과정이 가감 없이 기록되어 있다. 그리고 내 삶의 이야기이자 동시에 이 책을 읽는 당신이 생각할 수 있는 모든 꿈에 대한 이야기이다.

우리가 수많은 파도와 도전을 맞이하며, 잠 못 이루는 밤을 새우고, 또는 슬픔과 힘듦 속에서 눈물 흘릴지라도, 나는 그러한 현실의 벽 앞에 서 있는 모든 사람에게 이 이야기를 꼭 전하고 싶었다.

남극과 가장 가까운 땅에 있는 아르헨티나의 우수아이아(Ushuaia)에 가면, 새겨져 있는 말이다.

'여기는 세상의 끝, 그리고 모든 것의 시작.'

사람들이 세상의 끝 지점이라고 말하지만, 사실 남극에서 바라본다면 그곳은 세상의 시작점이기도 하다. 즉 모든 것이 끝났다고 생각하는 순간, 그것은 새로운 시작을 의미하는 것이다. 어떠한 상황에서도, 멈추지 않고 계속 걸어간다면, 틀림없이 인생에서 가장 빛나는 순간을 맞이하게 된다고 말하고 싶다.

나는 음악을 사랑하며, 비 오는 날의 창밖과 비 온 뒤 맑아진 땅을 보는 것을 좋아한다. 푸른 나뭇잎과 숲의 향기도 좋아한다. 아름다운 자연을 좋아하며, 눈 내리는 새벽에는 설레는 마음에 쉽게 잠이 들지 못한다. 동물들의 해맑은 장난과 웃음, 그리고 꼬리 치는 그 모습들을 너무나 사랑한다. 영화를 사랑하고 모든 예술적 감성과 창의성을 존경한다. 그리고 삶의 순간순간에 보이는 힘든 결실과 땀, 노력, 열정을 쫓아다닌다. 늦은 밤 힘들어서 지친 어깨를 늘어트리고 집에 들어서는 모든 이들의 영혼을 존중하며, 막 짓기 시작한 공사현장에서 먼지 범벅이 된 이들을 존경한다. 삶을 동경하면서 선한 목적으로 자신의 삶에 충실한 이들을 늘 사랑한다. 풍족한 땅보다는 거친 땅을 좋아하며, 멋진 옷보다는 조금 해진 옷을 더 좋아한다. 가족을 위해 새벽까지 잠 못 드는 이 땅의 모든 부모님을 진심으로 존경한다. 세상의 강자보다는 약자의 눈을 더 오랫동안 마주치며, 삶에 지쳐 쓰러져가는 모든 이들과 마음을 나누고 싶어 한다.

역사를 좋아하고, 인류가 지나온 길들을 존경한다. 그리고 앞으로 상상할 수 있는 모든 세상을 공상하길 좋아하며, 우리가 만들 미래의 역사를 그리길 좋아한다. 때때로 나의 성격과 판단에 주변 사람들이 고통받을 때는, 나 역시 밤잠을 이루지 못한다. 사랑하는 것을 좋아하며, 상대방에게 따뜻한 사랑을 받는 것도 좋아한다.

언젠가는 사람들이 가지고 있던 그 따뜻하고 아름다운 순수함이 그리워질 것이다. 녹아내린 빙하를 뉴스에서 보게 될 것이며, 뜨거운 태양과 막을 수 없는 추위를 걱정해야 할지 모른다. 나는 그 순간을 우리 조카와 미래에 탄생할 내 자녀들에게 물려주고 싶지 않다. 그들이 나와 같은 부드러운 눈으로 세상을 담아내길 희망하며, 여전히 푸른 잔디밭에서 따뜻한 마음으로 동물들을 쓰다듬어 주길 원한다. 그들보다 부족한 누군가에게 손 내밀기 원하며, 부정과 부패에 목소리를 낼 수 있기를 바란다. 맑은 공기를 마시며, 푸른 바다의 노을을 지켜볼 수 있길 바란다.

하나님이 이 우주와 이 땅 모두를 만드신 거라면, 지구의 나머지 역사와 환경은 모두 인류가 만들어왔다. 나는 인류가 가진 그 무궁무진한 가능성을 믿으며, 오랜 시간이 지나더라도 맑은 향기가 나는 흙과 하늘을 바라보고 싶다.

오늘날 전 세계 72억 명의 인구 중 10억 명이 식수난에 시달리고 있다. 전 세계 아이들 20억 명 중 4억 명이 깨끗한 물을 마시지 못하고 있으며, 수인성 질병으로는 매년 200만 명의 사람들이 목숨을 잃고 있다.
아프리카 사하라 이남 지역에서는 4명 중 1명이 만성 영양실조에 허덕이고 있다. 그리고 지금 글을 읽고 쓰지 못하는 모든 어린이가 기본적인 읽기 능력만 갖추더라도, 전 세계 빈곤 인구의 1억 7,100만 명이 절대 빈곤에서 벗어날 수 있다고 한다.

나는 이러한 사실들을 알면서도 그냥 모른 척 평온하게 살아갈 수 없었다. 모든 인류의 삶에 대해 무한한 경의를 가지고 있지만, 우리가 그러한 가치들을 특정 누군가에게만 한정시키는 건 분명 공평치 않은 일이었다.

혼자 하는 일들은 종종 큰 어려움에 부딪힌다. 그리고 어떤 희망을 품기도 전에, 포기해야 하는 상황을 맞이하곤 한다. 하지만 나는 우리가 가진 지나온 역사와 수많은 가능성이 내가 생각하고 사랑하는 그 모든 존재에 대해 해답을 줄 수 있을 거라고 믿고 있었다. 그래서 어떠한 도전도 감사함으로 받아들이고 담대한 마음으로 이 일을 시작하기로 하였다.

목 차

고
요
한 오후

오후의 햇살이 넓은 창문을 통해, 방 안 전체를 환하게 비추고 있었다.

나는 22층 내 방에 있는 하얀색의 넓고 푹신한 침대에 앉아 그 햇살을 즐겼다. 그리고 30분 뒤 시계를 보고는 천천히 자리에서 일어났다.

우리가 머문 호텔은 'One UN Plaza'였는데, 정식 이름은 'One United Nations Plaza Hotel'이었다. 'UN'과 'United Nations'이라는 명칭은 UN의 헌법인 UN헌장에 의해 엄격히 제한되는데, 어떻게 호텔 이름을 'UN Plaza'라고 지을 수 있었을까. 나는 방 키에 새겨진 호텔 이름을 물끄러미 보다가 1층 안내데스크로 향했다. 이미 며칠간 자주 인사를 나눈 데스크 직원은 친절하게 대답해 주었다. 현재 호텔의 일부 층을 UN에서 사무실로 사용 중이고, 이 호텔도 UN 건물 일부라고 보면 된다는 설명이었다. 그러고 보니, 내가 있는 이곳은 '뉴욕 맨해튼 1Ave. 46St.'였다. 다른 의미로 말하면, 매우 특별한 건물이 위치한 곳이라는 뜻이다.

호텔의 1층은 넓은 로비공간과 더불어 매우 안락한 소파와 의자들로 채워져 있었다. 약속한 시각이 다가오자, 우리 일행이었던 국회의원님 세 분과 LG, CJ, KT, 인텔에서 각각 참여한 고위급 임원과 CEO 네 분이 비어 있는 소파에 차례로 자리했다. 오전에 있었던 두 번의 미팅일정 때문이었는지, 다들 피곤한 기색이 역력했다.

이른 오전, 우리는 할렘가로 이동하여 찰스 랭글(Charles. B Rangel) 미국 연방 하원의원님을 만났다. 그는 한국전쟁 참전용사 출신이었고 친한파 의원으로 유명했다. 85세의 연세에, 무려 23선(46년 동안 의원 재직)을 기록한 미국을 대표하는 입지전적 국회의원이었는데, 그의 발언은 막힘없었고, 동시에 인간미가 넘쳤다. 또한 미국의 가치와 민주주의 가치들이 말 속에 담겨 있었다. 문득 그를 국회의원으로 둔 미국 국민들이 자랑스러울 것 같다는 생각이 들었다. 백전노장의 랭글 의원님은 우리와 헤어지는 시간을 무척 아쉬워했다. 다음 만남을 기약하고, 우리는 자리를 이동하여 손세주 주 뉴욕 총영사님을 만났다. 미국식 중식당의 안락한 2층 방에서 시작한 오찬은 금세 떠들썩해졌다. 열다섯 명이 모인 식사 자리는 마치 미국 땅에서 오랜만에 모인 한국인 대학 동창회처럼 화기애애한 분위기였다. 다양한 주제로 서로 토론하고 제안하며 이야기를 나눴다. 훌륭한 음식과 와인을 마시며 뉴욕의 한여름 오전과 점심시간이 금방 지나갔다.

나와 우리 스태프들은 일행들이 모두 소파에 앉는 것을 보고, 간단히 인사를 한 뒤, 한쪽 벽면에 위치한 커피숍에서 따뜻한 커피 몇 잔을 주문했다. 다들 한 모금씩 들이키고, 조금 밝은 표정으로 돌아왔다. 일행들이 커피를 마시는 동안, 난 로비 반대편에 있는 작은 방으로 걸어가 주 유엔 대한민국 대표부의 한충희 차석대사님과 환경담당관인 조 과장을 만나, 일정과 이동 동선에 대해 다시 한 번 시나리오를 검토했다. 그리고 잠시 후 로비로 가서 일행들에게 간단한 브리핑을 한 후 호텔 밖으로 다 같이 이동했다. 아주·엷게 흩날리는 가랑비 사이로 햇살이 빛났는데, 마치 보석처럼 반짝이고 있었다. 호텔에서 조금 걸어가자 이스트 강변에 서 있는 큰 건물들이 눈에 들어왔다. 우리는 횡단보도를 건너서 그곳으로 줄을 지어 걸어갔다.

경기장처럼 가로로 길게 이어진 큰 건물 옆에, 조금 낡았지만 웅장한 직사각형 모양의 높은 현대식 건물이 서 있었다. 이곳은 매년 193개국의 대표들이 모여 국제사회의 다양한 문제 해법을 찾는 곳. 세계에서 가장 큰 국제기구, 국제사회의 가장 강력한 조정자이자 해결사, 바로 국제연합(United Nations) 본부였다. 우리가 흔히 UN이라고 부르는 곳이다.

우리 일행이 UN 본부 동쪽 편의 작은 문 앞에 이르자, 밝게 인사하는 신사 한 분이 우리를 맞이했다. UN 의전장님이었다. 그는 의원님들과 기업인들과 차례로 인사를 나눈 뒤, 나에게 인사했다. "김 국장, 그동안 잘 지내셨어요? 오랜만이죠?" 그와는 이미 2년 전에 이곳에서 인사를 나눈 구면이었다. 의전장님은 반기문 UN 사무총장님의 모든 일정과 UN에서 이루어지는 최고위 회담과 면담 일정을 모두 결정하는 매우 중요한 위치에 있었고, 그만큼 총장님께서 깊이 신뢰하는 분이었다.

그와 간단한 대화들을 이어가며, UN 본부 건물 내부의 보안 게이트를 통과했다. 그리고 엘리베이터 두 대를 나눠 타고, UN 지속가능발전목표(SDGs)의 최고 책임자인 아미나 모하메드(Ms. Amina J. Mohammed) 사무차장보님과 토마스 가스(Mr. Thomas Gass) UN 사무차장보님을 만나러 갔다. 우리는 두 사무차장보님과 회의를 한 뒤, 특별한 약속을 위해 38층으로 이동하기로 되어 있었다. 38층은 최고위 인사 두 분(UN 사무총장과 UN 사무부총장)의 사무실이 있는 곳이다. 떨리는 순간이었다. 2년 만에 뵙게 되는 총장님과의 첫 인사를 어떻게 나눌지 머릿속에 여러 생각이 들었다.

특별히 우리 일행은 반기문 총장님과 UN을 매우 의미 있는 목적으로 방문하는 국회의 공식 외교사절단이었다. 나와 국회 리더들의 적극적인 노력 끝에, 우리 국회와 기업이 인류의 지속가능성을 위해 특별한 일을 함께하는 첫 번째 움직임이기도 했다. 긴장되는 순간이었다.

새벽

| 스물여덟 살, 2008년 6월

그때는 분명 짙은 어둠이었다. 하지만 그 시기는 언젠가는 동이 틀 거라고 스스로 믿었던 새벽이기도 했다.

오전 7시부터 꼬박 8시간을 쉬지 않고 일했다. 식기 세척실에서 나오면 온몸이 땀으로 범벅이 되어 있었다. 점심 손님들이 떠난 후 한참 지나서인 오후 4시부터 겨우 30분 정도 허리를 펼 수 있었다. 식당 뒤 창고 옆, 쓰지 않는 의자를 몇 개 이어 붙여서 누워 쉬곤 했는데 새벽부터 중노동을 해서 무척 피곤한데도 쉽게 잠을 잘 수 없었다. 누워 있으면 하얀 천장이 마치 우주가 된 것처럼 여러 이미지가 떠돌아다녔다. 많은 생각과 상상들이 머리 안을 가득 채우고 있었기 때문이다.

최연소 대통령직인수위 방송담당관

2월 말 17대 대통령직인수위원회가 마무리된 후, 나는 석 달째 줄곧 실직자였다. 어쩌면 그 기간은 실직했던 시기가 아니라 처음부터 너무 닳고 닳은 생각을 했던 내 자신을 후회했던 시기인지도 모른다. 인수위원회에 역대 최연소로 입성했다는 사실이 현실에 대한 눈을 멀게 했고, 당시 나는 스물일곱 살 청년이 가져야 할 순수함과 열정 대신 오만함으로 가득 차 있었다. 한동안은 함께 선거캠프에 일하다가 청와대나 정부 요직에 들어간 사람들이 부럽고 원망스럽기도 했다. 그들 중 나와 계속 연락을 주고받는 사람은 거의 없었다.

선거캠프 기간 중 300명이 넘는 기자들의 손발, 또는 메신저가 되어 주었지만, 기자들 역시 나와 연락이 닿는 사람은 손에 꼽을 정도였다. 아무에게도 내 신세를 한탄하거나 늘어놓을 수가 없었다. 그렇게 오랫동안 공공의 역할을 위해 봉사한 대가는 정말 참담했다. 주변의 기대에 부응하지 못했다는 사실도 나를 힘들게 했지만, 무엇보다 나 스스로에 대한 절망감과 실망감이 나를 무겁게 누르고 있었다.

인수위에 있는 동안, 어떤 신문에서는 내 이름이 차기(18대) 국회의원 출마후보 예상명단에 거명되기도 했다. 말 그대로 예상명단이라고 해도, 놀라운 뉴스였다. 그만큼 일에 대한 실력과 주위 평가는 좋은 편이었다. 내가 맡은 임무가 캠프에 참여한 국회의원들과 참모들처럼 중요한 임무는 아니었기에 실력이라고 말할 수도 없었지만, 나만의 확실한 무기는 있었다.

바로 누구도 따라올 수 없는 부지런함이었다. 난 언론 팀의 막내 공보비서였는데, 주로 맡은 일은 세 가지였다. 비서실에서 대통령 예비후보의 주요 일정을 받아서 당시 조해진 공보특보(훗날 18, 19대 국회의원)와 상의하여 공개일정만 기자들에게 알리는 일이 첫 번째 임무였고, 캠프에서 나오는 수많은 보도자료와 반박자료를 재빠르게 언론사에 전달하는 일이 두 번째 임무였다. 그리고 마지막 임무는 새벽에 신문

가판(아침에 나오는 본판 전에 나오는 임시신문)을 확인하여, 캠프 핵심인사들에게 다음 날 나올 주요기사에 대한 문자 브리핑을 하는 것이었는데, 이 마지막 업무가 쉽지 않았다. 보통 새벽 한두 시쯤에 광화문 동아일보 본사 앞에 가판이 나왔고, 이 가판신문 서너 개를 재빨리 확인하고 문자를 보내도 3시 가까이 되어야 끝났다. 집에 가면 네 시였고, 씻고 아침 7시 30분에 나오면 잠을 채 세 시간도 잘 수 없었다. 적어도 1년 넘게 이 일을 했기 때문에 캠프 고위층과 기자들 사이에서는 내 이름과 부지런함이 거론될 수밖에 없었다. 그리고 그런 평가가 기대 이상으로 좋게 나오기도 했다.

하지만 시간이 지나면서 그런 좋은 평가들은 스스로를 오만하게 만들었다. 내 일 처리와 사교성을 좋아하는 사람도 있었지만, 반면에 다른 시선으로 보는 사람들도 점점 많아졌다. 그렇지만 그때는 정말 그런 시선들을 느낄 수 없었다. 아니, 느끼지 않았다기보다 일부러 외면했던 것 같다. 나에 대해 좋지 않은 평가를 하는 사람들은 그들의 자격지심이라고 생각했다. 불과 스물일곱의 나이에 수많은 사람들을 내 기준과 잣대로 함부로 평가한 것이다. 몇 년이 지난 뒤에 그때를 되돌아보면, 당시 내 모습을 이해할 수 없었다. 2년을 넘게, 그 폭풍 같았던 선거캠프에서 참고 인내하며 살아남았는데, 왜 모든 것이 마무리되는 그 두 달을 참지 못했을까. 오만함과 교만함이 얼마나 많은 것을 잃게 하는지 알게 된 시간이었다.

두 달간은 늘 전화기를 붙잡고 있었다. 그러나 점차 시간이 지나면서 전화를 보는 빈도가 줄어들었다. 한편으로는 현실에 차츰 적응하고 있었지만, 다른 한편으로는 선거캠프에서 일한 대가가 좋은 일자리에 대한 보상이라고 생각했던 스스로에게 지쳐 가고 있었다. 아침에 일어나면 한참을 앉아서 생각했다. 내 생각들을 반성해 보기도 했고, 앞으로 어떤 일들을 해야 할지 고민하기도 했다. 몇 주간 그렇게 고민한 끝에, 어떠한 일이든 다시 처음부터 시작해 보기로 마음먹었다. 먼저 그때까지의 내 자신의 상황을 냉정히 생각해 보았다. 스물여덟 살이었고, 대학교를 졸업한 후, 1년간의 서울시청 근무 경력, 그 이후로는 2년간의 선거캠프와 대통령직인수위원회 경력이 있었다. 서울시청 근무 경력은 새로운 곳에 취직할 때 도움이 되기에 너무 짧은 경험이었고, 선거캠프 경력은 기업 입장에서 호감이 갈 것 같지 않았다. 인수위 경력은 스스로에게는 대단하고 자랑스러운 경력이었지만, 역시 기업 입장에서는 부담스러울 수 있을 것 같았다. 스물다섯 살 때부터 정말 단 한 순간도 쉬지 않고 열심히 살아왔는데, 내 나이 때에 맞는 일반적인 경험은 아무것도 없었다.

그렇게, 내가 사회에서 필요로 하는 사람이 아니라는 것을 깨닫기까지는 그리 오랜 시간이 걸리지 않았다. 그래서 현실적인 두 가지 고민을 했다. 그전까지의 경험은 모두 없던 길로 하고 초심으로 첫 직장에 대한 취직 준비를 할 것인지, 아니면 일단 내 경험들을 언젠가는 활용할 수 있을 거라는 믿음을 가지고 우선 아르바이트를 할 것인지.
주위 대부분의 사람들은 적지 않은 나이지만, 그렇다고 아주 늦은 나이도 아니기 때문에 첫 직장이라는 생각으로 보통 이들처럼 취직 준비를 하라고 조언해 주었다. 하지만 긴 시간은 아니지만 지난 몇 년 간은 보통 20대가 할 수 없는 수많은 값진 경험들이었다. 그냥 모른 척할 수가 없었다. 무엇보다, 내가 가진 비전과 계획을 이렇게 도전에 부딪혔다고 해서 쉽게 버릴 수 없었다.

접시닦이 아르바이트

아르바이트를 하겠다고 마음먹고 인터넷 구직 사이트들을 하나하 나 천천히 살펴보았다.

정말 세상에 갖가지 종류의 수많은 일이 있었다. 대부분 누가 봐도 힘들 것 같은 일이었다. 새삼 느낀 점은, 그동안 부모님의 그늘 아래 지내며, 내가 얼마나 편하게 살았는지 깨달았다는 것이고 그 감사한 사실도 한동안 잊고 있었다는 점이다. 그 나이 되도록 부모님의 큰 희 생들에 대해 깊이 있게 생각해 보지 못했다는 것은 너무나 부끄러운 일이었다. 그리고 살면서 아르바이트 한 번 적극적으로 찾아보지 않 았다는 사실도 스스로를 부끄럽게 했다. 그래서 이왕 아르바이트를 할 거라면 남들이 선택하지 않는 조금 더 힘든 일을 찾아보기로 했다.

처음 도전한 일은 한 큰 대형서점의 물류창고에서 전국의 주요서점 으로 배송될 책들을 정리하는 일이었다. 큰 덩어리의 책들은 지게차 가 운반했지만, 세세한 정리는 대부분 사람의 손을 거쳐야 했다. 하지만 딱 일주일 일하고 어깨와 두 팔이 돌덩이처럼 굳어졌다. 한 걸음 내디딜 때마다 비틀거려서, 정말 더 이상은 못할 것 같았다. 다시 다른 일을 찾아보았다. 두 번째 일은 사무용 가구를 나르고, 현장에서 조립하는 일이었다. 일을 시작하고 2주째 되어, 한 대기업 임원실에서 책상을 조립하게 되었는데, 그때 그 방은 내게 잊을 수 없는 기억으로 남아 있다. 한 사람이 쓴다고 도저히 상상할 수 없는 크기의 넓은 방, 그리고 책상 뒤 창문을 통해 본 도심의 반짝이는 거리는 정말 꿈같은 광경이어서 탄성이 나왔다. 이 방에서 일하는 사람이 대체 어떤 사람인지 궁금해졌다. 분명 이 기업에서 꼭 필요로 한 중요 업무를 하는 사람일 것이라고 생각했다. 그리고 난 여기서 책상을 조립하고 있었다. 마음이 복잡해졌다.

그 일을 할 때 나는 작은 트럭을 타고 다니며 아르바이트를 했는데, 한 달 뒤쯤 사장님이 더 이상 트럭을 안 타도 된다고 말씀하셨다. 이제 조금 적응되었는데 왜 그래야 하는지 물어보니 경기가 좋지 않아서 일거리가 충분하지 않다는 설명이었다. 문득 다시 그 임원 방이 생각났다. 그는 경기에 상관없이 여전히 그 사무실에서 일하며, 가끔 창문 밖 거리를 내려다볼 수 있겠지?

우울한 마음을 뒤로하고 다시 세 번째 아르바이트를 찾아 나섰다. 삼성역 코엑스몰 안에 있는 링코라는 커다란 문구점이었다. 종일 서서 수천 가지가 되는 물건들을 손님들에게 안내하고 정리하는 일을 했는데, 이곳에서의 아르바이트는 내 자신의 총체적인 부실함을 인정하게 만들었다. 스무 살 때 입대했던 해병대 시절이 내 삶에서 체력적으로 가장 힘든 순간이라고 생각했었다. 물론 그 링코 아르바이트 하기 전까지의 생각이었다. 종일 서서 하는 일이 그렇게 힘들 것이라고는 상상하지 못했다. 그때는 잠시라도 어딘가에 앉아서 쉬고 싶은 생각뿐이었다. 물론 군 생활과 비교하는 건 무리겠지만, 그만큼 힘든 순간이었다. 이 일은 도저히 아니라는 판단에, 부끄럽게도 일주일 만에 그만두고 다른 일을 찾게 되었다.

서른다섯 살이 된 지금, 어머니께서는 10년 가까이 홈플러스에서 일하고 계신다. 나는 그 일주일간의 링코 아르바이트 이후로, 어머니께서 그동안 얼마나 힘드셨을까 하는 생각에 늘 마음 가득 걱정스럽고 죄송스러웠다. 물론 회사에서 동료와 선후배들에게 사랑과 존경, 인정을 받고 계시며 일에 대해서도 매우 자랑스럽게 생각하고 계시지만, 가끔 감기라도 걸리시는 모습을 뵈면 아들로서는 그저 죄송스러울 뿐이었다.

나는 링코 아르바이트를 그만두고 이틀 후 강남역에서 양재역 방향으로 길게 위치해 있는 강남대로변의 높은 빌딩 앞으로 갔다. 그곳 지하에는 족히 500명 이상이 한자리에 앉아 식사할 수 있는, 넓은 구내식당이 있었다. 식당은 건물 입주자뿐 아니라 외부인도 이용할 수 있게 되어 있어서, 식사시간이면 정말 줄이 끝없이 길게 이어졌다. 매일 점심때마다 이 많은 사람들이 오늘 내로 식사를 다 하고 갈 수 있을까 하는 생각마저 들었다. 난 점심과 저녁 시간 손님들이 식사 후 가져오는 식기들을 설거지하고 남는 시간에는 식당 내부 청소를 했다. 그중 특히 식기 세척실에 들어갔던 첫날이 기억난다. 식기 세척실에 들어가는 순간 다리를 지탱할 수 없을 정도로 숨이 막혀왔다. 세척실 안은 하얀 수증기로 가득 차 있었고, 그 수증기들은 숨쉬기 힘들 정도로 뜨거운 열기를 머금고 있었다. 거대한 세척기가 시끄러운 소리를 내며 뜨거운 수증기를 내뿜고 있었기 때문이다. 세척기에 식기를 넣기 전에 커다란 수조에 식기 세척제와 그릇들을 한꺼번에 쏟아 부었다. 하나씩 닦아서 세척기에 꽂으면 마치 19세기에 타던 증기기관차가 움직이듯이 세척기가 굉음을 내며 돌아갔다. 세척기 뒤에서 꺼낸 그릇들을 하나하나 정성 들여 닦고 건조시키면, 반대로 내 몸은 온통 땀으로 흠뻑 젖었다. 나는 그 세척실에서 오랫동안 일한 아주머니 한 분과 한 조로 움직였는데, 살면서 그때까지 그녀처럼 긍정적인 여성을 본 적이 없었다. 분명 그 일은 직업으로 하기에는 너무나 힘든 일이었다. 그래서 내가 근무하기 전에도 평균 한 달 단위로 아르바이트생들이 거쳐 갔다고 한다. 분명 한 달을 버티기도 힘든 일이었다. 하지만 놀랍게도 그녀는 그곳에서 4년 넘게 일하고 있었다. 더군다나 온몸이 땀범벅인데도 그녀는 늘 웃음과 미소를 머금고 있었다. 석 달째 월급을 받은 날, 아주머니는 자신에게 나와 나이가 비슷한 아들이 있다는 이야기를 했다. 한 번도 제대로 된 직업을 가져본 적 없는 아들은, 늘 나처럼 아르바이트를 하고 있었고, 아들을 번듯하게 교육시키고 키우지 못한 게 살면서 가장 후회되고 미안한 일이라고 말했다. 말하는 그녀의 눈에 눈물이 고였고, 난 마음이 너무나 아파 왔다. 그녀에게 아주머니 잘못이 아니라고 말했지만, 한동안 서로 말을 잇지 못했다. 내 기억으로는 당시 약 75만 원 정도의 월급을 받았던 것 같다. 놀라운 점은 아주머니 역시 나와 크게 차이 나지 않는 월급을 받았다는 사실이다. 그녀의 긍정적인 미소와 삶에 대한 의지에 큰 존경심이 생겼다. 불과 1년 전, 많은 국회의원들과 고위 인사들을 매주 마주했던 내게, 그녀는 그 어떤 사람보다 강해 보였다.

이곳에서 내가 했던 또 한 가지 일은 점심과 저녁에 사람들이 식사를 하면 남은 잔반을 처리하는 일이었다. 내 키와 엇비슷한 커다란 드럼통 두 개가 매일 나왔다. 잔반들을 드럼통에 넣기 전 커다란 비닐봉지 속에 넣은 다음 그 통들을 힘들게 끌고 나와서 건물 밖 주차장 뒤편에 옮겨 놓아야 했다. 그런데 최대한 사람들 눈에 띄지 않게 옮기려 해도 결국 강남대로변을 조금은 지날 수밖에 없었는데, 내 복장도 복장이지만, 드럼통에서 나는 엄청난 냄새 때문에 사람들이 내 주위를 한참 빙 돌아서 비켜갔다. 젊은 회사원들은 마치 못 볼 사람 보았다는 표정으로 나를 보며 코를 막고 돌아갔다. 나 역시 그 한여름에 몸 안에 남은 수분을 모두 짜내듯이 땀 흘리며, 재빨리 그 통들을 치우려고 했다. 그렇게 여름이 지나갔고 나는 이곳에서 넉 달을 일했다.

스물여덟 살, 마지막 아르바이트를 했던 곳은 마포역 근처에 있는 서울가든호텔이었다. 사실 나는 이 일이 내게 마지막 아르바이트가 될 거라고 생각하지 못했다. 그저 새로운 일을 다시 찾았다는 설레는 마음이었다. 이 호텔은 내게 특별한 몇 가지 기억으로 인연이 있는 곳이었는데, 먼저 내가 매우 어렸을 때, 아버지께서 이 호텔에 가족들을 데리고 와서 식사를 사 주셨던 기억이 난다. 아버지는 내겐 늘 산 같은 분이셨다. 아무것도 없는 무에서 유를 창조한 분. 그리고 너무나 힘들게 수많은 고생을 하시며 스스로 일어나신 분. 학창시절에는 아버지의 엄격함이 마냥 무섭고 답답했었다. 오랫동안 아버지의 보수적이고 답답한 모습들을 원망하기도 했지만, 나이를 먹어가며 아버지에 대해 조금씩 이해하기 시작했다. 그리고 표현하지 않으서도 늘 형과 나, 그리고 어머니를 아끼고 사랑하는 아버지께 감사한 마음이 커졌다. 아버지께서 우리 가족을 위해 희생하신 이야기를 풀어내자면 아마 이 책을 온통 가득 채워도 모자랄지 모른다. 그 누구보다 내가 사랑하는 분, 그래서 아버지께는 늘 너무나 죄송한 마음뿐이었다. 아버지는 젊은 시절 한동안 호텔업에 종사하셨는데, 그때 함께 일하셨던 여러 동기들이 서울 시내 주요 호텔에 일하고 계셨다. 그런 인연으로 이곳에서 어린 시절 가족들과 함께 식사했던 기억이 났다.

그리고 내게 있는 두 번째 기억은, 2007년 8월, 17대 대통령 선거 한나라당 후보 경선이 끝난 직후였다. 우리 캠프 공보팀은 승리기념으로 이 호텔 중식당에서 식사를 했다. 대체로 축하하고 기쁜 분위기였으나, 식사자리가 꼭 즐겁지만은 않았다. 당시 공보팀은 원래부터 있었던 구 공보팀과 새로 합류한 신 공보팀으로 나뉘어 있었는데, 내가 속해있던 구 공보팀보다 신 공보팀이 본선에서 중용될 분위기였기 때문이다. 구 공보팀은 이전 해였던 2006년부터 대통령 예비후보의 언론팀을 담당하고 있었지만, 새로 합류한 신 공보팀에 상당 부분 권한이 이양되고 있었다. 나로서는 기쁨과 아쉬움이 교차한 자리였던 것이다.

가든호텔에서는 뷔페와 케이터링(catering)을 할 때 사용하는 기물(식기 받침대와 같은 커다란 식기들)을 나르고 세척하는 일을 했다. 이곳에서의 일은 바로 직전 강남대로 식당에서 했던 식기 세척보다는 좀 더 쉽고 활동적이었다. 좋은 사람들과 활기차게 일하게 되면서 지난 몇 달간 내 안에서 사라졌던, 꿈에 대한 도전의식이 다시 살아나기 시작했다. 호텔은 수많은 사람들이 다녀가는 곳이었고, 반짝이는 연회장에는 잘 차려입은 손님들이 늘 북적였다. 그러한 뭔가 생기 있는 모습들이 내게 일종의 생동감을 불러일으켜 준 것 같았다. 퇴근하고 집에 와서는 늦은 새벽까지 내가 가진 경력으로 도전할 수 있는 일들을 다시 찾아보았다. 처음 스물네 살에 반기문 당시 외교통상부 장관님께 편지를 쓰고, 그분을 만나며 스스로 약속했던 내 꿈. 전 세계를 무대로 하는 외교와 관련된 일을 다시 해 보고 싶었다. 내가 어떤 분야의 전문가인지 다시 한 번 곰곰이 생각해 보았다. 일단 누구보다 언론을 상대로 하는 언론홍보에는 자신이 있었다. 실제로 내가 가진 대통령 선거캠프와 인수위원회에서의 언론 대응 경험은 상당히 특별한 경력이었다. 17대 대통령직인수위원회에 등록한 언론기자는 국내외 약 600명에 달했다. 역대 최다였다. 출입한 기자도 약 300명이었다. 그들의 손과 발이 되어, 중요한 내용을 전달하고 또 반대로 그들에게서 중요한 정보를 얻는 일. 인수위와 언론기자들 사이에서 조율하는 일은 내가 가진 매우 특별한 경험이었다. 그리고 비록 대학생 시절 경험이었지만, 난 큰 회의와 행사를 기획하고, 중요한 고위 인사들을 초청하여 네트워크하는 경험과 아이디어가 풍부했다. 스물다섯 살에 기획한 한미관계를 논하는 국제회의에서는 당시 반기문 외교통상부 장관님과 마크 민튼 주한미국 대리대사님, 주한미군 특전사령관님 등 대학생이 초청하기 쉽지 않은 주요 인사들이 참석했고, 훌륭한 연설을 해 주셨다. 그래서 이러한 경험을 발전시키고 이어갈 수 있는 일을 찾아보았다. 적극적인 마음이 생긴 후로는 아르바이트를 하기 전에 내 안에 있던 우울함과 패배의식은 더 이상 마음에 남아 있지 않았다. 매일 밤 각종 채용공고를 살펴보았다. 그러던 중 외교통상부 산하 공공기관이었던 한국국제협력단(KOICA: '코이카'라는 이름으로 더 널리 알려져 있다.)에서 초대 홍보담당관을 채용한다는 공고를 보게 되었다. 공고를 보는 순간 정신이 번쩍 들었다. 정말 그 누구에게도 양보하면 안 될 것 같은 포지션이었다. 그 일은 그동안 간절히 찾아온, 완벽히 내가 원하는 일이었던 것이다. 한국국제협력단은 한국 정부에서 개발도상국과 저개발국에 하는 대외 원조(무상원조)를 총괄하는 정부기관이었다. 공익을 위한 외교를 담당하는 정부기관인 것이다. 내 꿈을 실현할 수 있고, 동시에 내가 할 수 있는 최고의 전문 분야였다. 놓치면 안 될 것 같은 조급한 마음에 아침이 될 때까지 기다릴 수 없었다. 밤새도록 공고문을 수십 번 읽고 또 읽었다. 다음 날 아침 일찍 호텔에 출근해서 하루 휴가를 받았다. 그리고 공고문에 게재되었던 서류를 준비하는 일을 했다. 가슴이 터질 듯이 두근거리고 있었다. 이력서와 자기소개서를 꼼꼼히 쓰고, 몇 번을 확인한 후, 서류를 접수했다.

뷔페 손님이 유난히 많았던 날 오후, 한 통의 전화가 왔다. 다음 주 월요일 오전에 면접에 참여하라고 했다. 국제협력단 코이카에서 온 전화였다.

그렇게 나의 아르바이트 생활은 끝이 났다. 면접을 거쳐, 그해 11월 24일 코이카의 초대 홍보관으로 임용되어 출근하게 되었기 때문이다.

기
회

코이카 홍보관 면접은 나를 포함해 세 명의 지원자들이 동시에 함께 보았다.

지원자 중 한 명은 중앙언론사 석간신문 기자 출신이었고 다른 한 명은 대기업 홍보실 중간 간부 출신이었다. 누가 봐도 앳된 얼굴의 나는 그들에 비해 전문가 느낌이 나지 않았다. 나이도 다른 지원자들에 비해 한참 어렸고, 아르바이트를 끝낸 지 얼마 되지 않아서 외모도 깡마르고 볼품없어 보였다.

당연히 면접관들의 질문은 내게 집중되었다. 내 경력에 대한 여러 질문 속에는 선거 캠프나 인수위 경력들이 과연 전문성이 있느냐는 질문도 있었다.

그리고 한 면접관이 질문했다. "김정훈 씨는 희망연봉을 어느 정도 생각하고 있나요?" 나는 떨리지만 확실한 목소리로 대답했다.

저는 새로운 직업을 가지거나 돈을 벌기 위해 지원한 것이 아닙니다. 물론 연봉도 중요하지만, 그보다는 제가 가진 여러 소중한 경험들을 크게는 국가와 인류에, 그리고 작게는 제 삶 속에서의 중요하게 발휘하고 싶습니다. 대한민국의 수많은 공공기관들이 있지만, 그 많은 기관들이 모두 대한민국을 대표하는 기관은 아닙니다. 모두 전문화된 기관일 수는 있어도, 세계 속에서 대한민국을 대표하는 기관은 그중 손에 꼽는다고 봅니다. 하지만 코이카는 그 어느 곳보다 전문화된 기관이며, 동시에 대한민국을 대표하는 공공외교의 최전방에 있는 기관입니다. 그리고 이러한 기관이 있다는 것을 해외뿐 아니라, 우리 국민들도 같이 알고 공감하고 응원해 주는 것이 무엇보다 중요하다고 생각합니다. 적어도 개발도상국에 대외무상원조를 해 주는 기관이 우리 정부에 있다는 사실이라도 국민들이 알고 자긍심을 가져야 한다고 생각합니다. 그런 환경이 만들어졌을 때 개발도상국에 대한 무상원조도 더 효율적으로 확대할 수 있다고 봅니다. 우리는 오랫동안 원조를 받는 국가의 국민이었습니다. 이제는 우리가 도움받았던 것 이상으로 다른 국가를 도울 수 있어야 합니다. 이런 일은 국제사회 속에서 한국이 가진 책임을 뛰어넘는 당연한 의무라고 생각합니다. 그리고 전 이 일을 알리고 확산시키는 홍보관이라는 직책에 정말 적임자입니다. 제가 가진 이전 경험들이 면접관님들께서 비록 전문적이라고 판단하지 않으실 수 있으나, 저는 공공의 이익을 위한 선거캠프와 대통령직인수위에서 일했습니다. 그건 민간기업과 언론사와는 또 다른 시선으로 보아야 하는 일입니다. 우리는 어떤 일을 하든지 국민들의 눈과 마음을 대변하려고 노력했습니다. 그 일이 항상 국민들과 완벽히 함께 호흡했다고 할 수는 없으나, 적어도 그런 노력을 끊임없이 기울였다는 사실은 중요하다고 생각합니다.

저는 정말 연봉에는 큰 관심이 없습니다. 일을 시켜보시고 충분하다고 판단되시면 그때 정식으로 월급을 주셔도 상관없습니다. 저의 숨겨진 능력을 이곳 코이카에서 십분 발휘될 수 있도록 기회를 주셨으면 좋겠습니다. 대한민국이 수많은 문제를 가진 국가임에도 불구하고, 왜 국제사회에서 존중받을 수 있는 국가인지 알리고 싶습니다. 우리가 어떤 기여를 하고 있는지 국민들과 국제사회에 이야기하고 싶습니다. 기회를 한 번 주시길 부탁드립니다. 그리고 마지막으로 부족한 저에게 오늘 면접기회를 주셔서 진심으로 감사드립니다.

내 대답이 끝나자 잠시의 침묵과 어색한 분위기가 흘렀다. 그들이 생각한 것보다 훨씬 길고 예측하지 못했던 대답이었다.

그리고 며칠 뒤 합격했다는 전화를 받았다. 나는 언론사 출신 지원자 한 명과 같이 선발되었다. 원래 한 명을 채용할 계획이었지만, 우리 두 사람이 서로 보완하여 시너지 효과를 내면 좋을 것 같다는 판단 같았다.

믿고 있다면 모든 것이 가능하다

코이카 초대 홍보관이 되다

함께 선발된 연 홍보관은 중앙언론사인 석간 내일신문의 기자 출신이었다. 그리고 이 전에 UNDP(UN개발계획) 서울사무소에서도 잠시 일한 적이 있는 매우 똑똑한 사람이었다. 조용하고 매사에 사려 깊고 신중한 스타일이었다. 그와 반대로 나는 온몸에 활력이 넘치고 적극적이고 빠르게 일을 추진하는 타입이었다. 불과 한두 달 전에 힘든 아르바이트를 하고 있었다고 생각하니, 이 일에 대해 정말 의욕이 넘칠 수밖에 없었다. 처음엔 연 홍보관과 성격이 조금 달라서 팀을 이뤄서 일할 수 있을까 우려했지만, 오히려 이렇게 다른 성격 덕분에 서로가 놓치기 쉬운 점들을 보완해 줄 수 있었다.

코이카에서의 처음 몇 주간은 모든 것이 신기하고 신나는 일과들이었다. 코이카 본부는 경기도 성남의 대왕판교로에 있었고, 매우 넓은 숲 속 부지 중간에 자리 잡고 있었다. 본부 건물 주위에는 개발도상국 공무원들을 초청하여 교육과 연수를 시키는 깨끗한 하얀색 건물 몇 동이 감싸고 있었다. 그리고 본부에서 나와 조금 걸어가면 숲 속에 펼쳐진 정말 아름다운 잔디정원들과 연못, 그리고 산책길이 나왔다. 이 정원들은 원래 정부에서 1980년대에 특별한 용도로 사둔 부지였는데, 지금은 코이카에서 쓰고 있다고 했다. 나는 그 아름다운 환경에 있는, 옆으로 웅장하게 누워있는 4층짜리 본부 건물 홍보실에서 일했다.

일주일 정도 지났을 때, 홍보실에서는 초대 홍보관으로 임명된 우리 두 사람의 직책과 위치를 어떻게 정해야 할지 고민하기 시작했다.

전문계약직으로 임명되었기 때문에 그 직급에 맞게 대우하면 되었지만, 일종의 기관 대변인 역할이라는 특별한 상징성과 코이카 차원에서 매우 관심을 가지고 신설한 초대 직책이라는 이유로 위치와 역할에 대한 고민이 생길 수밖에 없었다. 논의 끝에 중간 간부급에 준하는 대우를 해 주기로 정하고, 별도의 사무실도 마련해 주었다. 선거캠프에서 일할 때 내 자리라는 개념이 없어서 늘 불안한 마음이었는데, 처음으로 내 방. 내 사무공간이 생기게 된 것이다. 그 사실만으로도 가슴이 뛰었다. 후에 새 홍보실장이 부임하면서, 홍보관과 홍보실 동료들 간의 업무 효율을 높이자는 목적으로 우리는 다시 홍보실 안으로 들어가게 되었다.

그래도 이때부터 약 두 달간 연 홍보관과 나는 특별한 업무를 우리만의 공간에서 시작하게 되면서 많은 생각을 폭넓게 할 수 있었다.

연 홍보관과 나는 여러 부분에서 업무방식이 맞지는 않았지만, 한 가지 공통적으로 고민하는 부분이 있었다. 코이카가 공공기관이었고, 언론사와 특별한 교류를 하고 있지 않았기 때문에 우리가 하는 일들이 언론에 전혀 노출되지 않는다는 점이었다. 우리 두 사람의 큰 고민이자 코이카 전체의 고민이기도 했다. 대외무상원조의 특성상, 원조를 받는 수원국(원조를 받는 개발도상국) 언론에서는 코이카가 하는 여러 사업이 크게 보도되기도 했지만, 국내에서는 전혀 관심사가 아니었다. 또 만약 예산을 들여서 언론홍보를 하게 되었을 시, 대외원조기관이 국민 세금을 사업비에 쓰지 않고 홍보비에 썼다는 오해를 받을 수도 있었다. 그리고 국민들이 볼 때, 아직 국내도 여러 어려운 환경이 많은데, 왜 굳이 외국을 돕느냐는 의문이 생길 수도 있었다. 우리에게 언론홍보는 정말 필요한 부분이었지만, 부작용도 생각해야 했기 때문에 많은 점을 고려해서 추진할 수밖에 없었다. 그래서 나온 대안이 우선은 연 홍보관과 나의 개인적인 언론인맥들을 활용하여, 각 언론사에 기고를 추진해 보자는 것이었다. 국내에서 특별한 사업을 하지 않는 이상 기사가 나오기는 쉽지 않았기 때문에 기고문으로 추진해 보자는 생각이었다.

연 홍보관은 좋은 성품으로 많은 사람들과의 인맥을 가지고 있었지만, 특정 언론 출신 기자라는 점 때문에 이 부분을 활용하는 일이 쉽지 않았다. 그래서 나에게 기대가 클 수밖에 없는 상황이었다. 당시까지는 코이카 직원들에게 나는 아직 스물여덟 살의 경험이 많지 않은 사람으로 비쳤기 때문에 반신반의하는 분위기였다.

| 스물아홉 살, 2009년 2월 5일

국가브랜드 가치향상을 위한 첫걸음

아침까지 홍보실은 여느 날처럼 특별한 일 없이 조용했다. 홍보실 동료들과 우리는 늘 시간을 맞춰 구내식당에 모여 점심을 함께 먹곤 했는데, 난 식사 중에 동료들에게 무언가를 말하고 싶은 마음이었지만 참고 있었다. 결국 말하지 않고 식사를 마치고 다시 사무실로 향했다. 그리고 잠시 후 홍보실이 소란스러워졌다. 홍보실 터줏대감이었던 정규환 차장에게 다급한 전화가 왔다. "김 홍보관, 잠시 홍보실로 내려와 보세요." 나는 무슨 일이 일어났는지 이미 알고 있었지만 태연하게 1층 홍보실로 향했다. 정규환 차장은 두 손에 신문을 쥐고 나를 놀란 듯이 바라보았다. 그가 들고 있는 《아시아경제》는 당시 우리가 구독해 보는 신문이 아니었는데, 그날은 특별히 열 장 남짓의 신문이 배달되었다. 그는 평소에 보이지 않던 《아시아경제》가 온 것을 이상하게 생각해서 한 장씩 넘겨보다가 특별한 내용을 보게 된 것이다. 그것은 바로 내가 당일 아침 신문에 낸 특별기고문이었다. 코이카 역사상 처음으로 중앙언론에 게재된 기고문이다. 신문은 곧바로 이사님들과 총재님께 보고되었고, 임원들도 인터넷을 통해 관련 내용을 검색해 보았다. 그날 하루, 나는 많은 격려와 칭찬을 듣게 되었다.

《아시아경제》는 중앙언론사 석간신문이었지만, 비교적 신생신문에 가까웠기 때문에 신문의 가치를 높일 수 있는 여러 기고문들을 받고 있었다. 내가 쓴 기고문의 제목은 "국가브랜드 가치를 높이자."였는데, 코이카를 통해 정부가 매년 개발도상국에 하고 있는 대외무상원조사업을 국가브랜드 가치에 발맞춰 확대하고 발전시키자는 내용이었다.

나는 불과 열흘 전인 1월 22일에 대한민국이라는 브랜드를 세계 속에 알리자는 정부기관이 출범한 것을 눈여겨보고 있었다. 그 기관은 대통령 직속으로 출범한 국가브랜드위원회였다. 분명 그런 부분들에 대한 각 언론사의 관심이 있을 것으로 판단했고 평소에 친분이 있었던 기자들에게 전화를 걸었다. 국가와 국민 모두에게 의미 있는 일이니, 관련하여 우리 코이카 사업에 대한 내용을 국가브랜드와 연결하여 기고문을 게재하자는 제안이었다. 대부분 반응은 긍정적이었지만 기고문이 실릴지는 장담하지 못한다고 했다. 기존에 들어와 있는 기고문들이 너무 밀려 있었고, 코이카라는 기관이 너무 생소하다는 이유였다.

나는 《아시아경제》의 김현정 기자에게 전화했다. 그녀는 내가 선거 캠프에서 가장 막내일 때 만난 대학생 인턴기자였다. 지금은 어엿한 기자로 성장해서 각종 기사들을 쓰고 있었지만, 캠프에 있을 때만 해도 매체의 영향력이나 어린 나이로 인해 어느 누구도 그녀에게 신경 쓰지 않았다. 하지만 나는 막내와 막내라는 일종의 동료의식이 있었기 때문에 김 기자가 물어보는 질문이나 자료요청에 늘 성실히 도와주었다. 또한 늘 내 몸속에 배어 있던 약자에 대한 연민이 있었고, 그 누구보다 열심히 일하려는 그녀의 열정도 내게는 작지 않은 감동이었다. 김현정 기자는 전화를 받고, 본인 역시 쉽지는 않을 것 같지만, 다른 사람의 부탁도 아닌 선배(취재원과 기자 사이의 호칭은 보통 선배, 후배로 했다.) 부탁이기 때문에 부서에 강하게 제안해 보겠다고 말했다. 그리고 정확히 이틀 뒤, 그녀는 기고문을 보내라는 문자를 내게 보냈다.

그렇게 해서 탄생한 코이카의 첫 신문 기고문은 기관 전체에 큰 반향을 일으켰다. 당시 대내외 기관홍보와 사업 홍보에 강한 의욕을 가지고 있던 총재님이 전 부서에 언론보도에 도움이 되는 모든 내용들은 홍보실과 우리 홍보관에게 보내라고 지시하셨기 때문이다. 정년이 얼마 남지 않아서 매우 보수적이었던 홍보실장 역시 예상치 않은 신임 홍보관의 첫 성과에 만족하여, 우리가 하는 일을 크게 지지해 주었다. 그래서 직접 각 부서장에게 협조를 구해, 우리 홍보관들에게 부서별로 하는 일들을 설명해 주길 부탁했다. 덕분에 2주간에 걸쳐 각 부서 팀장들에게 자세한 사업설명을 듣게 되었고, 이전보다 사업 업무에 대해 좀 더 정확하게 이해하게 되었다. 그렇게 두 달 동안은 우리 기관이 하는 모든 사업과 방향성을 분석하여 홍보를 어떻게 진행할 것인지 계획을 세웠다. 그리고 틈틈이 언론기자들에게 코이카 사업에 대한 내용을 메일로 보냈다.

나는 일과 대부분을 국제사회 속 한국의 역할을 깊이 고민하며 일하는 공공외교관으로 점점 성장해 나가고 있었다. 지구에서 매우 작은 나라, 대한민국 서울에 사는 내가 매일 다른 국가의 국민들과 그들에게 어떤 도움을 주어야 할지 생각하고 살아간다는 것은 정말 영광스러운 일이었다. 그들을 돕는 일이 왜 필요한지를 알리는 내 역할에 큰 책임감을 느꼈고, 매우 감사했다. 모든 순간에 열정을 다해 일했고, 코이카에서 일하는 시간은 그만큼 금방 흘러갔다.

두 달 후 새로운 홍보실장이 부임했는데 그는 홍보관들에게 홍보실로 내려와서 근무하라고 하였다. 사실 나는 여전히 내 방에서의 작업들을 선호했지만, 함께 있던 연 홍보관은 홍보실 동료들과 좀 더 가까이 일하고 싶어 했다. 홍보실장과 연 홍보관의 의견을 존중해, 며칠 후 1층 홍보실로 자리를 옮겼다. 신임 홍보실장은 홍보실 모두가 본인의 지시대로 일사불란하게 움직이길 원했다. 월요일 아침 회의에서 나는 새로운 홍보방식을 제안하고 다양한 아이디어를 냈지만, 나와 생각이 달랐던 신임 홍보실장은 늘 안정적인 방법들을 선호했다.

새 리더십에 홍보실 동료 대부분은 금방 적응했고, 지시사항들을 차분히 따랐다. 유일하게 다른 목소리를 냈던 나는 이내 신임 홍보실장에게 조금 밉보일 수밖에 없었다. 그로부터 한참 동안 홍보실에서 나 자신을 증명해야 하는 시간이 이어졌다. 첫 기고문 이후 나에게 기대가 있었던 담당 이사님과 각 사업부 부장 등 고위 임원들은 존재 감 없이 일반적인 업무를 하는 나에게 조금 실망하는 분위기였다. 하지만 기관장이던 박대원 총재님은 나에게 변함없는 신뢰를 가지고 계셨다.

스물아홉 살, 정부 외교대표단이 되다

코이카 총재는 외교통상부 장관이 제청하고 대통령이 임명하는 차관급 정무직 공무원이었다. 대외무상원조라는 공공외교를 수행하는 기관이었고, 외교통상부 산하기관이었기 때문에 대부분 외교관 출신의 전직 대사급 고위 인사들이 임명되었다. 내가 코이카에 채용되기 여섯 달 전에 제8대 총재로 부임한 박대원 전 알제리 대사님은 매우 합리적인 외교관이었다.

박 총재님과 나는 특별한 인연이 있었다. 그분이 외교부 퇴임 전 마지막 직책으로 부임한 서울시 국제관계자문대사 시절, 나는 서울시 직원이었다. 당시 나는 가장 낮은 직급의 비상임 공무원으로 일하고 있었고, 박 총재님은 서울시장에게 외교적 사안을 조언해 주던 고위 외무공무원이었다. 나는 10급 공무원이었지만, 서울시청 홍보실에서 누구보다 가장 일찍 출근하여 가장 늦게 퇴근했다. 그런 성실함 덕분에 이례적으로 두 달 만에 비서실의 민원비서관 보조로 발탁되게 되었다. 당시 민원비서관은 훗날 새누리당 의원이 되는 조해진 의원님이었다. 그는 서울시와 선거캠프에서 직속상관으로 호흡을 맞추었는데, 나의 근면함과 반짝이는 아이디어들을 마음에 들어 했다. 덕분에 나는 비서관이 가는 중요한 식사자리에 종종 합석할 수 있었다. 박대원 총재님은 그런 기회를 통해 함께한 분이었다. 당시 조 비서관님은 박 대사님 앞에서 나를 아낌없이 칭찬해 주었고, 그 이후로 시청 안에서 박 대사님과 마주치며 인사할 때면 언제나 좋은 말을 건네주시곤 했다.

그 대사님을 4년이 지나서 코이카 총재와 홍보관으로 다시 만나게 된 것이다. 특별한 인연이 있었던 총재님은 나를 무척 반갑게 생각하셨다. 나에 대해 좋은 기억들을 가지고 있었기 때문이다. 그는 내게 특별한 기회를 주었는데, 5월에 중국 정부에서 초청한 '중국 사막화방지사업 정부대표단' 출장에 내가 동행할 수 있도록 지시하셨다. 처음 출장 지시를 들었을 때, 나는 믿을 수 없었다. 그 출장은 내 인생의 첫 번째 해외방문이었기 때문이다. 그리고 내가 늘 꿈꾸던 첫 해외방문은 절대 배낭여행이나 개인 자격으로 가지 않겠다는 소망을 이룬 순간이기도 했다. 첫 해외방문을 정부대표단 자격으로 간다니. 정말 기쁜 마음이었다. 출장 준비를 하는 내내, 이제 정말 공공외교관으로 일하고 있다는 사실을 실감했다.

5월 12일 우리 대표단이 도착한 날은 중국 전역에 퍼진 조류독감 때문에 베이징 국제공항이 거의 폐쇄 수준으로 삼엄한 방역과 보안을 하고 있었다. 우리는 길게 늘어선 외국인 입국 게이트를 보고, 과연 오늘 안에 들어갈 수 있을지 걱정스러운 상태였다. 하지만 그런 걱정은 잠시였다. 얼마 후 우리 일행을 마중 나온 주중한국대사관의 강 공사참사관은 우리가 외교사절로 초청되어 보안과정을 거치지 않아도 된다고 했기 때문이다. 그는 한 곳의 특별 게이트로 안내했고, 우리는 외교관 신분으로 게이트를 바로 통과했다. 그리고 베이징 국제공항 귀빈실로 자리를 옮겼고, 그곳에서 밝게 웃고 있는 세련된 중년 여성을 만나게 되었다. 중국 국무원 국가 임업국(우리 정부의 산림청에 해당하는 중국 정부기관)에서 나온 부사장(우리 정부의 부국장급 공무원)이었다.

그날 저녁은 자쯔방 중국 국무원 국가임업국장(우리 정부의 환경부 장관급) 주재의 만찬에 초청되었는데, 그는 일행 중 나이가 가장 어려 보였던 내게 특별한 관심을 보였다. 박대원 총재님은 30년 경력의 노련한 외교관답게 우리 일행 한 명, 한 명을 모두 소개했고, 특별히 내 차례에서는 나이도 함께 소개했다. 임업국장을 비롯한 중국 측 인사들은 내 나이가 스물아홉 살이라는 말을 듣고 꽤 놀라는 표정이었다. 중국 출장은 5일 내내 공식오찬, 행사, 회의, 공식 만찬 등으로 이어지는 쉴 틈 없이 바쁜 일정이었다.

우리 대표단이 초청된 이유는, '중국 베이징지구 일대의 산림종합경영시범사업'을 지원하고 있었기 때문이다. 이 사업은 7년 전 중국이 베이징 올림픽 준비를 앞두고 분진과 황사 발생이 잦은 베이징 주변의 사막화방지와 조림사업을 위해 한국 정부에 요청한 대중원조사업이었다. 당시 중국은 경제뿐 아니라 대내외적으로 빠른 성장을 하고 있었고, 미국과 종종 비교되었기 때문에 타국에 원조를 요청하는 것 자체가 매우 이례적인 일이었다. 하지만 정부 차원의 핵심 문제이자 주변국들의 문제기도 했던 사막화방지사업만큼은 한국의 도움이 절실히 필요했다. 오랫동안 중국 정부는 스스로 사막화 방지와 식수사업을 추진해 왔지만, 산림자원에 대한 전문적 기술이 없었기 때문에 많은 어려움을 겪어왔다. 또한 황사 발생빈도가 잦아 중국뿐 아니라 한국, 일본 등지에도 황사의 영향이 심각한 상황이었다.

중국 정부의 요청을 받은 우리 정부는 베이징 주변 팔달령, 문두구 2개 지역 550ha 규모의 조림사업을 실시하면서, 동시에 다양한 산림관리 및 산불방지 기법을 전수했다. 그 결과, 이 지역에서 94%라는 기적 같은 조림 활착률(사막에 나무가 자리 잡는 성공비율)에 성공했고, 산불방지사업도 큰 진전을 이루었다. 중국으로서는 말 그대로 기적을 보게 된 것이다.

중국은 베이징사업의 성공을 바탕으로, 황사의 주요 발원지(네이멍구주 우란부허 사막, 쿠부치 사막)에도 조림사업을 도와줄 것을 우리 정부에 요청했다. 우리는 이 조림사업 중간점검 및 중국 측 보고를 듣기 위해 정부대표단으로 방문하게 되었다. 중국으로서는 한국 정부에 유일하게 받는 원조사업이었고, 동시에 자국의 핵심 문제를 도와주는 일이었기 때문에 그들이 예우할 수 있는 모든 감사와 성의를 표해서 우리 일행을 맞았다. 베이징 국제공항에서 내리던 순간부터, 사막 방문 시, 그리고 다시 출국하기 위해 베이징 공항에 도착했을 때까지 그들이 보일 수 있는 외교의전의 정수를 보는 것 같았다. 나는 첫 해외방문,

첫 해외출장을 정부대표단 자격으로 가면서 양국의 우호관계를 위한 생생한 공공외교 현장을 모두 경험하게 된 것이다.

　나에게 소중한 해외출장의 기회를 준 총재님은 박식한 분이었다. 실제로 지구에서 일어나는 거의 모든 분야에 관심을 가질 만큼 호기심이 많았고, 어떤 지식과 정보든 받아들이는 것을 두려워하지 않는 인상적인 사람이었다. 그런 만큼 그는 신문과 책 읽는 것을 좋아했고, 본인이 집필한 저서도 있었다. 2009년 4월, 취임 후 1년에 가까운 시간이 흐르는 동안 총재님 역시 어느 정도 기관과 사업 분야에 대한 자신감이 생기셨던 것 같다. 그래서인지 직원들에게 좀 더 다양한 관심사를 가지라고 자주 말씀하시곤 했다.

　그중 하나로, 모든 직원들이 가급적 코이카 근무기간에 어떤 사항이든지 자신만의 연구 분야를 만들어서 직접 책을 써 보라는 말씀도 있었다. 기관장으로서 직원들의 왕성한 활동을 독려해 주려는 차원이었으나 사실 일선 직원들에게는 적지 않은 부담으로 다가왔다. 그래서 다들 진짜 책을 써야 하는지에 대한 웃지 못할 고민을 하고 있었다. 그런데 책을 쓰라는 그 말에 가장 놀란 사람은 다름 아닌 나였다. 그로부터 한 달 후 5월 25일 코이카 내에서 또 한 번 특별한 일이 생겼는데, 바로 내 책『세계의 리더와 어깨를 맞대라』가 출간된 것이다.

　물론 책이 정말 한 달 만에 출판된 것은 아니었다. 사실 책을 쓰기 시작한 것은 내가 아르바이트를 하던 이전 해 10월부터였다. 20대, 나만의 특별한 경험을 일기 쓰듯이 기록하고 정리한 원고를 본 출판사 몇 군데서 관심을 보였고 그중 한 출판사와 협의를 거쳐 책으로 나오게 된 것이다. 운 좋게 출판계에서 가장 큰 출판사 중 한 곳과 계약하게 되었는데, 제목을 제외한 모든 내용을 처음 쓴 원고 그대로 출간하게 되었다.

책이 나오자 코이카 동료들은 내게 많은 관심을 가지게 되었다. 대부분 코이카 동료들은 그전까지 내가 어떤 경험과 경력을 가졌는지 모르는 상태였고, 홍보관이라는 직책에 비해 나이가 어리다는 생각을 하고 있었기 때문에 어느 정도 선입견을 가지고 있었다. 그런 동료들이 책을 읽고 나서는 내가 하려는 일들을 서서히 인정해 주기 시작했다. 내 경험들이 특별하다고 생각한 것 같았다. 그로부터는 신기한 일의 연속이었다. 5월에 출간된 책은 두 달 만에 자기계발 분야 베스트셀러에 올랐다. 약 3주간 전국의 모든 서점에서 주요 판매대에 전시되게 되었고, 문화관광부에서 우수교양도서로 선정되었다. 그뿐 아니라 이재용 삼성전자 상무님(현재 삼성전자 대표이사, 부회장)과 이어령 초대 문화부장관님 같은 경제계와 문화계의 중요 인사들이 책을 읽은 소감을 보내왔다.

가장 놀라운 일은 책을 출간한 계기로 현재까지 약 40,000명이 넘는 사람들에게 180번 이상의 강연을 하게 되었다는 것이다. 책은 여섯 번의 인쇄를 거쳐 순수하게 개개인의 독자들로부터만 약 9,000권 가까이 판매가 되었다. 그리고 뉴욕의 UN 본부 38층 사무총장실부터 일본과 중국, 미국, 그리고 한국의 시골마을 작은 학교까지 보관되게 되었다.

책을 출간한 후 내부에서 나에 대한 평가는 전체적으로 좋아졌지만, 나는 오히려 이 일을 계기로 좀 더 겸손하게 일하려고 노력했다. 특히 의견이 조금 달랐던 홍보실장과의 간격을 좁히려고 노력했다. 실장과는 그 후에도 꽤 오랫동안 쉽게 가까워지진 못했지만, 나는 그전과는 달리 가급적 동료들과 연 홍보관, 그리고 실장의 의견과 지시를 존중하고 함께 조화되기 위해 많은 노력을 했다. 그래도 점차 홍보실 업무는 유기적으로 돌아가기 시작하여, 4개월 동안 코이카에 대한 기사는 무료 신문부터 점차 중앙 일간지까지 게재되기 시작했다. 덕분에 홍보실 전체 분위기는 매우 좋은 편이었다. 다만 그때는 체력적으로 조금 힘든 상태였다. 우리 두 홍보관은 한 가지 일을 새로 시작했는데 그 일이 나를 꽤 힘들게 했기 때문이다.

연 홍보관은 '신문스크랩'이라는 온라인 프로그램을 활용하여, 코이카가 관심을 가질 만한 모든 외교 이슈들을 스크랩하고 복사하는 일을 하자고 했다. 문제는 이 프로그램으로 골라내는 스크랩을 제작하려면 적어도 40분 가까운 시간이 걸렸고, 그 업무를 두 홍보관이 격주로 맡아서 하기로 했다는 것이다. 당시 총재님을 비롯해 주요 임원들의 출근시간이 오전 8시였고, 우리가 스크랩을 제작하고 그분들께 전달하기 위해서는 7시까지 코이카에 도착해야만 했다. 집이 비교적 가까웠던 연 홍보관에 비해 나는 서울 강서구에서 코이카가 있는 경기도 성남까지 매일 2시간이 넘는 시간을 들여 출근하고 있었다. 결과적으로 스크랩을 하는 일 자체는 매우 훌륭한 아이디어였지만 내가 맡은 주간은 매일 새벽 4시 30분에 일어나, 지하철 첫차보다 빨리 가기 위해 택시를 타야만 했다. 야근을 자주 했기 때문에 출퇴근길에 보이는 건 오직 어둠뿐이었다. 아마 일반적인 직장인들보다 더 고된

출퇴근 시간이었던 것 같다. 재미있는 점은 그렇게 오랜 시간이 걸려 출근한다는 사실을 한참 뒤에서야 동료들이 알게 되었다는 점이다. 나는 아무 말 없이 1년이 넘는 시간을 격주로 매일 4시 30분에 기상했다. 체력적으로 매우 힘든 시간이었다.

그 시기 한 가지 큰 성과는 책 출간을 계기로 총재님께서 나를 직접 찾는 일이 종종 생겼다는 것이다. 한 기관의 기관장이자 차관급의 고위공무원을 직접 대면하고 이야기 나누는 것은 조금 긴장되는 일이었다. 다만 나는 다른 보고자들과는 다르게, 보고 말미에 꼭 개인 의견들을 조금씩 덧붙여 말했다. 나름대로 기관장께 드리는 조언이었다. 함께 들어간 다른 임원들은 그런 내게 주의를 주곤 했지만, 총재님은 매우 흥미롭게 들으셨고 그로 인해 재차 나를 총재실로 부르기도 하셨다.

8월이 되어 나는 총재님께 한 가지 특별한 제언을 했다. 기관 전체의 대내외 위상제고를 위해 단순히 언론 위주의 홍보방법을 벗어나자는 의견이었다. 총재님은 내게 어떤 방법이 있느냐고 물으셨고 나는 국회의원 한 분을 코이카 홍보대사로 임명하자고 말했다. 그 의견에는 대부분의 임원들이 반대했다. 자칫하면 코이카와 같은 공공기관이 특정 정치색을 띤 것으로 오해받을 수 있고, 실제 홍보에도 도움이 되지 않는다는 것이었다. 또한 당시 박정숙(경희대 겸임교수, 방송인, 배우) 홍보대사가 다방면으로 활약하고 있는데, 군이 정치인 홍보대사를 둘 이유가 없다는 것이었다.

하지만 나는 코이카 홍보는 크게 세 방향을 지향해야 한다고 설명했다. 첫째, 국민을 상대로 한 대중적인 홍보, 둘째, 대외적인 기관 위상제고를 위한 네트워크 홍보, 셋째, 우리 일을 아무도 모를 것이라고 생각하는 코이카 직원들의 자존감을 높이는 대내홍보였다.

나는 박정숙 대사가 국민들에게 코이카를 홍보하기 위해 있는 분이라면, 이번 국회의원 홍보대사는 기관의 위상제고와 직원들의 자존감을 높이는 일에 큰 도움을 줄 거라고 설명했다. 그 안건에 이사장님(이 시기부터 코이카 기관장의 호칭이 총재에서 이사장으로 변경되었다.)은 관심을 크게 보였고, 홍보실장도 좋은 아이디어라고 동조해 주었다. 나는 두 강력한 지지자의 힘을 얻어서 임원들을 열심히 설득하기 시작했다. 정치색을 크게 띠지 않는 초선 의원 중에서 누구나 알 수 있는 대중적인 의원을 임명하자는 절충안을 제시했다. 그래서 나는 몇몇 의원들의 이름을 홍보실장과 임원, 이사장님께 보고했고, 그중 한나라당의 초선 의원이었던 홍정욱 의원님을 강력하게 추천했다.

홍 의원님은 당시 국민들의 인지도가 높은 국회의원이었다. 하버드 대학교 유학생 시절에 쓴 『7막 7장』이라는 책이 100만 권 넘게 판매되면서 밀리언셀러 저자로도 유명했다. 또한 '헤럴드경제'라는 중앙언론사를 인수하여 CEO로 재직하던 중 정치권의 영입으로 출마하게 된 화려한 경력의 소유자였다. 특히 영화배우 이상으로 매우 잘생긴 외모 덕에 대학생들에게도 굉장히 인기 있는 유명 정치인이었다. 내부에서도 홍정욱 의원이라면 괜찮을 것 같다는 의견이 나왔다.

문제는 이렇게 유명한 의원이 우리 코이카의 홍보대사로 흔쾌히 활동해 주겠냐는 것이었다. 하루, 이틀 고민하다가 다시 이사장님께 보고했다. "기존의 코이카 홍보대사라고 하면 의원 신분에 특정 기관을 홍보해 주는 것이 부담될 수도 있습니다. 그래서 홍보대사 명칭을 조금 다르게 지어주면 어떨까요?" 그는 어떤 이름이 가능하겠냐고 물었다. 나는 대한민국이라는 국가의 대외무상원조를 대표하는 '대외무상원조 홍보대사'가 어떻겠냐고 제언했다. 이사장님의 승인 아래 난 홍정욱 의원실에 전화를 걸어서 공문을 보내고 며칠에 걸쳐 설득했다. 정확히 일주일 뒤 의원실의 우인호 보좌관(현재 올가니카 대표이사)으로부터 전화가 왔다. 의원님께서 홍보대사직을 수락한다는 소식이었다. 이사장님과 실장은 그 일을 크게 만족스러워하셨다.

| 스물아홉 살, 2009년 9월 4일

차관급 기관장의 보좌역

이 일로 인해, 또 한 번의 작은 기적이 생겼다. 9월 4일 아침, 홍보실장이 나를 불렀다. 그는 축하한다는 인사말을 건넸다. 무슨 일인지 물었더니 나에게 책상에 있던 종이를 건네주었다.

그 종이는 이사장님이 신임 보좌관을 임명하는 인사회보(인사발령이 적힌 공문) 공문이었다. 그런데 이례적으로 두 명을 보좌관으로 인사발령한 것이다. 먼저 비서실장 역할을 하는 신임 보좌관에는 박준성 과장이 임명되었고, '보좌관 임무를 부여함'이라는 다소 생소한 직책에는 내 이름이 적혀 있었다.

어느 기업이나 어떤 정부기관도 마찬가지겠지만 그 조직의 장을 보좌하는 비서실장이나 보좌관 인사는 최고의 관심사항이었다. 보좌관이 비록 최고위 직급은 아니어도 실제로는 기관장을 가장 가까운 거리에서 만나며 그의 생각이나 일정을 알고 있기 때문에 그 어떤 직책보다 막강한 권한이 있는 자리였다. 보좌관 임명은 코이카에서도 단연 최고의 관심사항이었다. 역대 코이카 보좌관은 늘 한 명이 임명되었고 두세 명의 비서들이 비서실을 구성하고 있었다. 그런데 역사상 처음으로 두 명의 보좌관이 임명된 것이다. 그것도 전문계약직인 내가 보좌관 역할에 임명되었다. 굉장한 사건이었다. 공채로 입사한 직원들 중에서도 매우 뛰어난 몇몇 직원에게만 오는 보좌관 직책을 맡을 기회가 계약직으로 입사한 내게 온 것이다. 이 일은 회사 내에서 큰 화제가 되었다.

이사장님은 홍 의원님을 홍보대사로 임명하자고 제안하고 이 일을 성공적으로 성사시킨 나를 깊이 신뢰하고 계셨다. 그래서 비서실장 외에도 대내외적 활동을 하는 보좌관이 필요하다고 생각하신 것 같았다. 하지만 인사실에서는 전례가 없는 일이라고 반대했고, 이사장님을 비롯한 이사진 그리고 홍보실장님은 아이디어를 내어, 한국국제협력단 내규와 외교통상부법에 저촉되지 않는 범위에서 '보좌관 임무 부여'라는 특별한 방법으로 나를 임명한 것이다.

나는 다음 날부터 4층에 있는 이사장 비서실로 출근하라는 지시를 받았다. 그리고 자리를 옮긴 첫날, 이사장님께 감사인사를 드린 후 또 한 가지 제안을 드렸다. 새로 임명된 이사장 보좌역과 기존 직책인 홍보관을 병행하고 싶다는 의견이었다. 이유를 묻는 이사님께 정무적인 일 이외에도 기자들과의 만남도 계속 지속하며 코이카에 다양하게 기여하고 싶다고 했다. 이사장님은 고개를 끄덕이셨고, 나는 다음 날 다시 홍보실로 내려와서 업무를 보게 되었다.

코이카 홍보실 동료들뿐 아니라, 복도를 지나가며 인사를 나누는 많은 사람들이 나를 특별한 시선으로 보았다. 나는 그 시선이 내게 좋은 의미인지 혹은 나쁜 의미인지 그때는 정확히 알 수 없었다. 다만 조금 더 행동을 조심해야겠다는 생각을 했다. 스물아홉 살에 차관급 정부기관장의 보좌관이라니 너무 뿌듯했지만 주위 시선을 신경 쓰지 않을 수 없었다.

동료들은 내가 과도한 특혜를 받는다고 생각했는지 더 이상 내게 사소한 이야기들을 건네지 않았다. 그래서인지 홍보실 사람들은 기존에 내가 하던 업무도 상당 부분 연 홍보관에게 더 많이 상의했다. 그러던 중 홍보실장이 또 한 번 새로 부임했고, 홍보실은 다소 어수선한 분위기가 되었다. 나는 그 분위기가 조금 답답했지만, 이럴 때일수록 실력으로 승부해야 한다고 생각했다. 그리고 향후 어떤 역할과 일을 해야 할지 고민하고 있었다. 당시 홍보실은 큰 행사를 앞두고 있었다.

홍정욱 의원님이 대외무상원조 홍보대사로 임명되는 날은 코이카로서 꽤 의미 있는 날이었기 때문에 이날 특별한 순서를 한 가지 더 기획했는데, 코이카 설립 이후부터 당시까지의 사업들을 모두 기록한 연보를 발표하는 일이었다. 「지구촌에 새긴 코이카의 발자국」이라는 이 연보는 모든 코이카의 역사를 기록한 만큼 실제로 매우 두꺼웠고, 외교사료로서도 특별한 가치를 지니고 있었다.

하지만 전임 홍보실장 주도로 시작하여 코이카의 주요 직원들과 연 홍보관, 그리고 홍보실 동료들이 집필에 참여한 연보 제작 작업에서 나는 초반부터 거의 배제되었다. 그러던 중 내가 뜻밖의 성과를 내서 이 사장 보좌역이라는 직책으로 홍보실로 돌아오자 다들 당황스러운 표정이었다. 준비하던 행사가 원래는 홍정욱 의원님을 대사로 임명하는 날이기도 했지만, 홍보실 직원들은 연보 발표에 좀 더 비중을 두고 있었다. 그래서 외교통상부의 차관님과 외부의 주요 인사들을 초청하는 내용에서도 연보 발표를 좀 더 방점에 두고 행사를 기획했던 것이다.

9월 29일 행사가 일주일 남아 있는 상황에서, 홍보실 모든 직원들은 행사준비에 매진하고 있었다. 나는 행사의 전체적인 내용에서는 배제된 채, 홍 의원실 비서진들과 종종 통화하며 관련 내용들을 의원실에 전달하는 일을 했다. 그러던 중 홍보실에 새로 임명된 차석 직원과 말다툼을 하게 되었다. 홍보대사 임명과 관련된 업무조차 나에게 상의하지 않고 다른 직원들과 논의하다가 언쟁을 하게 된 것이다. 그 일은 내게 부당함에 대한 억울함을 표출하게 만든 계기였다. 사소한 부분에서부터 나를 배제하는 몇몇 직원들의 행동에 더 이상 참을 수 없게 된 것인데, 나는 그녀에게 매우 크게 화를 내며 사무실 밖으로 나왔다. 그녀는 바로 홍보실장과 인사실장에게 달려갔다.

그 이후로는 군이 설명하지 않아도, 누구나 예상한 모습 그대로였다. 차석 직원은 인사실장에게 여성에 대한 폭언으로 나를 징계해 달라고 강하게 요청했고, 이제 막 부임한 홍보실장 역시 여성노조에서 전화를 받게 되었다. 하지만 세 번째로 부임한 홍보실장은 차분하고 유연한 분이었다. 그는 한참을 고민한 끝에 무조건적인 사과와 잘못 인정, 그리고 경위서를 제출함으로써 일을 마무리하기를 바랐다. 큰 행사를 앞두고 있었고 바로 얼마 전에 보좌관 임무를 부여받은 나에 대한 배려였다. 하지만 차석 직원은 나에 대한 징계를 강하게 원했고, 여성노조도 같은 의견이었다. 인사실장이 나와 차석 직원을 불러서 화해를 권했지만 차석 직원의 마음은 변함이 없었다. 생각보다 일이 커지게 되었고, 홍보실을 담당하는 이사님에게까지 보고되었다. 고민 끝에 미련 없이 사표를 썼다. 나를 신뢰하며 내 능력을 높게 평가하신 이사장님께 부담을 드리고 싶지 않았다.

경위서를 써올 것이라는 예상과는 달리 내가 사표를 쓰자 모두 적지 않게 놀랐다. 결국 이사장님도 이 일을 알게 되셨고, 나는 사표 반려에도 불구하고 그만두겠다는 의사를 완곡히 표현했다. 일이 이렇게 되자 부담을 느낀 차석 직원은 내 사과를 받아들이기로 했다. 그리고 나 역시 모두의 만류 속에 코이카에서 계속 일하게 되었다.

그 일을 통해서 배운 두 가지는, 그 어떤 경우에도 업무를 수행할 때 감정적으로 행동해서는 안 된다는 것과 잘못을 했을 때는 물러섬 없이 그 잘못을 인정하고 책임을 져야 한다는 점이다. 진정한 사과와 책임지는 것만이 잘못에 대한 유일한 용서를 구하는 방법이었던 것이다.

대외무상원조 홍보대사

9월 29일 역삼동 르네상스호텔에서 '대외무상원조 홍보대사 임명식 및 지구촌에 새긴 코이카의 발자국 출판기념회'가 성대히 개최되었다. 그 행사는 외교가의 주요 인사들에게 코이카의 중요성과 역할확대에 대해 재평가할 수 있는 중요한 계기가 되었고, 홍보실장과 홍보실 동료 모두 좋은 성과를 내며 의미 있는 가을을 맞이하게 되었다.

나는 코이카의 역할이 조명받고 있는 이 시기에, 우리 정부의 대외무상원조가 질과 양에서 실질적인 발전으로 이어져야 한다고 생각했다. 그러기 위해서는 개발도상국에 정부 차원에서 진행하는 공적개발원조(ODA: Official Development Assistance) 비중이 현재의 단순히 돈을 빌려주는 차관형식의 대외경제협력기금(EDCF: Economic Development Cooperation Fund)에서 그 나라의 행정 시스템의 변화를 줄 수 있는 대외무상원조(Grant-type Aid) 형식으로 전환되어야 한다고 판단했다. 물론 차관은 개발도상국과 선진국의 중요한 경제교류 형태였기 때문에 이 방식을 완전히 배제할 수는 없고, 대신 비중을 무상원조에 비해 크게 낮출 필요가 있었다. 실제로 개발도상국에서는 차관으로 빌려간 돈을 제대로 갚는 경우는 거의 없었고, 결과적으로 양국에 상당한 부담이 되었다. 나는 어차피 그들에게 받기 쉽지 않은 원조자금이라면, 원조를 하는 공여국과 받는 수혜국 간의 우호증진과 효율성 차원에서 무상원조의 비율을 더 늘려야 한다고 생각했다. 정말 '원조'라는 말에 충실하자는 의견이었다. 하지만 정부의 공적개발원조 비중은 당연히 대외협력기금 비율이 훨씬 높은 상태였다. 그리고 유상원조와 무상원조를 둘러싼 부처 간의 이견 또한 만만치 않았다. 유상원조는 기획재정부 산하의 수출입은행에서 진행하고 있었고, 무상원조는 외교통상부 산하의 우리 코이카가 진행하고 있었기 때문이다.

　재정적으로 우위를 가지고 있는 기획재정부의 유상원조 비율을 줄이는 일은 논의조차 쉽지 않았다. 그래서 나는 무상원조를 알릴 수 있는 특별한 방법이 없을지 고민하게 되었다. 그러던 중 신문에서 해외에 진출하려는 한국 기업들이 개발도상국에서 점차 사회공헌활동을 늘려간다는 내용의 기사를 보게 되었다. 그 기사를 보는 순간, 머릿속에 하나의 그림이 그려졌다. 바로 정부가 하는 대외무상원조와 글로벌기업들이 하는 해외 사회공헌활동을 함께 손잡고 홍보하는 방법이었다. 글로벌기업의 해외 사회공헌은 기업 차원의 경쟁력 상승과 일자리 창출, 그리고 동시에 국가브랜드를 높일 수 있는 최고의 활동이었다. 이 활동들을 정부 차원의 대외무상원조와 함께 홍보하고, 또한 같이할 수 있는 일들을 찾아보면 좋지 않을까 하는 생각이었다. 그렇게 된다면 홍보뿐 아니라 대외무상원조 필요성과 확대의 당위성도 대내외에 제대로 알릴 수 있을 것 같았다.

민관합동 정부팀을 만들다

이 아이디어를 떠올린 후, 구체적으로 어떻게 실행해 나갈지 고민했다. 먼저 이 계획을 정식 보고서로 제출하면 또다시 임원들과 내부의 반대에 부딪히지 않을까 걱정되었다. 정부의 대외원조와 기업의 사회 공헌활동을 하나로 묶는다는 생소한 모델에 거부감을 가질 수 있었기 때문이다. 그리고 사업을 추진하면서 생길 수 있는 예산도 문제가 될 수 있었다. 그래서 조금 위험부담이 있지만, 먼저 보고하지 않은 채, 혼자 조용히 가능성을 타진해 보기로 했다. 우선 해외 사회공헌 활동을 하고 있는 기업들을 업종별로 분류하여 50개의 대기업을 적었다. 그리고 코이카의 직인이 찍힌 공문은 쓸 수 없었기 때문에 협조문 형식의 문서를 만들어서 각 기업에 전화를 했다. 대부분의 기업에서는 코이카라는 기관을 처음 들어보았고, 중요한 일이 아니라는 판단에 사회공헌 부서로 정확히 연결해 주지도 않았다. 그리고 그때는 사무실에서 전화하는 것도 조금 조심스러웠다. 다른 동료들이 듣게 되면 이야기가 나올 수도 있을 것 같았기 때문이다. 그래서 본부 옆에 있는 연수동(개발도상국 공무원을 초청하여 연수시키는 시설) 전화부스 안에서 휴대전화로 한 군데씩 체크하며 전화를 걸었다. 자리를 오래 비울 수도 없어서, 한 번 나가면 보통 두 개 기업씩 전화를 하고, 그중 관심이 있는 기업들에는 사무실로 돌아와서 메일로 협조문을 보냈다. 그렇게 꼬박 두 달간 전화를 했는데, 놀랍게도 5개의 기업들을 네트워크할 수 있었다. 당시 참여한 기업은 신한은행, SK C&C, 아시아나항공, 포스코건설, 웅진코웨이였다. 모두 각 분야를 대표하는 대기업들이었다. 그런 후에 이 기업들을 실제로 한 군데씩 방문하여 실무진들을 우선 설득했다. 그런 과정을 거쳐 먼저 구두로 코이카가 주도하는 '정부 민관합동 대외무상원조홍보단'을 설립하자는 의견에 실무합의를 할 수 있었다.

하지만 이들에게 코이카는 여전히 생소한 기관이었고, 또한 함께한다는 것이 어떤 시너지를 낼지 반신반의한 상태였다. 무엇보다 각 사의 고위급에 보고해서 추진시킬 확실한 명분이 필요했다. 그래서 이를 보완할 수 있는 기관 한 군데를 더 참여시키자는 의견을 모았다.

내 생각에는 코이카를 비롯해 기업의 사회공헌을 알릴 수 있는 언론매체가 적격일 것 같았다. 그런데 문제는 우리가 필요로 하는 영향력 있는 매체가 과연 생소한 이번 일에 관심을 가질 수 있을까 하는 것이었다. 나는 코이카가 매달 해외봉사단 모집을 위해 신문광고를 한다는 것을 염두에 두고 있었다. 그래서 각 언론사에 전화를 걸었다. 지금 생각해 보면 다소 배수진을 친 듯한 협상이었다. 각 사의 광고담당자에게 전화를 걸어, "코이카가 매달 내는 봉사단 모집 광고를 당연하게 생각하지 말아 달라. 국민들의 세금으로 내는 광고인만큼 언론에서도 우리가 추진하는 일들을 긍정적으로 도와주면 좋을 것 같고, 향후에는 광고 집행을 좀 더 신중히 하겠다."라고 이야기했던 것이다. 언론사들은 당황스럽다는 반응이었다. 그동안 코이카 광고는 전화 한 통 없어도 알아서 집행되는 당연한 결과물이라고 생각했기 때문이다. 코이카로서는 해외봉사단원 모집광고를 반드시 해야 했고, 이 때문에 언론사들도 당연하게 받아들이고 있던 것이다. 그렇게 각 언론사에 전화를 한 이후로 웃지 못할 해프닝이 생기기도 했다. 정작 코이카에 한 번도 출입한 적이 없었던 각 언론사의 '코이카 광고담당 자'들이 나를 찾아오게 된 것이다.

나는 이왕이면 가장 영향력이 있는 언론사를 설득하여 이번 프로젝트에 참여시키고 싶었다. 그리고 각 담당자들과 이야기를 하면서, 그들 중 상부에 가장 확실히 보고할 것 같은 사람을 유심히 찾았다. 당시 조선일보에서는 임현찬(훗날 TV조선 조선영상비전 사장) 팀장님이 우리 코이카를 담당하고 있었는데, 임 팀장님은 한눈에 봐도 보통 사람은 아니었다. 다른 담당자들에 비해 나이는 많았지만, 능력이 뛰어난 사람이었다. 게다가 유머감각과 친화력도 탁월한 편이어서 그와 나는 금세 친해질 수 있었다. 개인적으로 가까워지면서 놀라운 이야기를 몇 개 듣게 되었는데, 그중 한 가지는 원래 자신이 기자 출신이었다는 것이다. 그는 사진기자 출신이었는데, 조선일보 사진기자라면 자타가 공인하는 대한민국 최고의 사진전문가들이며, 그 분야의 엘리트들이었다. 그 사진기자 출신이 늘 출입처에 가서 아쉬운 소리를 해야 하는 광고 영업직을 맡고 있었던 것이다. 사실 기자 출신이 광고 영업직을 맡는 경우가 업계에서는 거의 없었기 때문에 나는 그에게 왜 광고직으로 전환했는지 물었다. 그는 사진부의 차장까지 역임하고 동기에 밀려 부장승진이 좌절되었는데, 보통은 조기퇴직 절차를 거치지만 가족들을 생각해서 직제변경을 스스로 회사에 신청했다고 했다. 가족에 대한 사랑뿐 아니라 생각에서도 남달랐다.

나는 임 팀장님이 정말 보통 사람이 아니라고 생각했다. 그리고 이분이라면 충분히 내가 가진 아이디어들을 회사에 보고할 수 있을 것이라고 믿게 되었다. 처음에는 팀장님도 내가 만든 네트워크 참여에 부정적이었다. 회사에서 허락할 리 없다는 의견이었다. 하지만 나는 몇 번 더 설득하면서, 보장할 수 없는 약속을 한 가지 했다. 우리 홍보단에 참여하는 기업들이 향후 신문에 광고를 적극적으로 게재할 수 있도록 가교 역할을 하겠다는 제안이었다. 그 제안을 들은 후 그는 바로 시도해 보겠다고 답을 주었고, 그날 오후에 조선일보 최고 경영진의 승인을 받아왔다. 정말 빠른 판단과 추진력이었다.

그렇게 해서 조선일보까지 정부 대외무상원조홍보단의 합류를 결정했고, 기업에서는 조선일보 참여를 바탕으로 각 사 CEO의 승인을 모두 받아낼 수 있었다.

하지만 나는 아직 이것만으로는 우리 홍보단의 출범 의미가 부족할 수 있다고 생각했고, 좀 더 특별한 의미를 부여할 수 없을지 고민했다. 그러다가 내년(2010년)에 있을 가장 큰 국가적 행사인 G20정상회의를 준비하는 위원회에 연락해 보기로 했다. 당시 한국은 G20정상회의를 유치한 후 1년간 전 정부기관이 정상회의 준비에 심혈을 기울일 시기였다. 나는 G20정상회의에서 우리 정부가 개발도상국과 선진국의 가교 역할을 하면 어떨지 생각해 보았다. 우리는 개발도상국에서 선진국에 진입하기까지의 모든 경험을 가진 국가였기 때문이다. 그래서 G20정상회의 준비위원회에 연락하여 우리 홍보단에 함께 참여해 줄 것을 요청했다.

11월 25일 사무실에 출근했을 때 기쁜 뉴스를 듣게 되었다. 우리 대한민국 정부가 정식으로 원조 공여국이 되었다는 것이었다. 원조 공여국의 기준은 선진국들이 주도하는 국제기구인 OECD(경제협력개발기구)에서 정하는데, OECD 내의 '다크'라고 불리던 DAC(개발원조위원회) 회의에서 심사하여 결정했다. 그런데 이날 우리 대한민국을 DAC의 공식 멤버로 결정했다는 내용을 발표했던 것이다. 국가적으로 크게 기쁜 일이었고 무상원조기관인 코이카로서는 대단히 큰 성과였다. 이는 대한민국이 50년 만에 원조를 받던 국가에서, 원조를 주는 국가로 공식전환되었다는 의미였기 때문이다. 이 일은 후에 여러 분야에서 많은 변화를 가져왔는데, 일례로 한국 내에 존재하던 UN의 개발과 관련된 모든 기구들이 정책센터나 국가위원회 형태로 전환되고 사무소를 철수하게 되었다. 더 이상 한국은 개발도상국이 아니라는 상징적 의미였다.

그리고 코이카에게 또 하나 긍정적인 부분은 DAC에서 말하는 원조지침 중 중요한 권고사항이 유상원조 비율을 줄이고 무상원조 비율을 높이라는 내용이었다. 우리로서는 무상원조 비율을 높일 수 있는 중요한 기회였던 것이다. 나는 DAC 가입이 확정되자 드디어 대외 무상원조 홍보단 출범을 코이카 내부에서도 공식화할 수 있는 적기가 되었다고 생각했다. 그래서 직접 이사장님께 홍보단 출범을 설명하고 승인을 요청하는 보고를 했다. 불안한 마음으로 보고 드렸지만, 이사장께서는 보고한 내용들에 매우 만족하시며 좋은 아이디어라고 칭찬하셨다. 그리고 나머지 준비과정을 적극적으로 추진하여 꼭 성사시키라고 격려하셨다. 이사장님께 보고 드린 후 바로 홍보실장께 동일한 내용으로 보고했다. 그는 자신에게 추진과정을 상의하지 않은 것은 다소 아쉽지만 그렇게 할 수밖에 없었던 상황은 이해한다고 말했다. 얼마 후 이사장님은 코이카 차원에서 이 홍보단의 출범을 다 함께 참여하고 적극적으로 도우라는 지시를 내리셨다.

12월 16일, 남산의 하얏트호텔에서 'G20정상회의 성공개최기원, 정부 민관합동 대외무상원조홍보단' 출범식이 개최되었다. 홍보단의 단장은 코이카 박대원 이사장님과 대외무상원조 홍보대사인 홍정욱 의원님이 공동으로 맡았으며, 이 일을 기획하고 추진한 나는 1대 기획단장으로 임명되었다. 출범식에는 각 사를 대표하는 CEO 여섯 분과 정몽준 한나라당 대표님, G20정상회의 준비위원장이시던 사공일 위원장님 등 정·재계 인사 200여 명이 참석하였고, 교육과학기술부 장관을 역임한 울산대 김도연 총장님 등 이 고문으로 함께 참석하셨다.

보름 후 조선일보는 코이카에 홍보단 출범을 기념하여 해외 무상원조 현장 취재를 제안했고 나는 임현찬 팀장과 상의하여 홍보단의 특집기사를 다룰 특집판을 만들자고 이야기했다. 코이카에 입사하여 처음 신문기고문을 낸 지 10개월 만에 이제는 무상원조 기사만을 다루는 특집판을 제작하게 된 것이다. 주요 언론에서 무상원조에 관한 특집보도를 결정한 것은 유례가 없는 일이었다.

이러한 결정이 난 열흘 후, 나는 민관합동 대외무상원조홍보단 기획단장 자격으로 두 번째 해외출장을 준비하게 되었다.

우리가 미처 알 수 없었던 에티오피아의 존엄

2010년 1월 10일, 서른 살 생일을 한 달 앞두고, 나는 인천국제공항으로 향하고 있었다. 약속장소에 도착하자 먼저 와 있던 박순찬 기자가 손을 흔들어 반갑게 인사했다. 박 기자는 이번 출장에 나와 동행하는 조선일보 기자였다. 그는 나와 한 살 차이 나는 젊은 기자였지만, 사회부에서 엘리트로 꼽히는 노련한 저널리스트였다. 그래서 이번 특집기사 출장에 함께하게 된 것이다.

우리 두 사람은 설레는 마음을 안고 티켓을 발권한 후 출국장 안으로 들어갔다. 출국장 안 유리를 통해 우리가 타고 갈 에미레이트항공 A380기가 보였다. A380이라니! 나는 흥분된 마음을 감출 수 없었다. A380은 지금껏 세계에서 나온 모든 항공기 중에 가장 큰 기종이었다. 두근거리는 가슴을 안고 좌석에 앉아서 앞에 보이는 스크린을 만져보았다. 처음 타 보는 비행기 안에서 어느덧 나는 호기심 많은 소년이 되었다. 옆자리에 앉은 박 기자를 살짝 보았더니 그 역시 신나는 표정이었다. 그렇게 우리는 상기된 마음으로 출발을 기다렸다.

그런데 한참이 지나도 출발하지 않았고, 결국 2시간의 기내 대기 끝에 모두 다시 내려야 했다. 승객들은 항공사에 강하게 항의했지만, 누구도 정확한 원인을 알 수 없었다. 폭설로 인한 기체결함이라는 이야기만 들을 뿐이었다. 어쩔 수 없이 항공사에서 마련해 준 송도의 라마다호텔에서 하룻밤을 지내게 되었다.

나는 호텔에 오자마자 본부와 에티오피아 사무소에 연락했다. 본부에는 우리가 하루 늦게 출발하게 된 것을 보고했고, 에티오피아 사무소에는 이틀 늦게 도착할 것이라고 알렸다. 우리가 가는 곳은 아프리카 대륙의 최빈국이지만, 인류의 기원지이자 최대 커피 생산국, 그리고 아프리카 외교의 중심지 에티오피아였던 것이다.

다음 날 같은 비행기에 다시 탑승하게 되었다. 어제의 설렘은 어느새 약간의 불안함으로 바뀌어 있었다. 하지만 다행히 비행기는 무사히 이륙했고 10시간의 비행 끝에 푸른 하늘 너머 열사의 땅 두바이에 도착했다. 두바이는 그 누구라도 한 번쯤은 가 보고 싶어 하는 곳이었다. 세계에서 가장 높은 빌딩인 부르즈 칼리파가 있는 곳이었고, '두바이의 기적'이라고 불리는 중동의 떠오르는 경제 중심지였다. 이곳에 왔다는 사실이 믿기지 않을 정도였지만, 두바이에서 머문 하루 동안 특별한 일정을 잡기보다 간단히 주위를 둘러보는 것으로 대신했다. 곧 가게 될 아프리카 대륙에 대한 기대감 때문에 다른 일을 할 수 없었다.

다음 날 오후 늦게 도착한 에티오피아의 수도 아디스아바바는 확실히 낯선 풍경이었다. 흔히 아프리카 하면 연상되는 숨 막히는 더위 대신 의외로 시원한 바람이 불고 있었다. '새로운 꽃'이라는 뜻을 가진 아디스아바바는 해발 2,355m의 고도지역이었다. 뜨거운 태양과 시원한 바람이 공존하는 곳이다.

도착한 날 밤, 코이카 에티오피아 사무소 송인엽 소장의 안내로 어두운 비탈길을 타고 엔토토 산을 올랐는데, 이 산 중턱에 있는 '탑 뷰'

믿고 있다면 모든 것이 가능하다

라는 레스토랑은 그야말로 어떤 곳과도 비교할 수 없는 아름다운 곳이었다. 아프리카 특유의 황금빛 조명 아래, 아디스아바바에 근무하는 각국의 외교관들이 하루의 일과를 커피와 음료, 시가로 달래고 있었다. 통나무 가득했던 이곳 냄새를 평생 잊기 힘들 것 같았다.

이튿날 우리는 예카 지역의 히브레 피레 초등학교에 방문했다. 예카는 에티오피아 내에서도 빈민 지역에 속했다. 이 지역에 우리 정부가 지어 준 히브레 초등학교에는 1,500명의 학생이 다니고 있었고, 그 중 250명은 한국전 참전용사 할아버지를 둔 아이들이었다. 이 지역이 60년 전 한국전에 참전한 에티오피아 참전용사들이 사는 마을이었기 때문이다. 우리는 그 아이들의 웃음에서, 그리고 직접 뵈었던 참전용사 할아버지들의 비장한 모습 속에서도 그들이 가진 사람에 대한 존경과 사랑을 느낄 수 있었다. 세계 그 어느 곳에서 또 이 모습을 보고 배울 수 있을까. 내가 하는 작은 일들이 새삼 눈물 나도록 감사하고 경외심이 드는 순간이었다.

다음 날 우리는 이른 아침부터 다시 4시간을 달려서 오로미아 주 헤토사 지역에 찾아갔다. 이곳은 정말 한눈에 봐도 전형적인 빈민촌이었다. 영화에서나 나올 법한 흙으로 지은 집들은 내 마음을 커다란 망치로 두들기듯 답답하고 아프게 했다. 자기 몸의 절반쯤 되는 노란 물통을 부스러질 것 같은 작은 아이들이 들고 다녔다. 아. 정말 하나님께서는 왜 이토록 착한 이들에게 잔인한 삶을 허락하셨을까. 우리는 이곳에서 사람들과 이야기를 나누고, 그들의 모습을 기록했다. 우리 정부는 이 땅에서 보건사업을 하고 있었고, 가난이 대물림되는 다산을 조절하도록 피임법도 가르쳤다.

에티오피아에서의 짧은 출장은 내게 이 일에 대한 사명감과 그 이상의 소명의식을 가지게 한 계기가 되었다. 지구 반대편에서 숨조차 자유롭게 쉬지 못하는 이들을 돕는 일. 이 일에 대한 무거운 책임감을 가지게 되었다. 더 열심히 이들의 고통을 알려야 했다. 그리고 우리가 하는 일들의 가치를 끊임없이 전파해야 한다고 생각했다. 출장에서 우리가 기록했던 생생한 모습과 영상은 무려 여덟 면으로 자세히 발행된 1월 28일 《조선일보》 특별판을 통해, 세상에 알려지게 되었다.

출장을 다녀온 후, 대외무상원조 홍보단에 참여한 다른 기업들과의 홍보 프로젝트도 적극적으로 추진했다. 당시 정부는 G20정상회의를 앞두고 대한민국의 개발도상국-선진국 가교 역할을 강조하던 때였다. 문득 항공사 보딩패스(비행기 탑승티켓)에 이러한 내용을 새기면 어떨까 하는 생각이 들었다. 하지만 아시아나항공은 난색을 표했다. 하루에도 수십만 장을 찍어내야 하는 인쇄 기계의 시스템을 바꾸는 일이 쉽지 않다는 것이었다. 나는 오히려 역으로 하루에도 수십만 명의 관광객들이 이 이야기를 보게 되면 아시아나항공의 브랜드 가치가 어떻게 되겠냐고 질문을 던졌다. 논의가 시작된 지 2주 만인, 2월 4일 아침 인천국제공항의 아시아나 항공 탑승 게이트에서 새로운 보딩패스가 발표되었다. 코이카의 대외무상원조 노력과 대한민국의 개발도상국-선진국 가교 역할에 대한 내용이 적힌 보딩패스였다.

내게는 이 모든 일들이 하나의 거대한 기회로 보였다. 그리고 몇 번의 성공적인 프로젝트들로 인해 점차 내 역할과 활동범위가 더 넓어지게 되었다. 나는 이튿날 2월 6일 세계적인 패션지인《코스모폴리탄》과 가진 인터뷰에서 잡지의 주요 독자층인 젊은 층에게 잘 전달되기를 바라며 이러한 일에 대해 자세히 설명했다.

그리고 3일 후 2월 9일에는, 아름다운 야경이 보이는 롯데호텔에서 조선일보의 대표이사인 김문순 부사장님과 우리 이사장님의 저녁 식사에 배석하게 되었는데, 공교롭게도 그날은 내 생일이었다. 밝은 분위기 속에서 그들은 나와 임현찬 팀장의 아이디어와 추진력을 아낌없이 칭찬했다. 그리고 무상원조의 발전을 위해 한 번 더 특별판을 추진하자고 입을 모았다.

우리는 두 리더의 의견이 떨어지기 무섭게 다음 날부터 바로 새로운 아이디어 발굴과 출장 후보지를 찾기 시작했다. 코이카에서는 내부 논의 끝에 다음 취재 대상국을 당시 우리 정부의 중점원조대상국이었던 베트남과 미얀마로 결정하자고 하였다. 그리고 해당국의 사정에 맞춰 방문시기를 6월로 계획했다. 나의 서른 살 봄은 그 누구보다 바쁘게 지나고 있었다.

며칠 후《코스모폴리탄》에서 세 번째 사진 촬영과 인터뷰 제안이 왔다. 첫 인터뷰 화보사진이 너무 멋지게 나와서일까 하며 속으로 웃으며 생각했다. 하지만 이번 인터뷰는 이전과는 조금 다른 내용이었다. 내가 갓 지나온 20대 시절에 대해 후배들에게 해 주고 싶은 말들을 담는 인터뷰였기 때문이다. 3월 18일에 가진 이 인터뷰의 맨 마지막 질문은 '20대들에게 어떤 조언을 해 주고 싶은가?'였다.

한 번은 진주에 있는 경상대에 강의하러 가다가 남강을 보았는데, 그렇게 푸른빛의 강은 처음 보았습니다. 정말 무서울 정도였어요. 하지만 저는 얼마나 깊을지 모를 이 강 위에 세워진 멋진 다리를 건너고 있었죠. 사람들이 무서움을 무릅쓰고 다리를 만들 수 있었던 건, 사람에게는 희망이라는 보석이 있기 때문입니다. 희망은 무엇이든 이룰 수 있죠. 우리는 길을 걸을 때도 그 길 끝에 있는 목적지에 도착할 것이라는 작은 희망을 품고 있어요. 의자와 책상은 이 물건들이 사람들을 좀 더 편리하게 해 줄 것이라는 누군가가 희망으로 만들어진 거죠. 어쩌면 지구에서 일어나는 모든 일들은 놀라움과 기적의 연속인 거 같아요. 우리가 태평양 한가운데서 20m가 넘는 고래를 만나면 어떤 생각이 들까요? 조금 무섭기도 하겠지만, 정말 굉장한 경외감이 들지 않을까요? 이처럼 저는 우리가 알 수 없고, 상상할 수 없는 수만 가지의 지구 안 아름다움 중에서도, 아마 그 정점은 사람이 아닐까 생각해요. 물론 때때로 인류가 지구의 가장 큰 문제이기도 하지만, 우리들이 이룬 역사는 결코 쉬운 것들이 아니라고 생각합니다. 저는 우리들의 삶 중에서도 특히 20대가 가진 찬란함은 그 어떤 기적보다 아름답다고 생각합니다. 그 어떤 기적보다 놀라운 시간이죠. 20대는 희망이라는 보석으로 가득 차 있어야 하는 시기에요. 이 말을 꼭 해주고 싶습니다. 희망은 삶의 가장 큰 무기라고.

일본 리츠메이컨대학교 강단에 서서

바쁜 하루하루가 지나가던 3월의 어느 날 나는 일본에서 온 한 통의 메일을 받게 되었다. 조준수(훗날 일본 최대 가전업체 중 하나인 다이킨 기획실의 유일한 한국인 직원이 되었다.)라는 일본에 거주하는 한국 유학생이었다. 그는 내 책의 독자라는 인사말로 편지를 시작했다. 당시 내 책을 읽고 오는 편지들이 생각보다 많았기 때문에 대부분의 편지는 아주 간단히 답할 수밖에 없었다. 하지만 이 학생의 편지는 길지 않지만, 몇 번을 다시 읽어보게 만들었다. 그는 자신을 일본 관서 지방(서부 지방)에 있는 교토의 명문대, 리츠메이컨대학교 4학년생이며 이곳 한국인 유학생회 회장을 맡고 있다고 소개했다. 그리고 꽤 자세한 진행과정을 설명하며 나를 강연연사로 초청하고 싶은데 한 번 만날 수 있는지 물었다. 난 그에게 보낸 답장에서 해외에서 내 책을 읽은 사람이 있다는 사실이 놀랍고 해외 대학교 강단에서 강연할 수 있다는 사실 때문에 또 한 번 놀랍다고 했다. 그는 긍정적인 내 답변에 빠른 회신을 보내왔다. 그리고 한 주 뒤에 한국에 귀국하여 직접 나를 찾아왔다.

광화문 파이낸스빌딩 지하 커피빈에서 만난 그는 한눈에 봐도 쾌활하고 열정적인 청년이었다. 그가 들고 온 계획서는 생각보다 매우 구체적이었다. 그는 후원기업과 여행일정, 그리고 리츠메이컨대학교에 대한 소개, 청중들이 내 강연을 얼마나 고대하는지를 자세히 설명했다. 나는 국내 강연을 꽤 많이 다녔지만, 해외 강연은 처음이었기 때문에 설렘 반 두려움 반이었다. 하지만 준수 씨를 만나고 그런 걱정의

87
기회

상당 부분이 해소되었다. 그는 내게 확답을 구하기 위해 매우 열정적으로 설명했고 나는 며칠 뒤 그에게 일본을 방문하겠다는 메일을 보내게 되었다.

강연 날이 다가오기까지 우리는 여러 번의 메일을 주고받으며, 자세한 내용을 상의했다. 그는 유학생 신분에도 일본 내에서 꽤 많은 네트워크를 가지고 있었고, 좋은 영향과 도움을 주는 조력자들이 주위에 많아 보였다. 그 사실만으로도 나는 준수 씨가 꽤 훌륭한 사람이고 믿을 만한 청년리더라고 생각하게 되었다.

서른 살, 2010년 4월 9일

마침내 4월 9일, 설레는 마음을 안고 일본 오사카로 향하는 비행기를 탔다. 준수 씨는 항공권과 내가 묵을 숙소, 그리고 약간의 여비까지 모두 준비하여 초청했으며 나는 코이카 업무에 지장을 주지 않기 위해 금, 토, 일의 짧은 2박 3일 여정을 계획했다. 간사이국제공항에는 준수 씨의 선배인 박사과정 대학원생 김용찬 씨(현재는 박사를 마치고 강단에 섰다.)가 마중 나와 있었다. 용찬 씨 역시 한국인 유학생이었는데, 마침 나와 동갑이라 금방 친해질 수 있었다. 그와 교토 시내로 이동해서 함께한 회덮밥은 정말 진미에 가까운 요리였다. 회를 좋아하지 않는 내가 회덮밥을 먹고 이렇게 맛있다고 느낄 수 있다니 신기한 마음이었다.

식사 후 우리는 버스를 타고 드디어 관서 지방의 명문사학인 리츠메이컨대의 키누가사 캠퍼스에 도착했다. 역사와 규모 모두 명문대로서 면모가 충분한 대학교였다. 용찬 씨에게 캠퍼스를 안내받으며 한국인으로서 이전에 이 학교 강단에 선 사람이 김대중 대통령밖에 없었다는 이야기를 듣고 기쁨과 부담스러움을 동시에 느꼈다. 학교를 둘러본 후, 오늘 강연장소인 소시칸홀(SOSHIKAN HALL)에 도착했을 때 홀 옆의 대기실에서 반가운 사람이 나를 밝게 맞이했다. 준수 씨였다. 그는 특유의 환한 미소로 나에게 연신 고맙다고 했다. 하지만 정작 고마워해야 할 사람은 나였기에 준수 씨와 행사를 준비한 그의 동료들에게 악수를 청하며 고마움을 표시했다.

사회자가 강연에 대해 안내를 하고 있을 때 나는 홀 옆에서 듣고 있었는데 그렇게 떨릴 수가 없었다. 이윽고 준수 씨가 속해 있던 국제관계학과의 일본인 학과장 교수님께서 직접 나를 소개해 주었고 큰 환호와 박수를 받으며 홀로 들어섰다. 무대와 홀의 객석 모두 정말 멋진 풍경이었다. 마치 저명한 클래식 연주가들이 서야 할 무대에 대신 서 있는 기분이었다. 강연은 나 자신에 대한 이야기와 우리가 개발도상국을 도와야 하는 이유, 그리고 인류가 이겨 나가야 하는 문제 등을 주제로 약 1시간 30분 동안 진행했다. 나는 항상 PPT 없이 강연했기 때문에 그날도 마이크 하나만 잡고 했는데 강연 내내 이렇게 훌륭한 무대를 더 빛내지 못한다는 생각에 미안할 뿐이었다. 그 정도로 강연을 들은 한국인 유학생들과 일본인 학생들의 청중매너는 매우 훌륭했다.

강연이 끝나고, 자리를 옮겨서 강연을 준비한 학생회 간부들과 함께 내 환영식 겸 저녁식사 자리를 가졌다. 분위기 있는 선술집에서 다양한 이야기들을 나누며 든 생각은, 이토록 멋진 학생들이 꼭 우리 한국의 미래 리더가 되어주면 좋겠다는 것이었다.

짧아서 너무 아쉽기만 했던 저녁식사 자리를 마치고, 준수 씨는 내가 묵어야 할 집으로 안내했다. 그는 그곳이 일본 내에서도 손꼽히는 유명한 집이라고 했다. 일본 특유의 전통양식 건축물이었고 더불어 일본식 정원이 있어서 최고로 아름다운 집으로 여러 차례 소개되었다는 것이다. 나는 놀라움과 호기심에, 이 집을 어떻게 섭외했는지 물어보았고, 준수 씨는 집주인이 리츠메이컨대 명예교수님이라고 말했다. 그렇다 하더라도 이렇게 잠을 잘 수 있도록 자리를 마련해 준 준수 씨의 능력과 인맥에 나는 감탄하였다.

꽤 늦은 시간이었지만 하얀 백발의 온화한 인상을 가진 여교수님은 우리를 기다리고 있었다. 그녀는 연세가 많았지만 무척 건강하고 밝아 보였다. 우리는 내일 아침에 더 자세히 이야기하기로 했고 곧 손님방이 있는 별채로 안내되었다. 2층의 별채에서 자는 일본의 첫날밤은 특별한 순간이었다.

다음 날 아침 일찍 준수 씨는 어제 강연에서 잠깐 인사를 나눴던 박사과정 선배, 강우철 씨와 함께 아침식사를 하러 왔다. 여교수님은 아침이라고 믿을 수 없을 정도로 많은 음식과 과일을 준비하셨다. 우리는 그녀의 남편(남편 역시 저명한 교수였다.), 딸과 함께 여러 이야기를 나누며 훌륭한 아침식사를 했고 정중히 감사 인사를 드리며 집을 나섰다.

믿고 있다면 모든 것이 가능하다

아침 공기가 너무나 상쾌했다. 나는 두 사람과 함께 교토에서 조금 떨어진 오사카로 향했다. 오늘은 그곳에 있는 국제학교에서 또 한 번의 강연이 예정되어 있었다. 그곳은 한국인 교장과 임원이 설립하여 운영하는 곳이었다. 주로 재일교포 자제들이 많이 다녔기 때문에 교장선생님과 준수 씨는 내가 이곳을 꼭 짧게라도 방문해 주길 원했다. 나로서는 미래 한일 간의 가교 역할이 할 어린 리더들이 있는 곳에 방문하게 되어 무척 영광스러웠다. 1시간 남짓의 짧은 강연에도 중·고등학교 학생들의 눈은 반짝반짝 빛났다. 그들의 한없이 맑은 웃음과 표정에 나까지 들뜨고 행복해지는 시간이었다.

강연 후 교감선생님과 우리 일행은 시내에 있는 와규 집에서 점심을 했다. 식도락 여행이라고 표현하고 싶을 정도로 멋진 음식을 계속 만날 수 있었다. 우리는 오사카를 조금 구경한 후 저녁에는 그 학교를 후원하는 후원자 한 분 그리고 이튿날 밤부터 내가 묵을 호텔 숙박비를 후원해 준 한국인 사업가 한 분과 사케 집에서 만났다. 술을 거의 못하는 나였지만, 맛있는 스시와 함께 먹는 사케는 따뜻하고 기분 좋은 맛이었다.

식사를 끝낸 뒤 술을 마시지 않은 준수 씨가 운전하는 차를 탄 우리는 이웃 도시 고베로 향했다. 고베는 불과 15년 전 주요 시설이 모두 파괴될 정도로 큰 대지진이 났던 도시였지만 현재는 매우 말끔하게 재정비된 깨끗한 곳이었다. 한밤중에 오른 고베 육갑산(롯코산) 정상에서 본 시내와 항구의 야경은 아름다웠다.

새벽에 오사카의 호텔로 돌아와서 쉬었고, 다음 날 아침은 나를 만나고 싶어 했던 저명한 일본 공연예술가의 매니저를 짧게 만났다. 그리고 그 유명한 오사카 성을 둘러본 다음, 사슴들의 도시 나라로 향했다. 짧은 기간이라 굉장히 꽉 짜이고 바쁜 일정이었다. 정말 모든 길거리와 신사에서 사슴들이 마음껏 뛰어다니고 있었다. 대자연과 사람이 어떤 모습으로 함께할 수 있는지 정답을 보여주는 듯한 풍경이었다.

나라 방문까지 마친 그날 오후에 다시 서울행 비행기에 올랐다. 짧았지만 많은 경험을 한 일본이 벌써 그리워지고 있었다. 잊지 못할 시간이었다.

5월이 되어 대외무상원조 홍보단의 업무가 더 확대되면서, 나는 이사장님께 조심스럽게 한 가지 건의를 드렸다. 하루의 상당 부분을 외부 사람들과의 미팅으로 쓰는 내가 성남에 있는 본부에서 근무하는 어려움을 설명해 드리고 가능하다면 서울의 코이카 훈련소에 내가 쓸 수 있는 사무실을 내줄 것을 요청하는 내용이었다.

양재동에 있는 서울 훈련소는 코이카가 해외봉사단을 파견하기 전 봉사단원들을 훈련하는 장소였고 숙박시설을 갖추고 있는 종합훈련 시설이었다. 전례가 없는 일이었지만, 코이카 특성상 해외 사무소 파견이나 각 정부부처에 파견된 인력이 있기 때문에 그러한 예를 고려한 이사장님은 나를 서울 사무실에 일할 수 있게 허락하셨다. 단 중요한 내용이 있을 때나 매주 월요일은 반드시 본부에 와서 보고를 하는 조건이었다.

이사장님의 특별한 허가로 그다음 주부터는 양재동 사무실로 출근했고, 덕분에 확실히 외부 업무를 하기 좋아졌다. 나는 기관에서 주는 배려와 책임에 걸맞게 더욱 열정적으로 일했다.

5월의 대부분은 6월 초에 있을 세 번째 해외출장에 대한 준비로 바쁜 시간을 보냈다. 두 번째 《조선일보》 특별판을 만드는 이번 출장에는 사회부의 김성민 기자가 함께하기로 되었다. 나는 마지막 주가 되어 김 기자를 만나서 보도 중점사항과 방문국에 대한 중요정보 등을 교환했다. 그는 지난번 박순찬 기자와 마찬가지로 무척 신중했지만 동시에 쾌활하고 역동적인 젊은 기자였다. 우리는 얼마 후 기대 속에 이번 출장의 첫 번째 방문국인 베트남으로 향했다.

한없이 착한 베트남과 미얀마의 아이들

6월 8일 오후 하노이국제공항에 도착했을 때, 아프리카에서도 느낄 수 없었던 극심한 더위가 입안 한가득 밀려들었다. 서둘러 시원한 장소를 찾았지만, 그런 행동은 크게 도움이 되지 않았다. 우리를 마중나온 박홍식 코이카 베트남사무소 부소장과 현지인 직원에게 베트남 어딜 가나 온통 그렇게 뜨거운 공기로 숨 쉬어야 한다는 사실을 듣게되었기 때문이다. 김 기자와 나는 고통을 느끼며, 공항 안의 그나마 시원한 장소였던 레스토랑으로 향했다. 그곳에서 간단한 식사와 함께 타이거 맥주를 한 잔씩 했다. 타이거 맥주는 밀림의 땅 베트남을 그나마 시원하게 해 주는 존재였다.

베트남은 생각보다 큰 국가이다. 대한민국보다 3.5배 넓고, 위로는 중국 국경지대를 접하며, 동쪽 해안과 아래로는 남중국해를 접하는 세로로 긴 모양의 국가였다.

우리 일행은 공항 레스토랑에서 더위를 조금 식힌 후 바로 국내선 게이트로 이동했다. 그리고 아름다운 해변으로 유명한 휴양지, 다낭으로 가는 비행기를 탔다. 다낭공항에 내려서는 다시 베트남 중부의 꽝남성으로 2시간 동안 차를 타고 달렸다. 차장 밖으로는 베트남 전쟁(1956년 12월~1975년 4월 30일) 영화에서 흔히 나오는 무성한 밀림 지역이 펼쳐졌다. 강에서는 거대한 물소들이 긴 울음소리를 내며 우리를 보고 있었고, 짙은 녹색의 나무들이 울창하게 길 주위를 감싸고 있었다.

첫날밤을 꽝남성의 호텔에서 보냈는데, 도시의 밤은 매우 조용했다. 호텔 로비에서 종업원에게 그 이유를 물었더니 보통 저녁 7시 이후에는 모두 집에 들어가서 가족들과 보내고 이른 새벽부터 사람들이 움직이기 시작한다고 했다. 보통 동남아 국가 사람들이 매우 여유 있고 조금 느린 편이라고 생각했는데 베트남 국민들은 예외였던 것이다. 밤 문화가 발달하지 않았다는 점을 제외하고는 이른 새벽부터 부지런히 움직이는 모습은 한국과 매우 흡사했다. 전쟁 시에는 우리의 반대편이었지만, 지금은 왠지 모를 동질감이 들었다.

다음 날 베트남의 시계에 맞춰 아침 일찍 일어났다. 호텔 로비에는 옥이호 코이카 베트남사무소 소장께서 나와 있었다. 우리는 옥 소장, 박 부소장 일행과 함께 1시간 정도 시골길을 달려서, 인구 85,000명이 사는 푸닌 마을에 도착했다. 이곳에 있는 판 딘 풍 초등학교가 우리의 첫 번째 방문지였다.

건물 안으로 들어가자, 고사리손을 가진 초등학교 4학년 아이들 30명이 교실에서 특별수업을 하고 있었다. 영락없는 우리 1970년대 풍경이었다. 비록 그 시대를 살지는 않았지만, 우리 집 안방에 있던 부모님 앨범에서 보았던 모습 그대로였다. 세상에 이토록 해맑고 귀여운 아이들이 또 있을까 싶었다. 아이들은 모두 새까맣게 탄 얼굴이었고, 우리를 향해 연신 미소를 지었다. 이 초등학교도 에티오피아의 초등학교와 마찬가지로 한국 정부가 지어 준 학교였다. 40년 전 전쟁의 상흔으로 비극적인 인연을 맺었던 한국 정부의 미안함과 화해의 상징이었다.

아이들은 모두 코이카에서 제공한 학용품과 기자재를 쓰고 있었다. 내가 한 번도 겪어 보지 못한 열악한 환경 속 시설이었지만, 이들은 우리에게 곱고 작은 목소리로 '감사합니다.'라고 한국어로 인사했다. 눈물이 왈칵 밀려왔다. 복도 한쪽에는 '양국의 우정과 협력을 위해 한국이 학교를 지어 줬다.'는 문구와 함께 태극기와 베트남기가 새겨진 현판이 붙어 있었다.

이곳은 베트남 내에서도 가장 낙후된 지역이면서 동시에 베트남 전쟁 때 민간인 피해자가 가장 많이 나온 지역이기도 했다. 이곳의 상처를 아물게 해 주는 것은 한국 정부의 중요한 외교이자 원조정책이었다.

상처를 주는 일은 쉽지만, 아물게 하는 일은 정말 어려운 일이다. 하지만 지금처럼 마음을 담아 서로를 위해 노력한다면, 아문 곳에서 새 살이 돋아나고 더욱 튼튼해질 것이 분명했다. 우리가 다른 국가를 돕고 함께 나가야 하는 이유였다.

초등학교 방문 후 마을의 중심지로 자리를 옮겼다. 마을 사람들이 우리 일행을 위해 점심을 대접하겠다고 초청해 주었는데, 우리 음식인 백숙처럼 닭을 여러 마리 삶고 있었다. 맛있는 냄새에 더위도 잊었다. 먹어 보니 조금 질기긴 했지만 영락없는 백숙이었다. 아침부터 돌아다닌 덕에 우리 앞에 놓인 네 마리의 닭이 금방 사라졌다. 초청받았긴 했지만, 차마 이곳에서 공짜로 식사할 수는 없었다. 그들이 얼마나 어렵게 생활하는지 누구보다 잘 알고 있었기 때문이다. 닭값보다 더 많은 돈을 주었다. 음식을 대접한 주인은 금방이라도 울음을 터트릴 듯 고마워했다.

식사 후 두 번째 방문지로 이동했다. 그 더운 베트남에서도 불볕더위가 내리쬐는 출라이 자유경제지역이었다. 이곳에는 우리 정부가 무상으로 지어주는 종합병원의 기초공사가 한참이었다. 노무현 대통령께서 2004년 한국-베트남 정상회담에서 약속한 종합병원 건축 프로젝트였다. 이 병원이 지어지면 21개 임상 진료과와 10개 진료 지원부서가 들어선다고 한다. 그리고 베트남 국립병원으로 지정되어 중부지역 7개 성, 약 800만 명의 베트남 사람들이 진료와 치료를 받게 된다. 베트남 최대의 종합병원이 들어서는 것이다. 내가 방문할 당시 터를 파고 있던 이 병원은 약 383억 원의 코이카 무상원조금액으로 2012년 7월 19일 개원하게 되었다.

코이카와 우리 정부는 개발도상국의 가장 근본적 취약점인, 질병, 교육, 여성, 행정체계 등에 많은 원조를 진행하고 있었다. 이런 부분들은 UN이 국제사회에서 가장 큰 관심을 가지고 사업하고 있는 중요 분야기도 했다.

김 기자와 나는 하룻밤을 베트남에서 더 보낸 뒤 10일에 두 번째 출장국으로 떠났다.

이제 더위에 제법 익숙해질 법한데도 습한 공기로 가득한 미얀마 양곤의 기온은 베트남보다 더 더운 듯했다. 우리는 옛 수도인 양곤에 도착해서 주 미얀마 대한민국 대사관으로 향했다. 코이카 미얀마사무소는 대사관 안에 있었다. 그곳에서 김진화 미얀마사무소장을 만나서 현지 상황에 대한 간단한 브리핑을 들었다. 그녀는 나와 나이가 비슷한 젊은 여성이었다. 미얀마는 당시까지도 국가평화발전평의회라는 군부독재정권하에 있었기 때문에 주의해야 할 것들이 있었다(내가 출장을 다녀온 2년 후인 2012년 23년간의 군부독재가 막을 내리고 민주화정부가 들어섰다.).

그녀의 팀과 함께 저녁을 먹은 후 첫날은 미얀마 최대 문화유적인 쉐다곤 파고다를 방문했다. 이곳은 세계적으로 유명한 불교 사원이었고, 영국으로부터 독립한 미얀마의 상징과 같은 곳이었다. 밤인데도 온통 황금빛으로 가득한 사원 안은 신비한 기운이 감돌았다. 특히 부처님(싯다르타)의 머리카락이 봉인되어 있다는 보리수나무 앞은 기도하는 이들로 경건한 분위기였다. 영국 군인들이 이 사원을 군홧발로 활보한 것에 분노하여 독립운동이 전국적으로 일어났다고 한다. 우리 역시 일제치하에서 독립운동을 했던 모습이 떠올라, 내일 만날 미얀마 사람들이 더욱 궁금해졌다.

다음 날 11일 오전, 우리는 대사관에 들러서 조병제 주 미얀마 대한민국 대사님과 김진화 소장을 만나 함께 차를 타고 이동했다. 우리가 간 곳은 미얀마 밀림 한가운데 위치한 흘레구 지역이었다. 이곳은 주위가 온통 높이 솟은 나무들로 둘러싸여 있고 저녁이면 전기가 들어오지 않아 깜깜한 암흑천지가 되는 곳이었다. 이곳에서 코이카는 마을회관과 학교를 지어주고, 도로를 개설하고 우물을 파 주고 있었다.

이날은 이 농촌개발사업 준공식이 열리는 날이었다. 준공식에는 미얀마의 유태이 우 농업관개부 장관과 높은 직책의 군인들이 대거 참여하여 이 사업에 대한 큰 관심과 감사를 표했다. 이 행사에 참석한 마을 사람들 중에는 아이들이 꽤 많이 있었다. 특히 어린아이들은 양볼에 하얀색 진흙을 바르고 있었는데, 그 용도가 궁금하여 물어보았더니 한 주민이 더위를 식혀 준다고 알려주었다. 하지만 마치 그 모습이 예쁘게 화장을 한 것 같아서 아이들의 천진난만함과 동글동글한 얼굴이 더 예쁘고 마음 아프게 다가왔다. 그래서 나는 아이들 사진을 좀 더 찍어보자고 김 기자에게 부탁했다. 축젯날이어서 아이들 손에는 미얀마 특유의 국수인 모힝가가 들려있었다. 나도 조금 먹어 보았는데, 겉모습과 다르게 무척 맛있어서 단숨에 두 그릇을 먹었다.

오후에는 양곤으로 다시 돌아와서 통신우편원(TPTC)을 방문했다. 이곳은 대외무상원조 홍보단 회원사였던 포스코건설이 펜티엄급 컴퓨터 300대를 지원한 곳이었다. 우리 홍보단의 포스코건설 담당자였던 송상훈 과장을 만나서 반갑게 인사를 나누고 홍보단 활동을 강화해 나가자고 약속했다.

출장 마지막 날인 12일, 마지막으로 구제역방지사업을 하는 우시장과 농촌 마을을 방문했다. 농촌 사람들에게 구제역 예방의 중요성을 알려주고 그들과 함께 아픈 소들을 살펴보았다. 말하지 못하는 동물이었지만, 농촌 경제가 큰 비중을 차지하는 미얀마 사람들의 삶 속에서 이 소들은 중요한 동반자였다. 커다란 눈망울이 금방이라도 눈물을 흘릴 것 같았다.

그날 밤 우리는 다시 베트남 하노이공항을 거쳐 서울로 돌아왔다. 김 기자와 나는 두 나라의 지독한 더위보다 그 착하고 어려운 마을 사람들의 모습이 선명하게 기억나서 어쩔 줄을 몰라 했다. 그리고는 최고의 기사로 이들을 세상에 알리자고 약속하고 헤어졌다. 2주 뒤인 2010년 6월 29일 발행된 《조선일보》의 여덟 면 특별판 '베푸는 나라 코리아'는 그 모든 여정을 생생히 기록했다.

7월, 나는 홍보실장과 이사장님께 새로운 홍보대사를 임명하자는 보고서를 올렸다. 코이카의 정부 내 위상과 역량을 더 강화하고 활발하게 하기 위해서 홍정욱 의원님과 같은 또 한 분의 국회의원을 임명하는 것이 좋겠다는 내용이었다. 그리고 이번에는 좀 더 부드러운 이미지를 줄 수 있는 여성 의원을 임명하자는 내용도 덧붙였다.

이사장님께 재가를 받고 다음 날부터 후보군을 구상했다. 코이카는 두 차례 특별판 기사로 인해 이전보다 대외적으로 훨씬 많이 알려진 상태였고 홍보대사직을 제안하기 좋은 환경이었다. 초선 의원이었던 조윤선 의원님은 변호사로 활동하다가 한국 씨티은행 부행장을 거쳐 비례대표 의원이 되었다. 40대의 젊은 나이에도 화려한 이력과 세련된 인상으로 국민들에게 알려져 있었다. 우리 코이카 홍보대사로 활동하기에 역동적이고 좋은 이미지의 정치인이었다. 마침 조 의원실의 정희정 보좌관은 나와 매우 가까운 사이였다. 나는 정 보좌관에게 전화를 걸었고 정 보좌관은 바로 다음 날 의원님께서 흔쾌히 수락했다는 내용을 알려왔다. 기쁜 소식이었다.

우리는 바로 조 의원님을 코이카로 초청하여 임명식을 준비했다. 하지만 임명식은 한 번 연기되었다. 의원님의 일정이 변경되었기 때문이었다. 한 주 후 다시 임명식을 준비했는데, 이번에는 하루 전날 개인 사정으로 참석하기 어렵다는 연락이 왔다. 홍보대사직을 수락하긴 했지만, 그렇게 의욕이 있어 보이지는 않았다. 나는 이미 모든 절차가 준비되었고, 이미 한 번 연기된 행사를 지금에서는 취소할 수 없다고 다소 강경한 입장을 전했다. 자칫하다가 홍보대사 임명을 하지 못할 것 같은 분위기였기 때문에 어떻게든 오게 해야 했다. 당시로써는 큰 리스크를 안고 강한 발언을 한 것이다. 정부 산하기관의 홍보관이 국회의원실에 그렇게 재검토를 요청하는 일은 보기 드문 일이었다.

결국 두 번째 약속된 날짜에 의원님이 어렵게 참석했다. 물론 조금 힘든 걸음이었지만, 조 의원님의 홍보대사직 수락연설은 매우 훌륭했다. 자신의 전공이었던 외교학과 졸업 이후 외교관으로서의 역할을 해 보고 싶은 소망이 있었는데, 오늘 '대사'직을 받게 되어, 무척 뜻깊다는 연설이었다. 코이카 직원과 임원, 이사장님 모두 조 의원님의 말에 큰 박수를 보내며 그녀를 환영했다.

이후 의원님은 어렵게 참석했던 임명식과는 다르게 모든 분야에서 적극적으로 참여하고 맹활약했다. 박정숙 홍보대사, 홍정욱 홍보대사와 함께 조윤선 홍보대사까지, 이름만 홍보대사가 아니라 정말 적극

믿고 있다면 모든 것이 가능하다

적으로 활동하는 세 분의 홍보대사 라인업이 완성되었다. 당연히 조 의원님의 이미지는 더욱 좋아지고 대중적으로 알려졌고 조 의원님이 대외무상원조의 중요성을 적극적으로 피력해 준 덕분에 코이카의 위상과 중요성이 정부 내에서 크게 확장되었다. 그만큼 서로에게 중요하고 의미 있는 만남이 된 것이다.

기
적

앙코르 와트의 밤과 미래를 밝힌 태양광 가로등

두 명의 특별한 홍보대사 기용과 두 번의 출장과 언론 특별보도, 그리고 대외무상원조 홍보단의 성공적인 발족으로 인해, 나는 코이카 홍보에 새로운 틀을 만들어 가고 있었다. 서울 사무실은 나와 나를 도와주는 직원 한 명만 있는 매우 조용한 곳이었지만, 그 어느 때보다 바쁘고 분주했다.

그러던 어느 날 아침 신문을 읽다가 눈을 사로잡는 기사를 보게 되었다. 《한겨레》에 실린 기고문이었는데, 기업의 CSR(Corporate Social Responsibility: 기업의 사회적 책임, 사회공헌활동)에 관한 내용이었다. 한국에 있는 기업들이 이제는 점점 글로벌기업화되어가고 있고 그에 걸맞은 사회공헌활동이 필요하다는 기사였다.

나는 기사를 보고 지금까지 홍보단에서의 활동이 거의 코이카 중심이었다면, 이제는 기업들이 필요로 하는 내용이 무엇인지 먼저 파악해야겠다고 생각했다. 여러 가지 아이디어를 구상하고 있을 때 마침 아시아나항공의 최석병 대리가 전화를 걸어왔다. 최 대리는 아시아나항공의 사회공헌파트 실무를 담당하는 동갑내기 직원이었다. 그는 아시아나가 그동안 캄보디아 씨엠립에 취항을 하고 있었는데, 마침 코이카가 앙코르 와트 유적 주변에 도로를 개설해 준 기사를 보았는데 코이카 사업에 아시아나가 동참해서 함께 사회공헌활동을 하면 어떻겠냐고 물어왔다. 나는 그 사업은 이미 완공이 되어 종료된 사업이기 때문에 다른 프로젝트를 새로 시작하는 게 좋을 것 같다고 하고, 우선 우리 기관을 한 번 방문해 줄 수 있느냐고 물었다. 최 대리는 흔쾌히 승낙했고, 우리는 성남 본부 연수동의 한 식당에서 함께 점심을 하며 이야기를 나눴다.

그는 아시아나항공은 2005년부터 씨엠립에 취항하고 있었는데, 이곳이 세계적 유적인 앙코르 와트가 있는 곳이기 때문에 코이카와 무언가를 함께하면 좋을 것 같다고 제안했다.

나는 이미 코이카가 앙코르 와트 주변의 외곽순환고속도로(Korea Ring)를 개설해 주었기 때문에 만약 그 시설을 이용해서 프로젝트를 진행하려면 가로등을 함께 만들어 보는 건 어떻겠냐고 했다. 최 대리는 만약 고속도로를 그곳의 일반 주민들이 항상 이용하는 것이 아니라면, 조금 더 앙코르 와트 근처에 가로등을 세우는 게 어떻겠냐는 의견을 제시했다. 만약 그곳에 가로등을 세운다면 세계적 관광지인 앙코르 와트를 밤에도 관람할 수 있고, 결과적으로 열악한 현지 주민들의 수입과 생활에도 도움을 주지 않겠냐는 생각이 들었다.

우리는 좋은 아이디어라고 의견을 모은 다음 각자의 사무실로 돌아갔다. 그 이후로 한 주간의 각 기관의 보고와 승인과정을 거쳐 실제로 일을 추진하기로 했다. 나는 캄보디아 현지 설치 허가를 담당하기로 했고, 최 대리는 가로등 제작과 디자인을 담당하기로 했다.

그러다가 한 가지 예상치 못한 난관에 부딪히게 되었다. 캄보디아에 보낸 공문에 대한 답장이 왔는데, 앙코르 와트 주변은 유네스코 지정 세계문화유산이므로 가로등을 설치하려면 유네스코의 허가를 받아야 하고, 캄보디아 문화재청도 인위적인 가로등 설치에 반대한다는 내용이었기 때문이다.

최 대리와 다시 상의를 시작했다. 나는 만약 인위적 구조물이 문제라면 가로등을 태양광으로 해 보는 것이 어떻겠냐고 제안했다. 그리고 최 대리 역시 만약 태양광 가로등이어서 디자인에 제약을 받지 않고 자체적인 작동이 가능하다면 그곳의 분위기를 해치지 않을 나무 모양의 가로등이 좋을 것 같다고 했다.

우리 두 사람의 아이디어는 누가 봐도 창의적이었다. 우리 스스로도 이런 아이디어들을 냈다는 사실을 믿지 못할 정도였다. 최 대리에게 나무 모양의 가로등 디자인을 서둘러 만들어 달라고 했고, 며칠 뒤 디자인 초안을 받았다. 나는 다시 앙코르 와트를 담당하는 유네스코 방콕사무소와 캄보디아 문화재청, 그리고 앙코르 와트 유적보존 관리청에 각각 승인요청 공문과 디자인 초안을 보냈다. 그런 뒤에 당시 코이카 캄보디아사무소에 전화를 걸어 이 프로젝트가 꼭 승인받을 수 있도록 총력을 기울여달라고 부탁했다.

2주 후 캄보디아의 승인은 받았지만, 유네스코의 승인은 여전히 받지 못했다. 세계문화유산이 훼손될 수 있을 것 같다는 의견이었다. 답답한 마음이었지만, 시간이 없었다. 자칫하면 캄보디아의 승인을 받은 것도 무위로 돌아갈 것 같았다. 나는 당시 캄보디아에 우리 코이카가 어떤 협력사업들을 펼치고 있는지 알아보았다. 그리고 다시 코이카 캄보디아사무소에 연락하여 현재 하고 있는 모든 우호적 협력사업들을 위해서라도 캄보디아 정부 측이 유네스코의 승인을 받는 데 함께 노력해 줄 것을 요청했다. 그리고는 다시 유네스코에 연락했다. 유네스코 방콕사무소는 본부의 지역사무소로 태국, 미얀마, 라오스, 싱가포르, 베트남, 캄보디아를 담당하고 있었다. 모두 인류의 주요 문화유산들이 대거 발견된 나라들이었다. 방콕사무소 입장에서는 전례를 남길 수 없다며 여전히 부정적인 입장이었다. 나는 이사장의 재가를 받아서 방콕사무소장에게 직접 공문을 보냈다. 문화유산을 원형 그대로 보존하는 것도 중요하지만, 모든 사람들이 그곳의 중요성을 알게 하고 미래사회에도 보존될 수 있도록 가꾸어 나가는 일 역시 중요하다고 했다.

초조한 기다림의 시간이었다. 그리고 최종 공문을 보낸 지 한 달 만에 유네스코 승인을 포함하여 세 기관의 승인을 모두 받아낼 수 있었다. 나와 캄보디아사무소장, 최 대리는 기쁨의 함성을 질렀다.

8월 19일 오후. 앙코르 와트에서 윤영두 아시아나항공 사장님과 박대원 코이카 이사장님, 홍정욱 대외무상원조 홍보대사님, 수피린 씨엠립 주지사님 등이 참여한 가운데 태양광 가로등 기증식이 개최되었다.

이 태양광 가로등은 굉장한 반향을 일으켰다. 이후 금호아시아나그룹 차원에서 사업하는 거의 모든 사업대상국에 이 가로등이 기증되었기 때문이다. 실제로 이 가로등은 미관상으로 아름다울 뿐만 아니라 가로등 1개가 백열전구를 이용하는 것보다 연간 이산화탄소 배출량을 230kg 감소시켰고 동시에 소나무 82그루를 심는 효과까지 있었다. 그래서 설치국가들에서는 환영할 수밖에 없었다. 아시아나항공은 인도네시아와 베트남, 미얀마, 중국 등에 태양광 가로등 수백 개를 개설했고, 윤영두 아시아나항공 사장님은 캄보디아 왕실의 훈장까지 받게 되었다.

나와 최 대리의 아이디어가 각 국가와 대한민국의 우호의 심볼이 된 것이다. 내가 코이카를 퇴직한 다음에도 한동안 TV에서 '아시아나항공이 밝히는 세상'이라는 주제로 태양광 가로등 CF가 방영되기도 했다.

8월 마지막 주, 평소 알고 지내던 MBN의 최지인 아나운서에게 전화가 왔다. 서로의 안부를 묻고 이야기하던 중 최 아나운서가 내게 한 가지 제안을 했다. MBN 라디오에 'TV, 책을 말하다'라는 프로그램이 있는데, 한 번 출연해 보면 어떻겠냐는 것이었다. 내 책을 독자들에게 조금 더 소개하고 지금 하고 있는 일들을 알릴 수 있는 좋은 기회인 것 같아서 바로 출연하겠다고 수락했다. 녹화는 9월 2일과 3일 이틀간 진행되었고 그다음 주인 6일부터 10일까지 일주일 동안 내 목소리가 라디오로 나왔다. 일부러 시간을 내서 방송을 듣지는 않았지만 우연히 그 주간에 저녁 약속이 있어서 택시로 이동하고 있는데 내 목소리가 흘러나왔다. 조금 어색한 순간이었다. 그러나 개발도상국을 돕는 이유를 설명하는 부분에서는 나도 모르게 가슴이 뜨거워졌다. 세상에 내 말에 내가 감동받았다고 말하면 사람들이 웃겠지만, 정말 그때는 가슴이 뭉클했다.

우리는 태어날 때부터 아무것도 가지지 않고, 또는 아무것도 가질 수 없는 환경이 무엇인지 잘 모릅니다. 여덟 살이 되어도 갈 수 있는 학교가 없고, 열네 살이 되었을 때 누군가를 해치라고 어른들이 AK 소총을 쥐여주는 그 환경이 무엇을 뜻하는지 모릅니다. 스무 살이 되어도 글을 쓰지 못하고, 돈을 제대로 벌 곳이 없어서 중노동을 하고 하루에 몇백 원을 버는 그 현실을 알 수 없습니다. 서른 살이 되어서 자신의 동생을 먹이기 위해 식량을 구걸해야 하고 깨끗한 티셔츠 한 장 입을 수 없는 그 상황을 이해할 수 없습니다. 죽을 때까지 내가 왜 이 병에 걸려야 했는지, 왜 나를 보호해 주는 조국이 없었는지, 왜 내가 글을 쓰고 배울 수 있는 학교가 없는지, 왜 내가 일할 곳이 아무 곳도 없었는지. 왜 내가 가난해야 하고 왜 우리 가족들이 식량이 없어서 굶어 죽어야 하는지. 그 상황을 우리는 쉽게 이해할 수 없습니다. 왜냐면 우린 그들이 아니고, 또 태어난 곳도 대한민국이기 때문이죠. 지금 저에게 왜 3,000㎞ 떨어진 곳에 사는 사람들을 돕기 위해 구호활동을 해야 하고 왜 그들의 죽음을 막아야 하는지 왜 그들을 알려야 하는지 누가 묻는다면, 저 역시 되묻고 싶습니다. 왜 60년 전 한국전쟁 때 우리와 상관없는 다른 국가의 젊은이들이 우리를 위해서 희생했고 왜 그들은 이유 없이 우리에게 분유를 주고 식량을 주었나요. 아무런 기회를 얻지 못한 사람들을 돕는 일은 책임이나 채무가 아니고 누군가는 반드시 해야 하는 의무입니다. 우리는 존엄성과 희생정신을 가진 인간이고 그들도 우리와 같은 인간이기 때문입니다. 우리는 이 지구에 함께 공존하는 인류이고 우리는 모두 내 옆 사람이 이유 없이 쓰러지는 것을 원치 않는 인류애를 가지고 있습니다. 저희가 하는 일은 보람되거나 칭찬받아야 하는 일이 아닙니다. 다만 이 방송을 듣고 계시는 모든 분들을 대신해서 하고 있을 뿐입니다. 정말 그뿐이고, 그게 다입니다.

| 서른 살, 2010년 9월 26일

9월 14일은 월요일이었는데 코이카 전체가 조금 들뜬 분위기였다. 사실 코이카뿐 아니라 세상이 모두 들떠 있는 것 같았다. 그 주 금요일인 17일부터 사실상 추석연휴에 들어가게 되었는데, 사상 최장 기간인 10일간의 연휴가 시작되었기 때문이다. 추석이 다음 주 화, 수, 목이었고, 그 앞뒤의 월요일과 금요일이 또 그 앞, 뒤의 금, 토, 일과 토, 일의 요일에 겹쳐 징검다리 휴일이 되었던 것이다. 상상할 수 없는 최장기간 연휴에 마치 크리스마스나 연말 분위기처럼 다들 들떠 있었다. 살면서 직장인들에겐 두 번 다시 이런 연휴가 오지 않을 것 같았다. 하지만 장기간의 휴일로 인해 오히려 더 걱정이 늘어난 사람이 있었는데, 바로 나였다. 거의 유일하게 그 연휴가 반갑지 않았던 사람이었다.

믿고 있다면 모든 것이 가능하다

그해 한국은 11월 11일과 12일 양일간 개최되는 G20서울정상회의로 인해 모든 분야에서 매우 고조된 분위기였다. 언론에서는 아직 두 달이나 남은 정상회의에 대한 특집기사를 연일 보도했고, 모든 정부 기관과 공공기관도 G20 시계에 맞춰서 돌아가고 있었다. 특히 G20서울정상회의가 개최될 시 대한민국이 얻게 될 경제적 효과와 의미에 대해서 거의 모든 매체에서 기사를 쏟아내고 있었다. 반면에 나는 대외무상원조 홍보단이 출범할 당시 강조되었던, 선진국과 개발도상국에 대한 가교 역할을 할 대한민국에 관심을 가지고 있었다. 그래서 8월 셋째 주부터 홍보단이나 코이카가 이 시기에 어떤 일을 하면 좋을지 고민하고 있었다.

아무도 상상하지 못했던 G20브릿지포럼

몇 주간의 생각과 조사 끝에, 9월 첫째 주가 되어, 그동안의 몇 가지 아이디어를 정리했다. 그중 가장 괜찮은 아이디어를 문서로 정리하여 이사장님께 보고했다. 그 내용은 코이카가 정부 모든 기관 중에서 개발도상국-선진국을 이어주는 대외원조를 하는 유일한 기관인 만큼 이번 G20정상회의 때 중요한 역할을 해야 한다는 것이었다. 그 방법으로 외교통상부와 G20정상회의 준비위원회의 허가와 후원을 받아 정상회의 산하의 개발의제 포럼을 개최해 보자는 안이었다. 이 사장님은 그동안 많은 프로젝트를 성공적으로 진행했던 나를 단단히 신뢰하고 계셨다. 괜찮을 것 같다며 홍보실의 협조를 받아서 진행하라고 하셨다. 하지만 나는 어느 정도 상황을 진행한 뒤 홍보실의 협조를 받을 생각이었다. 새로 부임한 홍보실장이 지나치게 상세한 내용까지 지시하는 스타일이었기 때문이다. 그래서 일단 내가 가진 아이디어를 견고한 틀 안에 넣기까지 시간이 필요했다.

이사장님의 재가를 받은 뒤 양재동 사무실로 돌아와 바로 계획을 짜기 시작했다. 우선 G20정상회의에 참석하는 모든 국가들이 선진국이고, 한국은 주최국이니, 나머지 한 축을 담당할 개발도상국 정상을 초청해야 한다고 생각했다. 그래서 현재 한국 정부가 특별히 관심을 가지고 있고, 또한 초청될 만한 국가에서도 한국에 대한 호감을 가진 국가들을 찾아보았다. 무엇보다 이사장님께서 당부한 '예산을 많이 쓰지 않는 범위'라는 말에 특별히 신경을 쓰고 추진하기로 했다.

해외 사무소 경험이 풍부한 코이카의 중간 간부 몇 분께 현재 경제 성장과 정치상황이 꽤 안정적인 콩고민주공화국이 괜찮을 것 같다는 이야기를 듣게 되었다.

처음에 나는 아프리카 최대 경제국 중 하나인 케냐를 염두에 두고 있었다. 그래서 이 내용을 코이카 케냐사무소장에게 전문을 통해 보냈는데, 그는 케냐 상황이 정치적으로 불안하고 곧 대선을 앞두고 있기 때문에 초청하기 쉽지 않을 것이라고 했다. 대신 케냐 대사관이 우간다도 겸하고 있으니 상황이 좋은 우간다는 어떻겠냐고 제안했다. 포럼을 개최하기 위해서는 한 국가만 초청할 수 없었기 때문에 콩고민주공화국과 우간다를 초청하기로 하고, 두 나라에 대해 자세히 알아보았다.

먼저 콩고민주공화국은 철광석과 산림자원이 풍부하여 모든 선진국들이 관심을 가지는 국가 중 하나였다. 또한 국가원수였던 조셉 카발라 대통령이 마침 올해 3월 28일 이명박 대통령의 초청으로 국빈 방한하여서 양국 분위기가 꽤 우호적인 편이었다. 우간다는 한국의 새마을운동에 매우 깊은 관심을 가진 국가였다. 오랫동안 검은 히틀러라고 불린 이디 아민이라는 악명 높은 독재자의 그늘에 있었지만, 독재자가 축출된 이후는, 모든 관심이 경제성장에 초점이 맞춰져 있었다. 한국에서 개최되는 G20정상회의에 깊은 호감을 가질 수 있을 것 같았다.

문제는 두 나라를 초청하기 위해서는 항공료부터 숙박비까지 적지 않은 예산이 들어간다는 것이었다. 먼저 대외무상원조 홍보단 회원사들을 찾아가 이번 포럼에 참여하자고 제안해 보았다. 하지만 다들 이미 G20정상회의와 관련된 예산을 따로 잡아두었기 때문에 산하 회의로 개최되는 이번 포럼에 지원할 예산은 없다고 했다. 또 정상회의의 주관 부서였던 외교통상부와 기획재정부, 그리고 G20정상회의 준비위원회의 정식 인가를 받은 회의가 아니고서는 더욱 후원하기 힘들다고 했다. 이번만큼은 아무리 김 홍보관의 부탁이어도 힘들다며 다들 손사래를 쳤다. 어쩔 수 없이 코이카 본부 기획예산실로 찾아갔다. 기획예산실장 역시 홍보실에 집행할 올해 예산을 이미 모두 지급했기 때문에 따로 지원할 예산이 남아 있지 않다고 했다. 고민이 커지는 순간이었다. 두 국가의 코이카 사무소에 각각 전문을 보내서 해당국 총리와 부통령을 초청하기 위해서 준비해야 하는 의전과 예산을 문의했다. 나는 만약 두 국가가 정부예산으로 항공료를 지불하여 올 수 있다면 숙박비만이라도 어떻게든 후원받아 볼 생각이었다.

하지만 이 생각은 완전히 빗나갔다. 그들은 총리와 부통령이 단독으로 갈 수 없고, 한국에 가게 된다면 사절단을 구성하여 최소 각각 10인 이상의 인원이 참가하게 되며, 이는 모두 초청하는 한국에서 지원해야 한다는 답변을 보내왔다. 해당국에서 한두 명만을 초청하려던 내 생각은 애초부터 맞지 않았던 것이다. 이제는 당초 생각했던 것보다 훨씬 큰 후원이 필요하게 되었다.

사무실로 와서, 당시 콩코민주공화국과 우간다와 교류하고 있는 민간 기업을 찾아보았다. 포스코 등 몇몇 기업들이 있긴 했지만, 이미 예전에 대외무상원조 홍보단을 구성할 때 모두 거절했던 기업이었다. 우리 회원사였던 포스코건설에 다시 문의해 보았으나, 콩고에는 그룹 내 다른 계열사가 사업을 하고 있어서, 포스코건설 차원에서 따로 움직일 수는 없다고 했다. 정말 난감했다. 최소한 기업들이 관심을 가지고 포럼에 후원할 만한 국가 한 곳이 더 필요했다. 조언을 해 주었던 몇몇 간부들이 지금도 힘든 상황에서 국가를 한 곳 더 추가하면 비용을 어떻게 감당하겠냐고 했다. 하지만 나는 현재 상황으로서는 후원을 받기 힘들기 때문에 키 메이커가 될 국가를 다시 찾아야 한다고 했다. 그리고 현재 국제사회에서 가장 관심을 받는 개발도상국이 어딜까 곰곰이 생각했다. 아프리카 동남아 중남미 지역의 주요 개발도상국을 모두 생각해 보았지만, 한국 기업들의 관심이 크지 않은 곳이었다. 그러다가 문득 중국이 생각났다.

믿고 있다면 모든 것이 가능하다

중국은 국제사회에서 결코 개발도상국이 아니었고, 오히려 강대국에 속하는 국가였지만, 작년 5월 중국에 정부 대표단으로 갔을 때가 생각났다. 그 당시 중국 정부의 모든 관료들은 중국을 스스로 표현할 때, '발전 중인 국가'로 표현하고 있었다. 쉽게 말해서 개발도상국이라는 표현이었다. 중국이 그렇게 표현하는 이유는 서방과 국제사회에서 중국 인권과 정치제도를 문제 삼는 것에 대한 일종의 방어였다. 발전 중인 국가로 스스로 칭해서, 아직 개선 중인 문제에 대해 다른 국가에서 문제를 제기하지 못하게 하려는 생각이었던 것이다.

나는 즉시 코이카 중국사무소의 정윤길 소장에게 전문을 보냈고, 포럼에 개발도상국 자격으로 중국을 초청하는 것이 맞을지 문의했다. 정 소장은 중국이 스스로 개발도상국이라고 표현하기 때문에 절차상 문제가 없을 거라고 답했다. 다만 이번 G20서울정상회의에 후진타오 중국 국가주석이 참석하는 만큼 산하 회의에 또 한 명의 중국의 고위 인사가 참석할지는 의문이라고 했다.

나는 둘째 주 수요일인 9월 8일, 당시 베이징대에서 유학 중이던 박은지 씨에게 전화를 걸었다. 그녀는 나와 예전부터 인연이 있었던 매우 친절하고 똑똑한 대학생이었다. 은지 씨에게 이 모든 과정을 설명했고, 중국에서 초청할 만한 사람으로 어떤 사람이 있을지 함께 고민해 달라고 부탁했다. 그녀는 중국의 특성을 몇 가지 설명해 주었는데, 나는 이 이야기를 듣고 무릎을 쳤다. 최고의 아이디어가 생각난 것이다. 그녀는 중국은 현직이 아닌 전직 고위관료라도 사회주의 국가의 특성상 국가 차원에서 예우해 주고 있었고, 특히 정부에서 관여하는 민간단체가 매우 많기 때문에 그러한 민간단체에 속해 있는 전직 관료를 찾는 것도 좋은 방법이라고 일러주었다.

　나는 난생처음 중국 정부의 공식 웹사이트를 방문했다. 그래서 우리 정부의 기획재정부에 해당하는 국가발전개혁위원회와 통상을 담당하는 상무부를 집중적으로 분석하기 시작했다. 그러던 중 국가발전개혁위원회 산하의 싱크탱크인 중국국제경제교류중심을 찾아냈다. 당시 국제경제교류중심 이사회에는 중국의 전·현직 고위 경제 인사들이 대거 참여하고 있었다. 한마디로 이 이사회는 정부의 지원을 받는 민간 형식의 전·현직 경제 고위급 관료들의 핵심 모임이었던 것이다. 정말 내가 원하던 최고의 단체였다.

　나는 코이카 중국사무소로 다시 연락해서 이 기관의 이사장인 쩡페이옌 중국 전 국가 부총리를 초청하자고 제안했다. 쩡 전 부총리는 방한 경험도 몇 번 있는 중국을 대표하는 경제 정치가였다. 정 소장은 아무리 전직이어도 쩡 부총리는 현재도 중국 정부에 상당한 실력자로 통하고 있고 매우 고위급이기 때문에 절대 초청에 응하지 않을 것이라고 했다. 그리고 후진타오 주석이 곧 한국을 방문하는데, 중국 정부 특성상 고위급이 그렇게 함께 움직이지는 않을 거라고도 했다. 나는 정 소장에게 직접 전화를 걸어서 설득했다. 쩡 전 부총리 앞으로 공문을 보내면 최소한 조금 밑의 사람 정도는 초청에 응하지 않겠냐는 생각이었다. 하지만 정 소장은 다시 난색을 표했다. 중국인들은 자존심이 매우 강해서 자신 앞으로 온 초청장이 아닌 이상 관심을 가지지 않을 것이고 자칫하면 외교적 결례가 될 수 있다는 이유였다.

하는 수 없이 다른 고위급 관료를 찾아야 했다. 부이사장과 이사들은, 한국 사람들 특성상 부기관장으로 생각할 가능성이 컸고, 뭔가 기관을 대표한다고 생각하지 않을 것 같았다. 즉 기업에서 그들이 와도 영향력 있는 인사라고 생각할 것 같지 않았다.

그래서 조직도를 다시 천천히 살펴보던 중 사무총장이라는 직책을 발견했다. 사무총장은 웨이젠궈라는 사람이 맡고 있었는데, 경력이 상당한 사람이었다. 나는 은지 씨에게 전화를 걸어 이 사람의 경력을 자세히 알아봐 달라고 부탁했다. 그녀는 중국의 모든 사이트를 검색하여 내게 웨이 사무총장의 이력을 정리하여 보내왔다. 결과는 놀라웠다. 그는 중국 상무부의 부부장(우리 정부의 차관급에 해당한다.) 출신이었고, 중국이 국제사회에서 제2의 다보스포럼으로 내세우는 보아오 포럼의 사무국장에 내정되었던 경력도 가지고 있었다.

이번 포럼에 초청하기에 최고로 적합한 인사였다. 다시 정 소장에게 전화를 걸었다. 그는 이번에도 조금 난색을 표했다. 정부 차원이 아닌 코이카 차원의 초청에 응할지 모르겠다는 뜻이었다. 나는 이번에는 물러설 수 없었다. 이사장님의 강력한 의지가 있는 일이니 주중국 대한민국 대사관의 공식 공문을 받아서 추진해달라고 했다. 정 소장은 답답한 듯 조금 침묵을 지키다가 한번 해 보겠다고 하고 전화를 끊었다.

나는 이틀 뒤인 10일, 주중 대한민국 대사의 직인이 들어간 초청장을 받을 수 있었다. 정 소장이 4강 대사 중 한 분인 주중 대한민국 대사를 설득시킨 것이다. 그리고 그는 그날 바로 중국국제경제교류중심에 공문을 보냈다. 그런데 하루 뒤인 바로 그 다음 날 중국으로부터 전화가 왔다. 거절했다는 내용이었다. 웨이젠궈 사무총장의 일정이 매우 바쁘고, 우리가 제시한 날짜에 한국을 방문하기는 힘들다는 이유였다. 깊이 실망했지만 그렇게 힘들게 찾은 사람이 한 번 거절했다고 하여 쉽게 포기할 수는 없었다. 다시 정 소장께 간곡히 부탁하여 추진해달라고 했다. 우리가 왜 이 포럼을 개최하는지와 웨이 사무총장이 이 포럼의 연사 중 특별히 얼마나 중요한 사람인지를 부각해 달라고 했다. 하지만 이번에는 답장이 한참 없다고 했다. 이렇게 전화와 이메일로 중국사무소에 연락하는 것은 더 이상 도움이 안 될 것 같았다.

나는 직접 정 소장을 찾아뵙고 설명하기로 마음먹고 중국으로 떠날 준비를 하여 급행비자를 신청했다. 그리고 그다음 주 추석 연휴를 불과 하루 앞둔 9월 16일, 본부와 중국사무소에 보고 없이 불쑥 베이징을 방문했다. 당일로 가서 정 소장에게 이 포럼의 중요성을 설명하고 바로 그날 밤 돌아올 계획이었다. 베이징 공항에 도착해서 정 소장에게 전화를 걸자 그는 매우 놀랐다. 그리고 공항으로 나를 태우러 와서는 이렇게 중국까지 올 필요는 없었는데 조금 미안하다고 했다. 나는 정 소장께서 이렇게 애써 포기하지 않고 도와주셔서 너무 감사하고 죄송하다고 했다. 주중 대한민국 대사관 안의 코이카 사무소에서 함께 차를 마시면서 나는 다시 한 번 초청의 필요성을 설명했다. 그는 중국까지 찾아온 내 정성과 노력에 적지 않게 감명을 받은 것 같았다. 그리고는 자신이 해 볼 수 있는 모든 방법을 동원해 보겠다고 약속하고 나를 공항으로 배웅해 주었다.

다음 날부터 연휴가 시작되었다. 아무런 진전 없이 장기간의 휴일을 맞게 되어 무척 우울한 기분이었다. 하지만 중국에서 혹시라도 기쁜 소식이 올지 모른다는 아주 적은 희망에 하루도 집에서 편히 쉴 수가 없었다. 텅 빈 서울 도심 거리를 매일같이 버스와 택시를 타고 달려와서 양재동 사무실에 홀로 우두커니 앉아 있었다. 중국에서 온 전문이 있는지 확인하고 만약 웨이젠궈 사무총장이 승낙할 경우를 대비해서 포럼 프로그램의 구체적인 내용도 준비했다. 그 긴 연휴 동안 매일같이 출근했지만 중국에서는 아직 아무런 연락이 없었다. 점점 초조해지고 있었다. 연휴가 끝나기 하루 전날 토요일, 나는 책상 의자에 무릎을 꿇고 기대어 하나님께 기도드렸다. "하나님, 만약 이번에 기적을 만들어 주신다면, 제 평생 당신이 제 곁에 계신다는 것을 믿고 따라가겠습니다." 기도 후 답답한 마음에 눈물이 날 지경이었다. 그렇게 토요일 저녁도 해가 저물었고 거의 포기하는 마음으로 귀가했다.

다음 날은 연휴의 마지막 날, 일요일이었다. 예배를 마치고 사무실로 오는 길에 중국으로부터 전화가 걸려왔다. 그동안 정윤길 소장은 아무리 급한 일이어도 주로 전문으로 소식을 전했기 때문에 틀림없이 매우 긴박한 상황인 것 같았다. 심호흡을 하고 전화를 받았다. 정 소장은 매우 기쁜 목소리로 말했다. "웨이젠궈가 방한을 수락했습니다. 축하합니다. 김 홍보관."

정말 그때의 기분은 뭐라고 표현할 수가 없었다. 그토록 애타게 기다리던 웨이젠궈가 포럼 참석을 수락한 것이다. 나는 혹시나 싶어서 다시 물어보았다. 정확히 그가 오겠다고 한 것인지, 만약 오겠다고 했다면 정확히 어떻게 말했는지 등을 몇 번이나 몇 번이나 확인했다. 정

소장은 중국국가경제교류중심에서 보낸 공문을 내게 전문으로 보냈다고 했고, 다시 연락을 달라고 했다. 나는 터질 듯한 가슴을 안고 사무실로 달려가서 컴퓨터를 켰다. 첨부로 온 수락 공문에는 선명하게 웨이젠궈의 친필 사인과 기관 직인이 찍혀 있었다. 정말 이번 일은 기적에 가까웠다. 나는 다시 무릎을 꿇고 하나님께 감사기도를 드렸다. 이토록 애타게 원했던 일을 들어주심을 감사한다고 큰 소리로 외쳤다.

　연휴가 끝난 다음 날, 모든 사람들이 기운이 빠진 우울한 표정으로 출근하고 있었지만, 나는 반대로 매우 기쁘고 들떠 있었다. 사무실에 1분이라도 빨리 도착하고 싶은 심정이었다. 사무실에 도착하자마자 바로 후원 요청 공문을 작성했다. 콩고민주공화국 총리와 우간다 부통령을 초청하기 전에 웨이젠궈 초청 사실을 바탕으로 중국에 관심 있는 주요 기업에 후원을 요청하려는 공문이었다. 정말 이제는 한 번 승부를 걸어볼 때가 온 것이다.

　중국에 사업을 하거나 법인을 설립한 거의 모든 대기업에 포럼 참석 요청 공문을 보냈다. 후원을 적시한 공문을 잘못 보내면 오해받을 수 있었기 때문에 우선은 포럼 프로그램을 적은 초청 공문을 보냈고, 이 중 참석에 긍정적인 기업이 있다면 직접적인 비즈니스 미팅을 주선하여 도움을 요청해 볼 계획이었다. 내 계획대로 몇몇 기업이 바로 연락에 응했고, 웨이젠궈 사무총장과의 미팅에도 적극적인 관심을 보였다. 나는 중국 사무소에 연락하여 만약 사무총장이 방한 시, 포럼 참석 이외에 기업들과의 비즈니스 미팅도 할 수 있는지 문의했다. 다음 날 정 소장은 조금 더 기쁜 소식을 전해 주었다. 웨이 사무총장이 우리 기업들과의 면담을 매우 기쁘게 생각하며, 가능하면 방한 기간 내 중국에 진출한 많은 기업과 직접 만나보고 싶다는 내용이었다. 최고의 대답이었다. 망설일 것 없이 가장 관심을 많이 보인 금융사 몇 군데와 대기업 한두 군데를 정해서 사전 미팅을 요청했다. LG그룹, KB금융지주, 우리금융지주그룹 회장단과 웨이 사무총장의 미팅이 확정되었다. LG는 그룹 부회장과 사장이 면담에 참여하겠다고 했으며, KB와 우리금융은 그룹 회장이 직접 면담에 참여하겠다고 알려왔다. 두 금융사는 이 포럼에 대한 후원도 약속했다. 당시 그 누구에게도 말하지 못했지만, 이 모든 상황은 영화의 한 장면 같은 일들이었다. 그만큼 한 부분, 한 부분 매번 작은 기적들이 이루어지고 있었다.

어느 정도 예산이 확보되자, 콩고민주공화국과 우간다에 연락했다. 그리고 각국의 국가 수반급 인사를 초청하겠다는 공문도 함께 보냈다. 현지 대한민국 대사관의 적극적인 도움과 노력 끝에 두 국가 모두 이번 포럼에 큰 관심을 보였고 일주일 안에 모두 긍정적인 참여의사를 보내왔다. 문제는 콩고에서는 내가 생각한 것보다 훨씬 더 많은 20명에 가까운 사절이 오겠다고 한 것이었다. 절대 받아들일 수 없는 조건이라고 했지만, 결국 콩고의 고집 속에 소위 '대규모 경제사절단'은 모두 우리나라에 오게 되었다.

다시 콩고를 전담할 후원사가 필요했다. 콩고가 보유한 다양한 에너지에 깊은 관심을 가지고 있던 한 회사가 약간의 후원을 도와줄 수 있다고 했다. 정말 매 순간 입술이 바짝 마르게 힘들었던 주요국 초청 인사 섭외와 후원 섭외가 이렇게 해서 두 달여 만에 마무리되었다.

10월 첫 주가 되어, 나는 이번 포럼에 참여할 국내 주요 인사와 주요 정부기관 참여를 준비했다. 먼저 G20산하포럼이라는 명목에 맞게 정부의 공식적인 G20 관련 인사의 참여가 필요했고, 초청되는 양국의 총리와 부통령의 의전에 맞춰, 우리 정부의 부총리 이상급 인사가 필요했다. 그리고 웨이젠궈 사무총장과 함께 참석할 만한 장관급 인사도 살펴보았다. 문제는 G20서울정상회의가 한 달밖에 남지 않은 상황에서 우리 정부의 주요 인사들이 이 포럼에 참석할 정도로 여유가 없다는 것이었다. 고민을 거듭하다가 일단 그동안 나와 개인적인 인연이 있었던 고위급 인사들에게 먼저 부탁하기로 했다. 초청에 관심을 보이며 참여를 망설이는 이들에게는 그들의 연설문과 발표 자료까지 모두 준비해 주겠다고 말했다. 그리고 참여하는 외국 인사들과의 다양한 미팅도 함께 제안했다. 직접 찾아뵙기도 하고 전화통화도 하면서 우리 코이카의 박대원 이사장님을 비롯해 조윤선 의원님, 홍정욱 의원님, 이태식 SK에너지 고문님(전 주미 대사, 전 외교통상부 차관), 마크 토콜라 주한미국 대리대사, 마크 유든 주한영국 대사가 참여를 확정했다. 미국과 영국에는 이 포럼이 '브릿지 포럼'이라는 목적에 맞게, 선진국의 입장을 설명하기 위해 참여를 요청했다. 중량급 인사들의 참여가 확정되자 정부의 G20 공식 외교담당 고위사절이었던 안호영 외교통상부 G20대사님(훗날 외교통상부 차관, 주미 대한민국 대사)의 참여도 확정지을 수 있었다. 그리고 외교통상부가 이 포럼에 공식 참여하겠다고 연락해 왔다. G20정상회의 산하의 공식포럼으로 만들려 했던 목적을 거의 달성하게 된 것이다.

10월 셋째 주가 되자 장관급의 이배용 국가브랜드위원회 위원장님의 참여가 확정되었고, 당시 장관이었지만 최고의 실세 장관이어서 부총리급으로 소개되던 이재오 특임장관님도 참여의사를 밝혀 왔다. 이 장관님은 여당의 주요당직을 모두 거친 4선 의원 출신이었고, 이명박 정부 시작에 큰 기여를 했기 때문에 총리급 의전을 받던 인사였다. 이렇게 되자 결국 G20정상회의 준비위원회도 이번 포럼의 공식적인 참여 및 후원을 결정했다. 이제는 정말 G20정상회의 산하 포럼으로 승격된 것이다.

　프로그램이 어느 정도 완성되자, 주요 초청국 인사들이 국내에서 면담할 정부 주요 인사들 및 민간 고위급 인사들과의 미팅을 계획했다. 외교통상부와 G20정상회의 준비위원회의 허가와 후원을 받았기 때문에 외교통상부 의전실과 경찰청 외빈 경호과, 국무총리실 등에 우리 포럼의 주요 인사에 대한 VIP(공식방문)급 의전을 요청했다. 외교통상부에서는 초청국과 우리 정부가 공식적인 루트로 접촉한 것이 아니기 때문에 공식방한으로 볼 수 없고, 개인방문 차원의 지원만 가능하다고 했다. 다시 국무총리실에 공문을 보내서 콩고민주공화국 국무총리가 우리 정부에 얼마나 중요한 인사인지를 강조했다. 그리고 김황식 국무총리의 면담도 동시에 요청했다. 정말 배수진을 치는 심정으로 보낸 공문이었다. 국무총리실과 몇 번의 협의를 거쳐서 양국 간 총리회담이 성사되었고, 나는 이 내용을 가지고 다시 외교통상부에 연락했다. 우리 국무총리가 공식 회담을 하는 일은 외교부 의전실의 담당이었다. 고민을 거듭하던 외교부는 이번 포럼의 방문 사절 모두를 정부의 외빈급 사절로 의전해 주겠다고 공문을 보내왔다. 그리고 외교부의 요청으로 경찰청 외빈 경호과의 주요 경호요원들이 전 일정을 함께하겠다는 공문도 왔다. 나는 두 손을 번쩍 들고 소리를 질렀다.

그다음은 면담일정 확정이었다. 터 파기부터 혼자 시작하여 작은 벽돌로 짓던 건물이 점점 웅장한 면모를 드러내고 있는 것 같았다. 웨이젠궈 사무총장은 LG그룹 강유식 부회장님과 조준호 사장님, KB금융지주 그룹의 어윤대 회장님, 우리금융지주 그룹의 이팔성 회장님과 면담을 잡았고, 아돌프 무지토 콩고민주공화국 국무총리는 김황식 국무총리님, 국회의장님 등 정부와 국회의 주요 고위 인사 면담을 모두 잡았다. 그리고 길버트 부케냐 우간다 부통령은 조윤선 의원님과 웨이젠궈 사무총장님, 새마을운동중앙회 회장님, 연세대 원주캠퍼스 방문 등 부통령실에서 원했던 실무적인 일정 위주로 잡았다.

모든 정부 인사와 정부기관, 민간기업과 주요 기업 CEO 등의 참여를 확정짓고 남은 두 가지 일을 시작했다. 첫 번째로 이 모든 일을 코이카에 정식 보고하여 공론화시키는 일이었고, 두 번째는 초청국 주요 인사들이 묵을 숙박과 주요 면담에 필요한 식사장소, 그리고 이동할 때 필요한 의전차량 섭외였다.

10월 셋째 주가 되어 그동안 준비한 이 어마어마한 일들을 코이카에 정식 보고했다. 내 이야기를 듣는 홍보실장과 주요 임원들, 홍보실 직원들은 모두 얼굴빛이 하얗게 변했다. 어떻게 나 혼자 이 일을 모두 만들었는지 도저히 믿을 수 없다는 표정이었다. 이사장님께도 다시 한 번 모든 진행과정을 상세히 보고했다. 곧 코이카 전 기관 차원의 모든 지원을 아낌없이 쏟으라는 이사장님의 지시가 이어졌다. 홍보실은 2주밖에 남지 않은 상황에서 모든 역량을 동원해서 포럼에 초청할 청중들과 손님들, 그리고 발표될 내용을 최종 점검했다. 이제는 정말 1분 1초가 아까운 순간들이었다.

나는 기관보고 후에 바로 오버시즈코리아의 정효찬 대표에게 전화를 걸었다. 그는 내가 인터뷰했던 신문기사를 보고 2008년 아르바이트를 하던 시절부터 나에게 먼저 연락하며 크고 작은 도움을 주던 후배 사업가였다. 그 역시 맨손으로 시작한 입지전적인 1인 기업가였는데, 철강 트레이딩 기업을 설립하여 연 매출 1,000만 달러를 이룬 놀라운 청년이었다. 나는 그에게 이번 포럼을 상세하게 설명하고 포럼 전체를 운영하는 모든 일을 함께 도와달라고 요청했다. 그는 두말없이 그로부터 약 한 달간의 모든 일정을 함께하겠다고 말했다. 그리고는 당장 자신의 사무실로 돌아가서 준비해야 할 일들을 하나씩 계획해 나갔다.

포럼을 일주일 앞둔 10월 21일, 본부에서 한 통의 전화가 걸려왔다. 전문계약직으로 입사한 나와 코이카의 재계약일이 불과 4일 앞으로 다가온 것이었다. 보통 전문계약직을 포함한 계약직 직원의 채용기간은 2년이었다. 2년이 지나면 현행법상 무기 계약직으로 전환하거나 정규직 채용을 해야 했기 때문이다. 사회적으로 매우 민감한 문제였고, 공공기관의 특성상 당시에는 2년 이상 채용하지 않는 것이 관례였다. 내가 기획하고 준비한 G20정상회의 브릿지포럼을 목전에 둔 그때, 그동안의 성과와 업적 등을 고려해서 이사장님과 인사실장의 협의로 전례에 없던 재계약을 준비 중이라고 홍보실장이 귀띔해 주었다. 그리고 이를 위해 현재 맡고 있는 코이카 홍보관과 이사장 보좌역에 이어 G20정상회의 브릿지포럼의 기획관으로도 겸임을 명한다고 했다. 일단 포럼에만 집중하라는 당부였다. 나는 조금 고민이 되었지만, 맡은 소임을 완벽히 마무리하겠다고만 대답했다.

서른 살, 2010년 11월 2일

11월 2일 그토록 오래 준비했던 G20정상회의 브릿지포럼이 400명이 넘는 청중들의 축하와 관심 속에 서울 소공동 롯데호텔에서 성대하게 개최되었다.

약속대로 포럼에는 아돌프 무지토 콩고민주공화국의 국무총리를 비롯해, 길버트 부케냐 우간다 부통령, 웨이젠궈 중국 국제경제교류 중심 사무총장, 주요국 대사, 외교사절, 기업인들 그리고 우리 정부의 이재오 특임장관을 비롯한 주요 인사들이 모두 참석하여 기조연설과 토론을 했다. 그리고 포럼에서 나온 내용들은 모두 그다음 주에 개최될 G20서울정상회의에 주요 참고내용으로 전달되었다. 포럼은 당일 개최되어 막을 내렸지만, 초청국 주요 인사들의 모든 일정은 그 주의 마지막 요일이었던 7일까지 이어졌다. 한국에서의 모든 포럼 일정과 VIP급 면담 일정에는 나와 정효찬 대표, 그리고 각국 대사와 코이카 현지 사무소장 등이 함께 수행했다.

　개발도상국과 선진국을 잇는 공공외교의 절정을 보여준 이 포럼은, 국제사회 최대 선진국 경제 협의체인 G20정상회의의 공식 산하 포럼으로 기록되었다. 또한 4개국 정부에서 4명의 정부 수반급 인사, 6개국에서 7명의 정부를 대표하는 인사, 25명의 장관급 인사가 주요 연사로 참여했다. 5개의 정부기관과 그 대표들, 주요 글로벌기업 CEO 5명이 함께 참여했고, 30명 이상의 외교관들과 공공외교관들이 실무를 담당했다. 또한 400명 이상의 청중들이 이 포럼에 참석하여 의견을 제안하고 토론했다.

　그리고 이 모든 일들을 당시 서른 살이었던 한 명의 공공외교관이 기획하고 만들어낸 것이다.

중국 상하이와 베이징대에서의 초청 강연

　포럼은 성공적으로 마무리되었고, 추석연휴 동안 전혀 쉬지 못했던 나는 약 일주일 동안 특별 휴가를 쓸 수 있게 되었다. 이 휴가는 너무나 소중하게 다가왔다. 연말에 아직 참여를 결정짓지 못했던 중요한 일이 있었기 때문이다.

　바로 내 생애 두 번째 해외 강연이었다. 포럼을 준비하던 기간부터 내게 꾸준히 연락해 오던 해외 유학생 네트워크 동아리에서 나에게 상하이와 베이징에서의 초청 강연을 제안한 것이다. 하지만 그 두 번의 강연을 하는 전체 일정이 너무 길었고, 자리를 오래 비울 수 없었던 내게는 불가능한 일정이었다. 그러던 차에 특별 휴가를 받게 된 것이다. 나는 휴가를 받은 날 바로 그 동아리 회장에게 전화했다. 그리고 두 번의 강연 초청에 모두 응하겠다고 했다.

중국에서 철강을 구매하여 중남미로 수출하던 정효찬 대표에게 이번 강연일정에 동행할 수 있는지 물었다. 정 대표는 당연히 중국에 대해 자세히 알고 있었고, 마침 그 시기에 중국 출장을 생각하던 중이었다. 그는 흔쾌히 나와 일정을 맞추겠다고 말했고, 함께 중국에서의 할 일들을 계획하며 12월 3일 상하이로 출발했다.

우리는 첫날 상하이의 높은 마천루와 주요 관광지들을 둘러보았다. 그동안 몇 차례 업무로만 중국을 방문했던 나는 상상을 초월하는 중국의 발전 속도에 놀랄 수밖에 없었다. 국제사회의 중심이 되어가고 있는 중국이 얼마나 빠르게 변화하는지 실감할 수 있는 시간이었다. 중국의 사막을 누비며, 그들에게 조림과 황사방지 기술을 알려주던 작년과는 완전 다른 분위기였다. 첫날은 그렇게 가벼운 일정을 보내고, 초청 단체 측에서 마련해 준 숙소로 이동했다. 매우 낡은 곳이었는데, 그 호텔의 로비에는 토머스 에디슨이 방문하여 남긴 친필 서명이 있었다. 그 정도로 오래된 호텔이었다. 재밌게도 훗날에도 이 인연이 계속 이어져 늘 그때의 상황이 특별한 기억으로 남아 있다.

다음 날 우리는 주 상하이 총유학생회가 초청한 강연에 참석하기 위해 주 상하이 대한민국 총영사관에 방문했다. 총영사관은 상하이 중심지에 있었는데 매우 깔끔한 건물이었다. 나는 공공외교의 중요성을 학생들에게 설명했고, 중국에 있는 유학생들이 우리 사회 미래 주역이 되도록 노력해야 한다고 강조했다. 강연에 참여한 상당수가 내 책을 읽은 학생들이어서 강연이 끝나고도 많은 질문들이 쏟아졌다.

효찬 씨와 나는 그곳에서 하룻밤을 더 보내고, 이틀 뒤 베이징으로 이동했다. 베이징에서의 강연은 정말 기대되고 떨리는 일정이었다. 말로만 들었던 세계적 명문대이자 중국을 대표하는 대학교인 베이징대의 강단에 서게 되었기 때문이다. 강연 1시간 전에 베이징대에 도착하여 학교 이곳저곳을 둘러보았다. 조금 낡은 느낌이었지만, 캠퍼스를 걷는 학생들의 표정에는 자신감이 넘쳤다. 마치 현재 중국의 자신감을 보는 것 같았다. 특이한 것은 강연 중에 중국 공안도 뒷자리에 배석했다는 것이었다. 외국인 유학생들이 많이 모인 자리나 외국의 초청연사가 강연하는 자리에서는 종종 있는 일로 혹시 모를 중국 정치체제에 대한 비판을 사전에 차단하기 위함이다. 이 사실을 알고 조금 걱정스럽게 강연을 시작했지만, 2시간 동안 이어진 강연은 환호와 박수 속에 마무리되었다.

강연 후 이어지는 질문과 사인 공세에 안도감과 고마움이 밀려왔다. 나는 특히 바로 직전 마무리된 G20정상회의 브릿지포럼에 중국의 고위급 인사가 참여했다는 사실을 언급하며, 한-중 간의 우호는 동북아의 중요한 과제라고 언급했다. 또한 중국이 오랫동안 저개발국에 깊은 관심을 보이고, 경제협력을 위해 노력해왔다는 점을 높게 평가했다. 조금 아쉬운 건 중국이 민감하게 반응하는 인권과 정치체제에 대해서는 거의 언급하지 못했다는 점이다. 전문 분야가 아니기도 했지만, 강연을 초청해 준 이들에 대한 예의가 아니라고 생각했다.

나는 베이징대 강연에 참석해서 내 말에 경청했던 100여 명의 한·중 양국 학생들이 지금쯤 사회 곳곳에서 젊은 리더들로 성장하고 있을 것이라는 믿음을 늘 가지고 있다. 그래서 나 역시도 그날의 강연이 단지 해외 명문대에서의 강연이 아닌 미래 국제사회의 중요한 리더들을 만난 것으로 생각하고 종종 회상하곤 한다.

▍서른 살, 2010년 12월 9일

12월 6일에 한국으로 돌아와서 하루를 쉬고 8일에 코이카 본부가 있는 성남으로 출근했다. 나를 본 동료들은 진심으로 수고와 격려의 인사를 건넸다. 나는 한마음이 되어 도와준 동료들에게 깊이 감사함과 미안함을 표했다. 그리고 홍보실장과의 개별면담을 신청하여 실장실에서 차를 마시게 되었다. 이 방은 내가 2년 전 처음 코이카에 입사했을 당시 면접을 보았던 방이었다. 홍보실장은 기쁜 마음으로 나를 격려했고, 덕분에 G20 기간 중 코이카뿐 아니라 외교통상부와 우리 한국 정부의 위상도 올라가게 되었다고 높이 평가했다. 나는 감사하다고 말했고 재계약 문제를 상의 드리고자 찾아뵈었다고 했다.

그는 그동안 나의 독단적인 성격으로 아쉬운 부분도 상당히 있었지만, 업무 성과와 활약은 코이카 역사상 그 누구와도 비교할 수 없기 때문에 특별히 재계약하게 될 것이라고 말했다. 너무나 감사했다. 하지만 그동안 보좌역 인사발령과 대외무상원조 홍보단 기획단장, G20 정상회의 브릿지포럼 기획관 등의 임무임명처럼 전례가 없는 여러 배려를 해 주셨는데, 마지막까지 부담을 드릴 수는 없다고 대답했다. 그리고는 그동안 부족한 나를 아껴 주시고 참아 주셔서 진심으로 감사드린다고 했다. 그는 예상치 못한 내 말에 깜짝 놀란 표정이었다. 그는 다시 이사장님과 각 임원들 인사실장 모두 재가 된 일이기 때문에 계속 남아서 코이카와 정부를 위해 일해 달라고 말했다. 하지만 나는 완고했다. 더 이상 기관이 예외로 해야 할 일을 남기고 싶지 않았다. 그리고 2년 동안 정말 마음껏 포부를 펼칠 수 있도록 배려해 주신 이사장님의 부담을 조금 덜어 드리고 싶었다.

그는 임원들과 다시 상의해 보겠다고 하며, 양재동 사무실로 일단 돌아가라고 했다. 나는 사무실에 와서는 컴퓨터에 남은 개인적인 파일들을 삭제하고 업무 파일들을 코이카 인트라넷에 업로드했다. 그리고는 바로 짐을 정리했다. 다음 날 나는 아버지께 차를 빌려 양재동 사무실로 운전해서 출근했다. 사무실 짐을 모두 차에 싣고는 성남 본부로 향했다. 아침 공기가 차가웠지만 그렇게 상쾌할 수가 없었다. 내 모든 열정을 지난 2년간 원 없이 쏟아냈던 곳으로의 마지막 출근길을 달리고 있었다.

홍보실장은 여전히 다시 만류했지만, 나는 내 뜻을 완곡하게 전하고 인사를 나누었다. 그리고 이사님과 인사실장을 차례로 뵈었다. 그들 모두 코이카를 떠나지 말라고 강하게 사퇴를 만류했다. 심지어 이미 재계약 절차가 들어간 상태였다. (이 절차로 인에 나는 해를 넘겨, 1월 중순이 되어서야 의원면직 되었다.) 나는 한 분, 한 분 임원들께 정성을 다해 감사 인사를 드렸다. 그리고 4층 이사장실로 들어갔다.

나와 함께 이사장님을 보좌했던 박준성 보좌관은 내 얼굴을 보고 그동안 수고했다며 두 손을 따뜻하게 잡아주었다. 나는 그 어느 때보다 밝은 표정으로 이사장실을 노크하여 들어갔다. 이사장님은 깍듯이 인사하는 나를 보고는 모든 것을 다 아신다는 표정으로 차를 권했다. 둘 사이에서는 거의 아무런 대화가 오가지 않았다. 차를 마신 후 다시 깍듯이 인사를 드리고 이사장실을 나왔다. 그리고는 홍보실에는 따로 가지 않고 주차장으로 가서 차를 타고 그대로 정문을 빠져나왔다. 동료들이 마련하는 송별식도 부담이 될 것 같다는 생각 때문이었다. 덕분에 동료들은 그로부터 일주일 뒤에야 내가 퇴사했다는 사실을 알게 되었다.

이렇게 지난 2년이 조금 넘는 한국국제협력단 코이카에서의 업무는 끝이 났다. 모든 열정과 땀을 쏟아냈고, 20대의 마지막을 특별히 빛나게 해 준 고마움만 남았다. 그 누구를 원망하거나 아쉽거나 슬프지 않았다. 정말 고마움과 빛남만 남았을 뿐이었다. 모든 사람들이 그 좋은 직장과 직책을 그만두고 나왔다며 아쉬워했지만, 나는 나를 한 단계 성장시켜준 코이카에서의 모든 경험들이 그저 감사할 뿐이었다.

소
명

나는 코이카에서 재직 기간 중 여름 정기휴가를 쓰지 않은 거의 유일한 사람이었다. 또 주말과 명절까지 출근한 유일한 사람이었다. 매일 새벽 일찍 출근하며, 그 먼 거리를 택시 타고 다녀도, 얼마 되지 않는 내 월급에서 아깝지 않게 냈다. 무언가 이루고자 하는 목표들을 위해 땀 흘릴 수 있다는 것이 정말 행복했다. 그리고 그 순간에 대한 모든 대가가 개인적으로 돌아오지 않는다 해도 훌륭한 사람들과 협력하여 세상의 수많은 어려운 이들을 돌아볼 수 있게 되어 무한한 감사와 영광의 시간을 보냈다. 그만큼 내가 가진 열정과 마음을 쏟아부었고, 정말 할 수 있는 모든 일들을 했던 것 같다. 그래서인지 막상 코이카를 그만둔 다음 날도 크게 아쉽지 않았다. 오히려 내 앞에 새로운 모험이 기다리고 있을 것 같아서, 조금 들뜬 기분이었다.

모든 일들을 좋게 마무리하게 되어 마음이 뿌듯했지만, 딱 한 가지 걱정되는 일이 있었다. 부모님께 직장을 그만두었다고 아직 말하지 못했던 것이다. 부모님은 최고의 활약을 하고 있는 내가 직장을 그만 둘 것이라고 전혀 생각하지 않으셨고, 오히려 최소 몇 년은 이곳에서 더 많은 실력과 경험을 쌓기를 바라셨다. 그래서 차마 그만두었다고 말씀드릴 수 없었다.

일단은 다음 날인 10일에도 전날처럼 일어나서 넥타이를 매고 집을 나섰다. 하지만 밖으로 나오자 막상 새벽에 갈 만할 곳이 생각나지 않았다. 게다가 날씨도 매우 추워서 눈까지 내린 상태였다. 지하철역 으로 가서 고민을 하다가 벽에 붙어 있는 수도권 전철노선도를 한참 들여다봤다. 그러다가 문득 인천국제공항이 눈에 들어왔다. 이곳이라 면 24시간 언제라도 개방되어 있고 추위를 피해서 앉아 있을 곳도 많 았다. 지금 가기에 딱 좋은 장소 같았다. 그래서 인천공항으로 가기로 마음먹고 지하철로 김포공항역에 가서 다시 공항철도로 갈아탔다. 집 이 있는 우장산역에서 인천공항까지는 정확히 1시간이 걸렸다. 영종 대교를 넘어가는데 해가 떠오르고 있었다. 갯벌 위로 비치는 눈부신 햇살이 정말 형용할 수 없을 정도로 아름다웠다.

인천공항에 도착해서 출국장이 있는 3층으로 올라갔다. 그리고 서 점으로 가서 아침에 나온 신문을 한 부 사서 4층 투썸플레이스 커피 숍으로 향했다. 이곳은 코이카에서 근무할 때 해외에 나가는 분들을 배웅하고 가끔 혼자 커피를 즐기러 오는 곳이었다. 신문을 보면서 오 랜만에 여유를 즐겼다. 코이카에 있을 때는 이른 아침부터 늘 많은 일과 문서, 그리고 전화에 시달렸기 때문에 이런 여유를 즐길 수 없 었다. 따뜻한 아메리카노를 마시며 신문을 천천히 넘겨보는데 정말 행복했다. 그렇게 열흘 정도를 인천공항으로 출근했다. 누가 보기라도 한다면 웃지 못할 상황이었지만, 나에게는 생각보다 괜찮은 일정이었다.

크리스마스를 불과 4일 앞둔 12월 넷째 주 화요일. 나는 여느 날처럼 인천공항으로 가는 공항철도를 탔다. 해 뜨는 모습을 보기 위해 영종대교를 지날 때면 고개를 돌려 창문을 보곤 했는데, 그때 한 통의 전화가 왔다. MBC 계열사인 iMBC의 한 여성 PD였다. 그녀는 내게 상의하고 싶은 내용이 있는데, 잠깐 만날 수 있냐고 했다. 이유를 물었더니 iMBC가 기획 중인 영재들에 대한 특집 교육과정에 글로벌 리더십 특별강사로 초청하고 싶다는 제안이었다. 좋은 내용 같아서 다음 날 바로 약속장소를 정해서 만났다. 그녀가 기획하는 대한민국 영재교육에 대한 다큐멘터리는 여러 가지 커리큘럼이나 주제가 무척 흥미로웠다. 그녀의 이야기를 들은 후 아쉽게도 지금은 현직에 없는 상태라고 했다. 하지만 내 책의 독자이기도 했던 그녀에게 그 사실이 문제가 되지는 않았던 것 같다. 그래서 만난 지 불과 1시간 만에 강의에 대한 조건들이 적힌 문서를 읽어보고 계약서에 사인했다. 5월까지 총 5번의 특별강의를 하는 계약이었다. 백수상태였던 내게 일종의 임시 직업과 소속기관이 생긴 셈이었다.

코이카에 재직하는 동안 아쉽게 거절한 강의나 강연이 많았는데, 만약 쉬는 동안 강연이 들어온다면 마다하지 않을 생각이었다. 그래서 이번 경우처럼 전문적인 내용의 강의를 준비해 보면 스스로에게 큰 도움이 될 것 같았다. 또 몇 달 정도는 어느 정도 그동안 모아 둔 돈으로 지낼 수 있었지만, 그렇다고 계속 경제적인 부분을 손 놓고 있을 수는 없었다. 그런 점에서 강의와 강연을 하는 일은 적지 않은 힘이 될 것 같았다.

1월 2일 명덕외국어고등학교에서 iMBC 프로그램의 첫 번째 강의를 했다. 20명 정도의 소수 학생들에게 진행했지만, 그 아이들은 학교에서 내로라하는 우수 인재들이라고 했다. 나는 그날 아침 신문에 나온 국제면 뉴스들을 바탕으로 이야기를 시작했다. 1시간의 강의가 끝나고 아이들과 질의응답을 가지는데, 생각보다 높은 수준의 질문들이 나와서 깜짝 놀랐다. 정말 고등학생이 생각해낸 질문이라고 믿기지 않았다. 그렇게 2시간가량 강의와 토론을 했고, 시간이 금방 지나갔다. 아이들과 일일이 인사를 나누고 나오는데, 한 여학생이 내게 10분만 시간을 내달라고 했다. 나는 복도 끝에 서서 그 학생과 이야기를 나누었다. 아이의 꿈은 UN에 들어가서 난민을 위해 일하는 전문가가 되는 것이었다. 놀라운 사실은 그 아이의 꿈이 마치 사진을 설명하듯이 너무나 구체적이어서 따로 어떤 조언을 해 줄 필요가 없었다는 점이다. 그렇게 자신의 꿈을 이야기하던 중에 그 아이가 내 꿈은 무엇인지 물어보았다. 나는 나 역시 세계의 빈곤과 교육, 인권 불평등과 지구 환경오염에 싸워나가는 것이 꿈이자 비전이라고 설명했다. 그 아이는 내게 '홍보관님은 정말 존경받을 만한 분이세요. 언제나 응원해 드릴게요!'라고 밝게 말하며 교실로 들어갔다. 여학생의 뒷모습을 보며, 뭔가 알 수 없는 여운과 감동이 느껴졌다.

그 시기에 운 좋게도 여러 강연이 많이 들어와서 보통 일주일에 한 번씩 대학교 강연과 고등학교 강의를 하러 다녔다. 백수나 마찬가지였지만 은근히 바쁜 스케줄이었다. 그리고 그동안 만나지 못했던 사람들도 만나 식사를 하고 차를 마시며 나름 즐거운 시간을 보냈다. 그러다가 정말 아무런 일정이 없는 날은 어김없이 인천공항 투썸플레이스로 향했다.

유엔, UN

하루는 커피숍에 앉아서 신문을 보는데, 반기문 총장님과 관련된 기사가 나왔다. 그 짧은 기사를 몇 번이나 다시 읽어 보았는데, 만감이 교차하며 마음속에 큰 울림이 왔다. 나는 총장님께서 외교통상부 장관님이실 때 처음 뵈었다. 그리고 그 이후 한국을 떠나실 때까지 지속적으로 메일로, 때로는 직접 뵈면서 소중한 인연을 이어나갔다. 정말 사회에서 만난 그 어떤 사람도 그분만큼 인품이 훌륭한 분을 본적이 없었다. 모든 사람들이 우러러보는 자리에 있었지만, 한 번도 상대방을 자신보다 낮추는 법이 없으셨다. 그만큼 훌륭하시기에, 세계의 대통령이라고 불리는 UN 사무총장에 선출되셨던 것 같다. 총장님 기사를 읽는데, 문득 강의 후 내게 자신의 꿈을 열심히 설명했던 그 여고생이 생각났다. 그리고 그 학생이 물었던 내 꿈과 비전에 대해서도 다시 생각해 보게 되었다. 신문을 접고 자리에서 일어나서 공항

안에 있는 서점으로 갔다. 그리고는 팬과 노트를 한 권 사서 햇살이 잘 드는 한쪽 벤치에 앉았다.

2011년을 어떻게 살아갈지, 그리고 앞으로 어떤 일을 해야 할지 구체적으로 그려보기로 했다. 두 가지 선택으로 나뉘어서 생각했다. 당시 내가 코이카를 나왔다는 사실을 알고, 주변의 몇몇 분들의 추천으로 종종 대기업 홍보실에서 전화가 왔다. 함께 일해 보지 않겠냐는 제의였다. 한마디로 스카우트 제안이었다. 그래서 일반적인 민간 기업에서 일하는 건 어떨지도 늘 고민하고 있었다. 첫 번째 선택은 민간 기업으로 가서 일하는 것. 두 번째 선택은 여전히 공익을 위해서 일하는 것이었다. 공익을 위해서 일한다면, 다시 정부기관에 들어갈 것인지 아니면 스스로 조직을 만들어 볼지 생각해 보았다. 다시 뭔가 가슴이 뛰는 계획을 하는 것 같아서 오후 내내 벤치에서 일어날 수 없었다.

며칠 동안은 다른 일정을 잡지 않고 공항 벤치로 출근하며, 어떻게 꿈을 구체화 시킬지 고민하고 생각했다. 그러다가 반기문 총장님을 처음 뵈었을 때 가졌던 마음을 다시 떠올려 보았다. '외교로 세상을 변화시키는 일을 하자.' 사회에 나오기도 전에 가졌던 내 비전의 시작이었다. 코이카를 통해 이 비전의 초석을 만들었다면, 이제는 정말 그 초석 위에서 한 걸음 더 크게 내디딜 시간이었다. 나는 일단 민간 기업으로 가는 것은 생각하지 않기로 했다. 그래서 다시 정부기관에서 일할지, 내 스스로 길을 찾아갈지를 두고 고민했다. 만약 공공외교를 할 수 있는 외교통상부의 또 다른 산하기관에서 일하거나, 대사관 등에서 일했을 때, 코이카에서 했던 일들 이상으로 무언가를 할 수 있을까? 그 일들이 내 비전에 더 가깝게 다가가는 길이 될 것인가? 많은 고민을 해 보았지만, 그 길은 아닌 것 같았다. 정부기관이나 공직에서의 경험은 이미 충분한 것 같았다. 그렇다면 스스로 창조할 수 있는 길을 가야 한다. 어떤 방법이 있을까 다시 며칠을 더 고민했다. 생각 끝에 광화문에 있는 큰 서점으로 향했다.

그곳에서 UN과 NGO에 대해 자세히 설명된 여러 책들을 찾아보았다. 그 책들을 읽으며, 마음 한쪽에 담겨 있었던 국제기구에 대한 열망이 살아나고 있었다. 가슴이 두근거려 견딜 수 없었다. 다른 일보다는 반기문 총장님과 UN을 돕는 일을 해야 할 때가 왔다는 생각이 들었다. 한국 내의 작은 UN인 코이카에서 이미 많은 경험을 했기 때문에 이 경험을 살려서 UN을 도울 수 있는 기구를 만들어 보면 어떨까 생각했다. 아직은 나 혼자 국제 관련 기관이나 기구를 만드는 일은 분명 역부족이지만, 우선 UN을 지원하는 외부 UN 관련 기구들을 살펴보고, 나도 유사한 작은 단체부터 만들어 보면 되지 않을까 하는 생각이었다. 정말 그야말로 새로운 모험을 시작하는 것이다.

필요한 책을 몇 권 사 들고, 다시 인천공항으로 향했다. 하지만 공항 커피숍에 앉아서 하루 종일 휴대전화로 정보를 검색하는 일은 아무래도 한계가 있었다. 그래서 나는 업무를 볼 수 있는 임시 사무실을 얻기로 했다. 효찬 씨에게 전화를 걸어서 단기로 임대할 수 있는 오피스텔들을 알아봐 달라고 부탁하고, 나도 부동산을 통해, 몇 군데를 추천받았다. 난생처음 부모님께 말씀드리지 않고 어떤 공간을 얻는다는 것이 떨리기도 하고 죄송스럽기도 했지만, 우선 이 일들을 추진하기 위해서는 분명히 사무공간이 필요했다. 일주일 후 나는 강남 삼성동에 있는 단기임대 오피스텔을 얻었다. 사업자를 낼 수 없는 공간이었기 때문에 일단 단체를 조직하고 기획하는 두세 달 정도만 이곳에서 일을 시작하기로 했다.

오피스텔이었지만, 사실상 주거시설처럼 되어 있어서 침대와 취사도구들이 있었다. 왠지 일하기 싫은 때는 눕게 될까 봐 걱정이 되었다. 그러지 않으리라고 굳게 마음먹고 재빨리 인터넷을 설치하고, 내가 롤 모델로 삼을 수 있는 UN 지원 단체들을 찾아보았다. 우선 반기문 사무총장님 전임인 코피아난 사무총장님 시절 CNN의 설립자였던 테드 터너(Robert Edward Turner III) AOL타임워너 회장이 UN과 UN 최대 회원국인 미국과의 관계를 증진하기 위해 설립한 UN재단(United Nations Foundation)이 좋은 롤 모델이 될 수 있을 것 같았다. 전 세계의 말라리아 등 질병과 기아를 위해 싸우고, 미국과 UN의 이익을 서로 조정하는 대변자였다. UN재단 외에 조금 더 다양한 일을 하는 기관도 검색해 보았다. 그래서 찾은 단체는 WFUNA, UN협회세계연맹(World Federation United Nations Association)이었다. 이 기관은 UN 창립 이듬해인 1946년 국가들의 연합이었던 UN과 마찬가지로 민간의 국제연합을 만들어, UN을 돕는 민간 국제기구로 탄생한 최대 지원기구였다. 또한 빈곤, 교육, 환경, 평화 등 UN이 하는 주요 핵심 업무를 수행하고, 전 세계 190여 개국에 국가협회를 두고 있었다. WFUNA가 내가 만들고자 하는 단체의 롤 모델로 적합해 보였다. 나는 우선 이 단체를 만들기 위해, 어떤 형식을 취해야 할지 공부했다.

UN에는 NGO에 협의지위(Status)라는 특별한 지위를 부여해서, UN의 일을 공식적으로 함께 하게 하는 제도가 있었다. 포괄적 협의지위, 특별협의지위, 로터스지위 등 세 가지 지위 중 하나를 얻으면, UN과 공식적인 관계를 가지고 각종 UN회의에서 의제를 제안하고 공동 사업을 할 수도 있었다. UN의 강력한 자문기구이자 파트너로 일할 수 있는 국제화된 UN의 공인 제도였던 것이다. WFUNA도 경제사회이사회 협의지위를 가진 대표적 기구였다. 이 지위를 얻기 위해서는 각국 정부에 등록된 법인형태의 비영리 단체로서의 활동을 해야만 했다. 사실 이러한 UN과의 관계는 법인을 설립하고 최소 2년 이상 국제사회에서 인정되는 최선의 성과를 내야 하기 때문에 지금으로썬 굉장히 먼 미래의 꿈같은 이야기였다. 더군다나 나는 당시 비영리 법인이라고 하면, 사단법인과 재단법인의 형태가 있다는 정도는 알았지만, 법인 사업자를 설립하기 위해서 어떤 과정을 거쳐야 하는지 아는 정보가 전혀 없었다.

처음부터 하나하나 관련 법률과 지식을 찾아보았다. 그러다가 비영리 법인으로 활동하기 위해서는 지자체 혹은 정부에 승인심사를 받아서 등록해야 한다는 사실을 알게 되었다. 나는 UN을 지원하는 단체를 설립할 계획이었기 때문에 외교통상부의 승인을 받아야 했다.

밑고 있다면 모든 것이 가능하다

외교통상부 홈페이지에 들어가서, 비영리 법인 설립절차에 관한 사항과 안내를 꼼꼼히 읽어보았다. 하지만 안내에는, 관련 서류를 제출하기에 앞서, 이사회를 구성하고 임의단체로 활동한 전력이 1년 정도 있어야 한다고 했다. 개인 사업이 아니고, 법인이기 때문에 이사회 구성은 필수였던 것이다. 나는 특별히 나와 가까운 지인들 중에서 이러한 일에 관련 경력이 있는 사람을 한 사람씩 노트에 적어보았다. 스무 명 가까이 지인들의 이름이 적혔다. 그리고 그중 이사회 최소 구성요건인 5명의 사람을 다시 선택했다. 모두 나와 가까운 사람들이었다.

매일경제 TV MBN의 외교 팀장이었던 이성수 기자와 한국정책금융공사의 윤상진 차장, 동시통역사 이자 국제회의 MC인 정지영 누나, 그리고 매우 친한 친구였던 대우건설의 박요한 대리를 이사후보로 선택했다, 그리고 등기이사는 아니지만, 이사회 구성요소인 감사에는 정효찬 대표를 선택했다. 이사로 선출 할 선배와 누나, 친구에게 차례로 전화를 걸어서 만날 장소와 시간을 정했다. 그리고 한 사람씩 식사를 사며, 도와 달라고 간곡히 부탁했다.

만약 내가 만들 단체가 건실히 성장한다면, 그들에게도 등기이사 선임이 결코 나쁘지 않은 일이었으나, 정작 신생단체가 그러지 못할 가능성도 크고, 본인들의 인감증명서와 인감, 주민등록등본을 수시로 제출해야 하는 부담스러운 일도 겪어야만 했다. 다들 신중하고 고민되는 표정이었다. 하지만 결국 부탁한 사람들 모두, 새로운 출발선에 선, 나에게 힘을 보태어 주기로 했다. 비가 올 때 피하지 않고, 함께 우산을 씌어준 고마운 분들이었던 셈이다.

이사회를 구성하고선 본격적으로 단체의 목적과 이름, 정관 등을 만들기 시작했다. 그러나 임의단체로 활동한 1년의 전력이 더 필요한 상황이었다. 나는 고민을 하다가, 코이카에서 설립했던 대외무상원조홍보단이 떠올랐다. 비록 정부 소속의 프로젝트 기구형태로 존재하고 있었지만, 엄연히 내가 기획하고 운영했던 조직이었다. 그리고 현재는 더 이상 운영되고 있지 않은 상태였다. 충분히 내가 만들 단체의 전신으로 활용할 수 있을 것 같았다. 코이카와 관계된 여러 지인들에게 의견을 구한 뒤, 1년간의 임의단체를 대외무상원조홍보단으로 정하고, 정관을 만들 준비를 했다. 하지만 정관을 만들기 전에도 먼저 해야 할 일이 있었다. 단체명을 짓는 일이었는데, 내가 하고자 하는 일을 가장 잘 표현하고, 누구나 한번 들으면 이해할 수 있는 이름을 지어야 했기에, 무척 고심되는 작업이었다.

나는 UN의 일을 지원하는 단체이므로, UN에서 현재 가장 역점을 두는 사업이 무엇인지 살펴보며 이와 관련된 이름을 짓기로 했다. 당시 UN의 가장 대표적인 사업 중 하나는 2000년에 시작하여, 전 세계 빈곤, 교육, 아동, 여성, 인권 등의 보편적 수준 달성을 위해 제정된 새천년개발목표, 즉 'MDGs(Millennium Development Goals)'였다. 이 MDGs는 전임 사무총장님이던 코피 아난 시절에 만들어져서 무려 15년간 진행되는 인류 역사상 가장 큰 국제사회 공동 사업이었다. 총 8개의 목표로 이루어져 있는데, 1번부터 7번까지는 달성해야 하는 각 분야별 목표였고, 8번은 이 모든 분야에 대한 국제사회의 상호 협력을 말하고 있었다. 나는 이 8번 목표인 '개발을 위한 국제사회의 협력'에서 모티브를 얻어서, 단체명을 '국제개발파트너십'으로 지었다. 물론 가칭이었지만, 의미 있는 단체명을 짓게 된 것이다. 단체명이 정해졌고, 이제 이를 바탕으로 정관을 작성하기 시작했다.

정관은 민법 32조에 의거해서 매우 꼼꼼히 만들어야 했다. 일종의 법인의 헌법과 같은 기능을 하기 때문에 처음 만들 때 정확히 만드는 일이 중요했다. 정말 어려운 단어 하나하나와 문장들을 적어나가며, 마치 사법고시를 치르는 기분이었다. 물론 사법고시와 이 일을 비교할 수는 없지만, 그만큼 일반인인 내게는 정관을 만드는 작업이 만만하지 않았다. 정관을 비롯한 이사회 서류와 이사들의 개인 인적사항 서류, 그리고 몇 가지 필요한 공문을 더 만들었다. 그리고 마지막으로 우리 단체를 위한 기금을 임의단체 통장에 기탁해야 했다. 비록 재산을 기반으로 하는 재단법인이 아니었지만, 정부에 승인받기 위해서는 최소한의 단체 운영자금이 필요했다. 내가 가지고 있는 개인재산을 넣어야 할지 고민이 되었다. 하지만 이 돈들은 아직 백수인 내게는 마치 공기같이 소중한 자금이었다. 어떻게 해야 할지 조금 더 고민하다가, 법인을 만들 돈은 공금이므로, 앞으로 법인 운영 시 쓰게 된다는 가정을 세웠다. 그래서 몇 번을 더 신중하게 생각한 끝에 결국 은행 대출을 활용해 보기로 했다. 무직 상태로 갈 수는 없어서 대출을 신청하기 전에 효찬 씨 회사에 임시 계약직으로 취직했다.

그렇게 내 인생 처음으로 대출상담을 받게 되었는데, 나는 은행 문을 여는 순간까지 고민의 고민을 거듭했다. 당시 코이카에서부터 사용한 주거래 은행은 신한은행이었지만, 먼저 상담을 받기 위해 집 앞에 있는 우리은행을 찾아갔다. 대출 창구에 앉아 있는데 그렇게 떨릴 수가 없었다. 마치 죄지은 기분으로 필요한 금액과 사용처 등을 말했다. 그리고 현재 가진 자산이 전혀 없기 때문에 담보대출은 불가능했고 오로지 신용대출만 가능한 상황인 걸 알게 되었다. 상담을 하면서 매우 까다로운 여러 서류들을 작성하고, 몇 가지 확인을 거쳤다. 대출 창구에 앉은 지 30분 만에 1,000만 원 대출이 확정되었다. 상담하기 위해 찾아간 자리에서, 대출까지 바로 진행된 것이다.

하지만 돈이 생겼다는 기쁨보다는, 그렇게 큰돈을 빌렸다는 사실이, 마음에 걸리고 부담이 되었다. 그렇다고 망설일 이유는 없었다. 설립되는 법인이 반드시 건강하게 성장해서, 이 돈들을 곧 상환하게 될 거라고 스스로 위로할 수밖에 없었다. 일단은 대출받은 돈을 바로 임의단체 명의의 준법인 통장에 입금한 뒤, 잔액증명서를 발급받았다. 그리고 모든 서류들이 준비되자, 외교통상부 문화교류협력과 방문을 위해 약속을 잡았다. 드디어 외교통상부 소관 비영리 법인 설립을 위한 기본 요건이 준비된 것이다.

외교통상부에서 비영리 법인을 담당하는 오중택 서기관은 매우 친절한 사람이었다. 그는 반쯤 겁에 질리고 불안해하는 서류 제출자들을 매일 면담하면서 설명하고 안내하는 일을 했다. 분명 법인 설립을 위해, 적절한 서류와 절차를 거쳐서 그를 만나야 하지만, 사실은 그렇지 않은 사람들이 더 많았다. 자신들의 원대한, 또는 망상된 꿈을 말하고 자신의 법인이 한국과 국제사회에서 어떤 역할을 하게 될지 장

믿고 있다면 모든 것이 가능하다

황하게 늘어놓으면서, 이 중년의 외교관을 괴롭혔다.

오 서기관의 역할은 우리나라 민간외교의 일선에 있었기 때문에 매우 중요한 임무였지만, 현실은 민간외교를 꿈꾸는 이들의 민원과 하소연을 들어주는 자리였던 것이다. 하루 종일 찾아오는 사람들에게 시달리면 짜증스러울 법도 한데, 그는 첫 만남에서 전혀 그런 모습이 아니었다. 매우 쾌활하고 활기차며, 자신이 해야 할 일을 정확히 인지하고 있었다. 정말 보기 드문 공무원이었다. 하지만 아쉽게도, 그와 나의 면담시간은 불과 10분 만에 끝났다. 완벽할 것이라고 생각했던 내 지원 서류도 그가 지적하는 부분마다 오류와 부족한 점이 가득했기 때문이다. 그중 가장 중요하게 언급된 부분은 법인 이사회를 구성할 이사들이, 단체가 하려는 계획들에 비해 연륜과 전문성이 조금 부족하다는 지적이었다. 어쩔 수 없이 난 그에게 곧 다시 찾아오겠다는 말을 하고 자리에서 일어섰다.

삼성동 오피스텔로 돌아와서 다시 법인 이사회에 대해서 고민해 보았다. 하지만 지금 참여한 이사들도 힘겹게 설득하여 어렵게 수락받은 상태였고, 이사들 모두 각 분야의 전문가들이었기 때문에 이사회를 새로 구성해야 하는지는 제고할 여지가 없었다. 그래서 방법을 고민하다가, 고문직책을 신설해 보면 어떨까 생각했다. 정치와 외교 관련 분야에서 보다 연륜과 전문성 있는 인사들이 참여하면, 이사회를 보완할 수 있고, 단체 사업방향에 대한 좋은 조언도 들을 수 있을 것 같았다. 나는 오랫동안 나와 알고 지내던 정치와 외교 관련 고위인사들을 다시 한 명씩 살펴보며, 그중 몇 명에게 도움을 요청하기로 했다.

당시 내가 섭외하려던 인사들은 이태식 전 주미대사님(외교통상부 차관, 주영대사를 역임한 최고위 외교관), 박노벽 대사님(반기문 장관의 특별보좌관을 역임했고, 한미원자력협정개정협상 전담대사를 거쳐, 현재 주 러시아 대사로 계신다.) 조윤선 의원님(코이카에서의 인연으로 돈독한 편이었다.), 최보식 조선일보 선임기자님('최보식이 만난 사람들'이라는 칼럼으로 진보와 보수 모두 아우르는 저명한 저널리스트) 혹은 정우상 조선일보 기자(훗날 조선일보 논설위원) 등이었다.

명단을 작성하고 다시 한 분씩 연락을 드리기 시작했다. 이태식 대사님은 G20 브릿지포럼에서 특별발표를 부탁하며, 그 이후로 종종 찾아뵙고 인사드리던 사이였다. 그는 내가 코이카에서 모셨던 박대원 이사장님의 외무고시 1년 선배였고, 외교통상부 차관보, 차관, 주영대사, 주미대사 등 최고위급 요직을 거쳤다. 그리고 늘 장관 하마평에 오르던 뛰어난 외교관이었다. 당시 그는 외교관 생활을 은퇴하고 SK에너지 고문으로 자리를 옮긴 상태였다. 나는 비서실을 통해 약속을 잡고 직접 찾아갔다. 그는 매우 반갑게 맞으며, 내가 설립하려는 단체에 대해 전반적으로 긍정적인 평가를 했다. 그리고 앞으로의 계획을 자세히 설명하자 고개를 끄덕이며 큰 관심을 보였다. 그래서 나는 고문직을 제안했고, 이 대사는 우선 구두동의를 하며, 법인의 성장과정을 지켜보겠다고 했다.

나는 거물급 외교관의 구두동의를 얻자, 큰 자신감이 생겼다. 그래서 사무실에 오자마자 바로 박 대사님께 전화를 드렸다. 그와 직접 약속을 잡고, 며칠 뒤 세종문화회관 지하의 '친니'라는 중식당에서 만났다. 박 대사님은 내가 예전 대학생 시절 반기문 장관님을 뵐 때 특별 보좌관이었고, 코이카 홍보관일 때는 코이카 협력대상국이었던 주 우크라이나 대한민국 대사였다. 그래서 여러 가지로 가깝고 반가운 사이였다. 그는 내 제안에 흔쾌히 고문직을 수락했고, 향후의 계획들에 대해 아낌없는 지지를 약속했다. 외교부의 최고위급 전 현직 외교관 두 분의 고문직 수락으로, 법인 설립을 위한 준비가 크게 속도를 내기 시작했다.

그다음은 두 명의 기자를 설득하는 일이었다. 최보식 선임기자님은 조선일보 내에서는 다양한 평가가 있었지만, 대부분의 진보진영과 보수진영 기자들 모두 매우 존경하는 저명한 프로 저널리스트였다. 그는 내가 코이카에 있을 때, 해외 특별취재를 제안하기도 했으며, 해병대 선배기도 했다. 나는 그와 통화를 하고 메일을 보내며, 고문직을 제안하고 요청했다. 하지만 그는 자신이 나서기에는 조금 역부족이라며, 완곡히 거절했다. 몇 번을 다시 부탁했지만 마찬가지였다. 아무래도 기자 입장에서는 아직 설립 전인 단체에 참여하는 건 쉽지 않았던 것 같다. 최 선임기자님과 통화 후, 정우상 기자와는 조금 뒤에 연락해 보기로 했다. 적어도 그는 동의할 것 같았지만, 최 기자님의 거절로 인해, 조금 불안한 마음이었다. 그래서 우선 조윤선 의원실에 먼저 연락을 했다. 조윤선 의원님께는 단순한 고문직이 아닌, 이사회 참여와 더불어 이사장직도 함께 제안했다. 법인을 대표하는 이사장이 무엇보다 중요한 자리였는데, 대내외적으로 매우 좋은 평가를 받던 조윤선 의원님이 만약 신설 법인의 이사장을 맡아준다면, 굉장히 힘을 받을 수 있을 것 같았다. 제안을 한 상태였지만 사실상 쉽지 않을 거라는 예상으로, 큰 기대를 하지는 않았다. 그런데 이틀 후 조 의원실의 정희정 보좌관은 의원님께서 이사장직 수락의사를 말했다고 알려왔다. 정말 믿기지 않는 큰 성과였다. 내가 설립할 단체의 수장을 조윤선 의원이라는 매우 뛰어난 여성 리더가 맡게 된 것이다. 나는 두근거리는 가슴을 안고, 기쁜 마음으로 이사회와 고문 등, 조직도를 다시 재정비했다. 그리고는 법인의 본부가 될 사무소를 계약하기 위해, 사무실을 알아보기 시작했다.

법인은 법원등기와 국세청 신고를 해야 하기 때문에 반드시 사업자등록이 가능한 사무실이 있어야 했다. 나는 현재 가진 자산과 향후 나갈 비용 등을 고려해서 최대한 월세가 적으면서 편의시설을 갖춘 사무실을 찾아다녔다. 그러다가 1인 기업과 소호창업을 위해 비즈니스 센터를 운영하는 회사들을 알게 되었다. 그러한 모델을 운영하는 대표적인 회사가 토즈였다. 토즈는 대학생들이 삼삼오오 모여 과제를 하거나 회의를 하는 모임공간 대여로 유명한 곳이었지만, 사무실을 임대해 주는 비즈니스센터도 운영하고 있었다. 나는 기존 오피스텔이 있던 삼성동 근처에 토즈 비즈니스센터가 몇 군데 있다는 사실을 알고, 각 지점을 찾아가서 상담했다. 1인실과 2인실 모두 생각보다 매우 비싼 월세였지만, 각종 사무시설과 보안시설, 그리고 24시간 일할 수 있는 공간을 제공하는 곳은 이곳밖에 없을 것 같았다. 1인실은 정말 작았고, 독서실 같은 분위기였다. 어떻게 할지 망설이던 중 토즈 선릉점에는 2명까지 근무가 가능한 1.5인실이 있다는 내용을 듣게 되었다. 나는 선릉역 근처에 위치한 선릉점을 방문했고, 센터 한쪽 벽면

코너에 있는 1.5인실을 보고는 그날 바로 계약했다. 조금 작긴 했지만 두 사람이 쓸 수 있는 공간이었다. 만약 일이 잘되면 직원도 한 명 함께 할지 모른다는 생각에, 그때까지 내가 가진 환경 안에서는 최선의 선택을 하게 된 것이다.

일어서서 다섯 발자국을 걸으면 사무실을 한 바퀴 돌 수 있었다. 그 정도로 아담한 공간이었다. 하지만 난 이곳이 내 비전과 법인을 시작할 수 있는 최적의 공간이라고 생각했고, 이렇게 작게 시작하지만 꼭 모든 인류를 위한 일을 하게 될 거라는 믿음을 가졌다.

사무실 계약을 마치자 최종적인 서류를 준비해서 다시 외교통상부와 면담약속을 잡았다. 그런데 불과 면담 하루 전, 생각지 못한 큰 문제가 발생했다. 조 의원님이 이사장직을 맡기 힘들겠다고 다시 연락이 온 것이다. 나는 놀라서 그 이유를 물었는데, 알고 보니 전혀 생각지 못한 곳에서 문제가 생겼다. 조 의원님께 보내는 조직도와 설립취지서에 정우상 기자의 이름을 함께 기재하여 보냈는데, 새누리당의 최장수 대변인 출신이던 의원님은 기자들과 매우 가까운 편이어서, 정 기자에게도 연락했던 것이다. 나는 정 기자에게 아직 수락여부를 묻지 않은 상태였는데, 정 기자는 당연히 자신은 고문이 아니라고 했고, 거기서 그치지 않고 부정적인 언급까지 더 했다고 했다. 사실 코이카 시절, 조선일보와의 해외특집으로 정 기자가 속한 정치부는 회사에서 상과 포상금까지 받았기 때문에 정 기자의 그런 평가는 나로선 당황스러울 수밖에 없었다. 상대방에게 좋은 도움을 준 대가가 쓰디쓴 결과로 돌아온 셈이었다.

이런 상황이 되자 조 의원님 역시 내게 신뢰도가 떨어진다는 이유로 이사장직을 다시 고사했고, 나는 정 기자의 이름이 들어간 건 의도치 않은 실수였다며 이해를 구했지만, 이미 늦은 시점이었다. 어쩌면 정 기자의 이름을 빼지 않았던 건 실수가 아니라, 그가 당연히 도와줄 거라는 헛된 믿음과 정직하지 않았던 내 행동의 결과였던 것 같다.

이미 시간은 4월 초였고, 외교통상부와의 면담 약속을 다시 미룰 수는 없었기에, 급하게 나는 우리 이사 중 가장 연륜이 높고 경험이 풍부했던 윤상진 차장님(비록 당시 정책금융공사 차장이었지만, 서울시 정무비서관, 국회의원 보좌관, 대통령 후보 정무보좌관 등을 역임한 매우 뛰어난 대외협력 전문가였다.)에게 이사장직을 다시 제안했다. 윤 비서관님은(나는 그가 서울시 비서관 시절에 만났기 때문에 늘 비서관님이라고 호칭했다.) 나와 어려운 시절을 함께 보낸 사이였기 때문에 마음으로 많은 부분이 통하는 선후배였다. 어려운 제안이었지만, 그는 여러 말을 하지 않더라도 내 마음을 이해하고 이사장직을 바로 수락했다. 그가 수락하자 이제 최종적인 서류를 다시 정비하여 면담에 들어갔다.

오중택 서기관은 서류를 천천히 살펴보았고, 확실히 이전보다는 보완된 서류에 긍정적인 평가를 했다. 그는 확답할 수는 없지만, 최대한 긍정적인 방향으로 보고하고 답을 주겠다고 했다. 나는 간곡한 마음으로 다시 한 번 잘 살펴봐 주길 부탁했고, 그는 나를 안심시키려는 미소까지 보이며 배웅해 주었다. 외교통상부 정문을 나오는데, 불안한 마음과 조금 더 잘 준비할 걸이라는 아쉬운 마음이 동시에 들었다. 하지만 한편으로는 잘 될 거라는 믿음을 가지고 마음을 다독이고 정문을 나섰다. 이로써 1월 말에 시작하여 수많은 고민과 준비를 거친 가칭 '국제개발파트너십' 설립 서류 심사는 두 달 반이 걸려 마무리되었다. 언제 결과 발표가 날지 알 수 없었지만, 새로운 인생의 도전 앞에 섰다는 사실이 그 어느 때보다 내 마음을 두근거리게 했다.

나는 서류심사를 마친 날, 비록 임의단체였지만, 일단 사람들을 만나면 소개할 수 있는 임시 명함을 만들었다. 정부 승인을 기다리는 마지막 단계였기 때문에 적극적으로 활동할 수 있는 작은 동기부여가 필요했다. 다음 날 직접 디자인한 명함이 나왔고, 나는 명함을 보면서, 꼭 법인설립 승인결과가 나왔을 때도 이 명함을 계속 사용할 수 있기를 바라고 있었다.

이 특별한 임시명함을 쓰게 된 첫 번째 장소는, 공교롭게도 큰 의미가 있는 곳이었다. 정말 내가 꼭 한 번쯤 가고 싶었던 곳이었고, 그만큼 내게는 각별한 의미가 있었다.

한참 법인설립 서류 마무리 작업을 하던 2주 전쯤 내게 한 통의 반가운 연락이 왔다. 그동안 수없이 많은 장소와 무대에서 강연을 했었지만, 언젠가는 가장 가고 싶은 곳이었고, 내가 처음 꿈을 가지고 설레는 마음으로 걸었던 곳. 바로 홍익대학교 조치원캠퍼스, 내 모교였다. 모교 총학생회에서 연락이 왔고, 자랑스러운 선배로서 후배들에게 꿈을 주는 강연을 요청한다고 했다. 서울대, 연세대, 고려대, 그리고 베이징대, 리츠메이컨대 등 수없이 많은 국내외 명문대학교의 강단에 서 왔지만, 늘 모교에서 언젠가는 나를 초청해 주길 바라는 마음이 있었다.

나는 모교에 대한 자부심이 남달랐지만, 내가 신입생이던 1999년 당시에는 각 과마다 과반이 편입을 준비할 정도로, 학교 상황이 좋지 못했다. 조치원 캠퍼스는 서울 강남역에서 출발하면 1시간 30분 정도의 걸렸는데, 아침에 도심 한복판에서 통학버스를 탄 친구들이 불과 2시간 뒤, 시골에 있는 작은 캠퍼스 교실에 앉아 있다는 사실에 괴리감을 느끼는 것 같았다. 한 방에 네 명씩 배정되었던 기숙사에서도 편입 열풍이었고, 주말이 되면 사람 한 명 구경할 수 없는 캠퍼스가 되곤 했다. 인터넷을 본격적으로 처음 사용하기 시작한 세대인 우리 99학번 친구들은 학생회관 건물조차 없는 대학교가 견디기 힘든 상황이었다.

하지만 나는 한 번 입학하기도 힘든 입시를 두 번 다시 치를 생각이 없었다. 어떻게든 이 작은 공간에서 내가 살아갈 길을 찾길 원했다. 늘 학교와 기숙사, 그리고 학생식당만 오가는 일상이었지만, 횡한 캠퍼스 길을 걸을 때도, 친구 한 명 없던 전공수업을 들을 때도 꿈을 찾기 위해 노력했다. 텅 빈 운동장을 보면서 한참을 앉아 있을 때도 엉뚱한 상상이라도, 무언가를 끊임없이 생각하고 간구했다.

오랜만에 돌아온 조치원역에는 봄비가 내리고 있었다. 총학생회에서 준비한 차를 타고, 학교로 이동하는 길은 눈에 띄게 변해있었다. 향후 정부기관이 대거 내려올 지역(2012년 7월 1일 세종특별자치시로 출범하여, 조치원읍과 근방 연기군이 편입되었다.)이어서 그런지 그 여파로 조치원 읍내도 크게 발전된 모습이었다. 창문을 조금 열어 차가운 바람을 느꼈는데, 기분이 상쾌하고 무척 좋았다. 익숙했던 학교 정문을 거쳐, 조치원 캠퍼스의 본부건물인 A동 앞에 하차했다. 짧은 구간이었지만, 교학처의 직원이 나와서 내게 깍듯이 인사를 하고 우산을 펼쳐주었다.

건물 안으로 이동해서, 학교 재학 중에도 한 번 뵌 적 없던 교학처 장님과 캠퍼스를 총괄하는 부총장님을 차례로 면담했다. 정말 6년 전 이곳을 다닐 때는 상상조차 할 수 없던 일이었다. 부총장님과 함께 조형공원(조치원 캠퍼스는 조형학과와 광고디자인 계열이 특성화되어 있었다.)으로 이동하며, 여러 이야기를 나눴다. 그는 후배들이 무척 훌륭한 선배가 온다고 하여, 많이 모여 있다고 일러주었다. 재학 중에 어떤 상황에서든 학교 학생들이 200명 이상 모인 모습을 본 적 없었기 때문에 그 말의 의미는 백 명 내외의 후배들이 있다는 뜻으로 알았다.

조형공원 뒤편에는 새로 생긴 큰 조형관 건물이 들어서 있었다. 내부로 들어서자 깔끔하고 멋진 시설들이 눈에 들어왔다. 나는 학교가 정말 많은 발전을 했다고 생각했다. 그리곤 극장의 문을 열었는데, 정말 내 눈을 믿을 수 없었다. 적어도 4백 명 이상 되는 학생들이 그 큰 극장을 빼곡히 채우고 있었던 것이다. 혹시 대규모의 교양강의를 진행 중이 아닐까 착각이 들었다. 하지만 시간은 이미 주요 수업들이 끝났을 오후 6시 30분이었고, 설사 교양강의라고 하더라도 그렇게 큰 강의가 있을 수 없었다. 믿을 수 없었지만 이 학생들, 아니 이 후배들 모두 내 강연을 듣기 위해 이 자리에 모여 있었던 것이다. 그것도 비 오는 목요일 저녁이었다. 평소 같으면 모두 서울이나 각자의 집으로 돌아갈 시간이었다.

나는 정말 감격에 겨워서 무슨 말을 해야 할지 잠시 머릿속이 하얗게 변해버렸다. 무대에 올라서 우선 감사의 인사를 했고, 학생들은 오랜만에 캠퍼스로 돌아온 선배에게 아낌없는 박수를 보내 주었다. 강연은 약 2시간에 걸쳐서 꿈과 희망, 그리고 도전에 대한 이야기로 열정적으로 했다. 강연 후 내게 질문하는 많은 후배들을 보면서 현재 내가 하려는 일들에 대한 도전 의식이 다시금 강하게 생겼다. 후배들에게 용기를 주려고 방문한 목교에서, 오히려 내가 더 큰 용기를 얻게 된 것이다. 후배들은 내가 왜 일을 하고 있는지 궁금해했다. 나는 꿈은 누구나 가지고 언제든 변할 수 있지만, 비전은 모두가 가지는 것이 아니고 절대 변할 수도 없는 것이라고 설명했다. 비전은 내 꿈을 통해 많은 사람들에게 어떤 일을 행하려고 꾸는 큰 꿈이기 때문에 그와 관련된 모든 사람들이 함께 공유하는 꿈이었다. 나는 만약 지구상의 절대빈곤 인구 8억 명 중, 1억 명을 줄이는 일을 내가 할 수 있다면, 그 일만큼 내게 가치 있는 비전이 어디 있겠냐고 반문했다. 1억 명이 함께 꾸는 꿈을 내가 가질 수 있다면, 그것만으로도 내가 하는 일에 대한 이유로 충분하다는 뜻이었다. 후배들은 환호와 박수를 보내주었고, 나는 그 모습에서, 정말 내 일에 대한 강한 소명과 비전을 다시금 느낄 수 있었다.

글로벌기업 인텔과의 만남

　모교에서의 특별강연 이후, 나는 iMBC 프로그램 강의를 한두 차례 더 진행했고, 매일 아침 일찍 선릉역 토즈 사무실로 출근했다. 1.5인실의 작은 사무실은 나만의 안락한 공간이었고, 사방이 막혀 있어서 일에만 집중하기 좋은 곳이었다. 작은 사무실에서 한 번씩 전화가 울릴 때면 다른 곳보다 더 설레는 마음이 들었다. 그러던 중 모교강연 요청이 있은 지 정확히 한 달 후, 작은 사무실에 반가운 전화가 왔다. 대학교 강연이 한 차례 더 요청 온 것이다. IT 관련 대학생 연합동아리에서 주최하는 행사였는데 장소가 숙명여대였다. 숙대는 이전에도 몇 번 강연했던 곳이고, 매번 나에게 매우 좋은 기억을 주었기 때문에 유난히 반가운 마음이 들었다. 그리고 이번에는 특이하게 세 명의 연사가 릴레이로 연달아 강연하는 형식이었다. 나는 두 번째 순서였고, 마지막 강연은 인텔코리아의 이희성 사장님의 강연이었다. 그때까지만 해도 IT와 관련된 동아리인 만큼 세계 최대의 ICT기업 중 하나인 인텔의 사장님을 초청했다고 단순히 생각했다.

　하지만 내 생각은 조금 틀린 부분이 있었다. 5월 7일 강연회 당일, 내 강연이 끝나고, 다음 강연을 위해 기다리고 있던 이희성 사장님을 보는 순간 생각이 달라졌다. 그는 중년의 신사라고 하기엔 꽤 젊은 나이로 보였는데, 게다가 청바지를 입고 있었던 것이다. 그것도 생각보다 굉장히 잘 어울리는 모습이었다. 밝고 젊고 역동적인 모습의 그에게서 권위적인 사장님의 이미지는 찾을 수 없었다. 인텔은 결코 작은 회사가 아니었다. 설령 한국 법인이라고 하더라도, 분명 세계 ICT 생태계를 지배하는 회사의 한국 대표는 특별한 자리였다. 나는 흥미가 생겨서 강연장을 떠나지 않고 조금 앉아서 그의 강연을 들어 보았다. 그는 매우 혁신적인 사고를 가진 CEO였다. 나는 강연이 끝나고 사무실로 왔을 때, 그에게 반드시 연락해야겠다는 생각을 가지게 되었다. 아직 설립 승인이 나지 않았지만, 신설될 법인의 고문직을 제안하고 싶었다. 훌륭한 리더를 직접 보고 왔는데, 그 인연을 놓치면 아쉬울 것 같았다.

몇 가지 내용을 담고, 공문을 만들어서 인텔 회사번호로 전화했다. 전화연결은 생각보다 쉽지 않았는데, 몇 차례 시도 끝에 비서실과 연락이 닿을 수 있었다. 나는 어떤 용무인지 메시지와 공문을 메일로 보내고 답변을 기다리겠다고 했다. 하지만 다음 날 메일 답장 대신 직접 전화가 왔다. 젊지만 매우 사려 깊은 목소리의 여성이었다. 그녀는 어떤 의도에서 고문직을 제안하는지 내게 물어보았고, 여러 가지 사항을 꼼꼼히 더 물어본 뒤, 다시 답장을 주겠다고 말했다. 나는 혹시 비서인지 물어보았는데, 그녀는 자신은 사장님의 비서는 아니고, 관련 업무를 담당하고 있다고 했다. 그때까지 그녀가 인텔코리아의 부장일 것이라고는 상상도 못 했다. 그만큼 매우 친절하고 겸손한 사람이었다.

약속대로 그녀는 다음 날 다시 전화를 주었고, 사장님께서 고문직을 수락하겠다는 의사를 밝혔다고 알려주었다. 인텔과의 첫 인연이었다.

외교통상부의 문을 두드리다

법인 설립심사가 진행되는 동안, 나는 강연도 하고 사무실에 출근하여 여러 가지 아이디어도 구상하며 부지런한 일상을 보내고 있었다. 언제 승인이 날지 모르는 상황이어서 조금 답답하기도 했지만, 가끔 오 서기관에게 하는 문의를 통해 결과 날짜가 가까워졌다는 건 알고 있었다.

어느덧 초여름에 접어들었지만 새벽바람은 여전히 차가웠다. 나는 여느 날처럼 아침 일찍 출근했다. 그리고 자리를 정돈하고, 매일 사오던 신문 두 부를 펼쳐서 기사 하나하나 유심히 읽고 있었다. 6월 20일 월요일 오전이 끝날 무렵에 외교통상부에서 전화가 왔다. 오 서기관과 통화하며 외교통상부 국번을 알고 있었기 때문에 떨리는 마음으로 통화 버튼을 눌렀다.

생각대로 전화의 주인공은 오 서기관이었다. 그는 우리 법인의 설립이 최종 승인되었다고 했고, 설립 허가증을 찾아가라고 했다. 오 서기관은 내게 허가증을 등기로 보내 줄지, 직접 찾아갈지 물었는데, 당연히 직접 찾으러 가겠다고 했다. 그리고 기쁨에 가득 찬 큰 목소리로 감사하다는 말을 몇 번을 반복했다. 정말 가슴이 터질 듯 기쁜 마음이었다. 아무런 절차와 방법도 몰랐던 내가 열정과 신념 하나만으로 외교통상부 소관 비영리 법인을 설립한 것이다.

외교통상부를 방문하여, 설립허가증을 받았다. 눈물이 날 것 같았다. 오 서기관은 허가증을 받은 후 20일 이내에 법원등기를 해서 정말 법적으로 인정받는 법인을 설립해야 한다고 알려주었다. 나는 등기과정의 도움을 받기 위해 효찬 씨가 알고 있던 법무사 사무소를 찾아갔다. 그곳에서 등기를 위한 또 한 번의 준비서류와 제출목록에 대한 설명을 들었다.

이사들에게 또다시 개인인적 서류를 받아야 했고, 몇 가지 공증서류를 준비해야 했다. 외교통상부 설립허가증으로 모든 일들이 끝날 거라고 생각했지만, 생각보다 복잡한 과정이 남아 있었다. 하지만 이제는 시간문제였을 뿐, 힘든 과정은 사실상 모두 끝난 상태였다. 나는 이사들에게 설립허가를 받았다는 기쁜 소식을 알리고, 약속을 잡아서 다시 한 사람씩 직접 찾아가서 설명했다. 몇 번의 미팅을 거쳐서, 준비 서류들을 모두 준비하고 법무사에 제출했다. 이제는 법무사의 업무 진행과정을 보며, 단체를 정비하고 어떻게 이끌어 나갈지 구체적으로 준비해야 할 때가 온 것이다.

나는 단체명이었던 국제개발파트너십의 영어이름도 짓고, 약어로도 표현하기로 했다. 영어명은 한글 이름 그대로 International Development Partnership으로 표기했고, 약어 명칭은 각 단어의 앞글자를 따서 IDP로 지었다. 쉽고 발음하기 좋은 명칭 같았고, 사람들에게 단체명에 대한 자문을 구했을 때 긍정적 반응을 보인 이름이었다. 난 영어명과 약어명을 법원 등기가 허가되면, 이후에 실제 사업자를 낼 국세청에 가서 사용할 계획이었다. 단체명에 대한 준비도 마치고, 법인의 첫 번째 사업을 구상했다. 무엇보다 첫 사업은 큰 상징성을 가지는 만큼, 우리 단체를 대내외에 충분히 알리고, 단체명과 설립 목적에 맞게, 우리 사회 주요리더들이 새천년개발목표에 더 많은 관심을 가지게 하는 계기를 만들고 싶었다. 특히 사회 전체를 대표할 수 있고, 입법과 예산을 담당하는 국회에서 이 문제에 관심을 가지면 좋을 것 같았다. 국회는 국민을 대표할 뿐 아니라, 사회 전반을 이끌어 가는 막강한 여론 조성 힘이 있었기 때문이다. 즉 국회에서 하는 주요 관심사는 그 사회와 국가 전체에 많은 부분 투영되었고, 그런 만큼 영향력과 상징성도 매우 컸다.

마침 국회 내에는 국회 UN MDGs 포럼(국회 새천년개발목표 포럼)이 창립되어 있어서, 이 이슈에 대해 의견을 제안하기 괜찮은 환경이었다. 그런데도 이 분야에 대한 의원들의 관심을 끌어내는 것은 여전히 어려운 일이었고, 분명 한계가 있었다. 국내 정치 위주의 의정활동을 하는 국회의원 특성상 특별히 긴급한 국제사회 이슈가 아닌 이상 크게 공론화할 수 없었던 것이다. 국회 UN MDGs 포럼이 창립되고, 활동 초창기에 한국은 G20정상회의 기간이어서 국내에 많은 귀빈들이 방한한 상태였다. 그래서 반기문 UN 사무총장님을 비롯한 각국의 주요 정상급 인사들이 직접 국회를 방문하여 포럼의 창립을 축하해 주었다. 하지만 이후 포럼의 활동이 적극적이지는 않았다. 업무와 일정이 많고 무척 바쁜 국회의원들의 특성 때문인 것 같았다.

물론 포럼 창립 자체가 가져온 의미는 대단히 컸고, 또한 여야의 많은 의원들이 새천년개발목표에 대해 알게 된 계기를 만들었으므로 그것만으로도 중요한 역할을 충분히 했다고 볼 수 있다. 하지만 정기적이고 지속적인 포럼이 이어지지 않았다는 점에선 조금 아쉬움이 있었다. 아무래도 별도의 사무국 없이 국회의원 사무실에서 이 일들을 진행하다 보니 현안에서 조금 밀려있었던 것 같고, 여야 세 분의 국회의원(이주영 의원, 이낙연 의원, 이상민 의원)께서 포럼의 공동회장을 맡고 있었기 때문에 의사결정들도 조금 복잡해졌던 것 같았다.

나는 UN과 국제사회가 인류의 빈곤과 인간존엄의 보편적 해결을 위해 주창한 새천년개발목표가, 국회에서 조금 더 확산되기를 원했다. 그래서 IDP의 설립 기념 겸 첫 번째 활동을 국회에서 진행하기로 계획했다. 물론 방향을 정하고 생각만 한 상태였고, 어느 의원실과 연락을 한 것은 아니었기 때문에 어떤 형태로 활동을 시작할지는 시간을 가지고 차분히 고민했다.

며칠 고민한 끝에 조금 밝고 활동적으로 할 수 있는 행사를 진행해 보면 어떨까 생각해 보았다. 내 생각엔 국회뿐 아니라 일반 대중들도 즐겁게 참여할 수 있는 일을 진행하면 좋을 거 같았다. 일반 국민들에게 인식된 국회의 이미지는 무겁고 엄숙한 분위기였는데, 이러한 분위기를 환기할 수 있는 행사가 열린다면, 이미지 개선뿐 아니라 새천년개발목표에 대한 인식도 더 쉽게 확산될 것 같았다.

유니세프의 옷

우선 신생 단체가 이 일을 혼자 할 수는 없으므로, 국회에서 함께 행사를 주관할 국회의원 한 분을 찾아야 했고, 또한 UN을 지원하는 공공외교단체라는 IDP의 설립명분에 맞게 UN기구가 함께 참여하면 정말 의미 있는 행사를 만들어 낼 것 같았다.

UN을 잘 모른다 해도 대중적으로 알려진 UN 산하기구가 어떤 곳이 있는지 찾아보았다. UN 홈페이지와 한국 내 있는 UN과 관련된 여러 기구 홈페이지들을 보며 몇 군데 관련 기구들을 찾을 수 있었다.

아동의 빈곤과 보편적 교육을 위해 활동하는 UN아동기금 유니세프(UNICEF), 난민들을 위해 활동하는 UN난민기구(UNHCR), 교육과 과학, 인류문화유산을 위해 활동하는 UN교육과학문화기구 유네스코(UNESCO)가 적당할 것 같았다. 이러한 UN 기구들을 찾으며 새로운 정보도 몇 가지 알게 되었는데, 한국과 같은 선진국(여기서 말하는 선진국은 OECD 개발원조위원회의 가입국으로서 개발도상국을 원조해 주는 국가를 말한다.)은 UN의 직접적인 사무소 설치보단 국가위원회나 비영리 협회 형태로 UN 관련 기구들이 존재한다는 사실이었다. 즉 선진국들의 UN기구나 관련 기구들은 직접적인 사무소가 아니었기 때문에 UN의 사업을 진행하면서, 해당국 정부의 감사와 관리를 받게 되는 형태였다. UN의 막대한 예산지출도 문제였지만, UN 회원국 스스로 UN활동에 적극적으로 참여하게끔 하려는 의미였다. UN난민기구는 예외적으로 직접적인 사무소였지만, 대부분 한국에 있는 UN기구들은 이러한 협회, 위원회, 센터와 같은 형태였다. 예를 들어 대표적인 UN의 개발기구인, UN개발계획(UNDP)도 오랫동안 운영하던 한국 사무소를, 한국의 OECD 개발원조위원회 가입 이후 철수하고, 대신 정책센터 형태로 남겨두었다. 유니세프와 유네스코 역시 유니세프 한국위원회와 유네스코 한국위원회 형태로 있었다. 난 이러한 형식이 훗날 IDP의 좋은 롤 모델이 될 수 있을 거라고 생각하고, 설레는 마음으로 세 곳의 UN 사무소에 연락해 보았다.

그러나 생각과는 다르게, 유네스코와 UN난민기구는 자세한 설명도 듣지 않고 거절했다. 바쁘기도 하고 자신들과 상관없는 일에 여력이 없다는 이유였다. UN기구들은 대체적으로 마음이 넉넉할 거라는 순진한 내 생각은 보기 좋게 빗나갔다. 세 번째 연락처였던 유니세프 한국위원회에는 이러한 상황을 고려해서, 유니세프에 맞는 정확한 행사를 기획하여 연락하기로 했다.

유니세프는 매년 연말에 자선패션쇼를 열어서, 사회 각계 주요 인사들을 초청했는데, 이 행사는 유니세프의 1년을 마무리하는 중요한 행사기 때문에 그들에게 무척 의미가 있었다. 그리고 당시 유명한 패션디자이너였던 고 앙드레 김 선생의 자선패션쇼로도 이름이 나 있었다. 나는 이 부분에 아이디어를 얻어서, 국회에서 새천년개발목표를 위한 자선패션쇼를 함께 개최하자고 제안했다. 그리고 그 전에 평소 친한 관계였던 장광효 디자이너(한국의 1세대 남성복 디자이너이며, 파리 패션계에서도 이름을 알린 유명 디자이너)에게 먼저 제안을 하여 승낙을 받은 상태였다.

정확한 준비 덕분이었는지, 유니세프 한국위원회는 빠른 회신을 주었는데, 내 제안에 매우 흥미를 가지지만, 한 가지 조건이 선행되어야 한다는 내용이었다. 하지만 그 조건은 내가 전혀 생각하지 못한 큰 문제였다. 유니세프가 기본적으로 후원금을 모금하는 구호기구이기 때문에 유니세프와 함께 행사를 하게 되면 어느 정도의 후원금이 지원되어야 한다는 내용이었다. 즉 후원금을 약정하고 행사를 진행하자는 이야기였다. 나는 신생단체라는 점과 국회에서 열리는 공익적인 행사라는 점을 들어, 다시 설득해 보려 했으나, 유니세프의 입장은 변화가 없었다. 그래서 이 문제를 장광효 디자이너와 상의했는데, 그 역시 난감하다는 입장을 보였다. 기본적으로 패션쇼를 하게 되면 무대설치와 패션모델들을 섭외하는 것만으로도 비용이 1억 원 정도 들어가는데, 유니세프에 후원할 금액까지는 감당할 수 없다고 했다. 유니세프와 장 디자이너 입장 모두 이해가 되었지만, 내게는 해결하기 힘든 문제 같았다. 만약 이 일을 진행하게 된다면, 최소 1억 원+유니세프 후원금까지 마련해야 하는 상황이었다.

첫 번째 캠페인

다시 며칠을 고민했지만, 뾰족한 방법이 떠오르지 않았다. 어쩔 수 없이 일단 후원 부분은 나중에 생각하기로 하고, 이 내용들을 국회의원실 몇 군데에 제안했다. 그중 평소 국제문제 전문가로 정평이 나 있던 정옥임 의원님이 제안에 관심을 보였다. 정 의원님은 여당에서 촉

망받는 여성의원이었고, 패션 감각도 매우 뛰어났다. 여러 가지 관심사가 그녀와 잘 맞았던 같다.

세 군데의 공동 주관기관이 생긴 후, 나는 단돈 100만 원도 없던 상태에서 무모하게 유니세프와 1만 달러의 후원금 약정을 체결하고, 장광효 디자이너와 정옥임 의원님에게도 행사를 진행하자고 최종적으로 제안했다. 정말 누가 봐도 터무니없는 큰 모험이었다. 이제부터는 이 모험을 후원해 줄 기업들이 정말 간절히 필요한 상황이었다.

먼저 코이카 시절 대외무상원조 홍보단의 회원사였던 회사들에 연락했다. 하지만 취지는 좋지만, 이번엔 함께하기 어렵겠다는 뜻을 전해왔다. 그동안 워낙 많은 기관들과 회사들에 수많은 제안을 하고 그만큼 많은 거절을 받아왔기 때문에 그런 반응들에 크게 실망하지는 않았다. 그래서 바로 다른 연락처에 전화를 걸었다.

그다음으로 G20 브릿지포럼 때 인연을 맺었던 기업들에 연락했는데, 역시 비슷한 반응을 보였다. 그런데 그중 한 군데 후원기업이었던 우리은행에서 한번 검토해 보겠다는 의사를 보였다. 한 곳이라도 도움이 간절히 필요한 상황이었기 때문에 열심히 설득하고 도움을 요청했다. 우리은행에서 어쩌면 도와줄지 모른다는 생각을 한 후, 다른 기업들에 더욱 적극적으로 참여를 부탁했다. 얼마 전 인연을 맺은 인텔코리아도 예외는 아니었다. 지난번 이희성 사장님께 고문요청을 드렸을 때 통화한 여자 직원분께 다시 전화했다. 그런데 놀랍게도 그분이 바로 인텔의 CSR(기업의 사회공헌분야) 담당인 김인래 부장님이었다. 정말 내가 연락해야 하는 정확한 업무를 담당하는 사람이었다. 김 부장님은 자신의 상사인 이재령 이사님에게 상의한 후 답을 주겠다고 말했다. 지난 통화에서 나는 그녀가 정확하고 친절한 사람이라는 것을 알았기에, 희망을 품고 기다릴 수 있었다. 그리고 그 기대대로 그녀는 매우 기쁜 소식을 전해 주었다. 얼마 되지 않는 소액이지만 후원을 하고 참여하겠다는 뜻이었다. 가슴이 뛰고 벅찼다. 정말 마음을 다하는 일에는 작은 변화가 생긴다는 것을 또 한 번 느끼게 되었다. 그렇게 많은 기업들을 설득하고 또 설득했고, 불과 일주일 만에 인텔, 일동제약, 우리은행, GS칼텍스 등의 기업들이 소중한 후원을 해 주었다.

장광효 디자이너 역시, 패션모델, 무대설치, 의상비 등 행사에 들어가는 주요비용 대부분을 부담하는 큰 용기를 보여주었다. 나와 가까웠던 이화여대 출신 연주자들도 무료 공연을 진행하겠다고 했다. 꿈같던 일들이 하나씩 현실로 이뤄지고 있었다. 이후에는 행사 진행자와 각 진행요원들을 섭외했고, 패션쇼에 걸맞은 다양한 소품들을 준비했다. 또한 시나리오를 쓰고, 환영사, 축사 등 주요 인사들의 인사말도 모두 직접 작성했다.

그 결과, 7월 5일 국회의원 대강당에서 '아프리카 아동돕기 국회 자선패션쇼'가 성대히 개최되었다. 20여 명에 이르는 배우들과 가수들이 대거 참여했고, 국회의장과 부의장, 그리고 40여 명의 국회의원, 각국 외교사절과 대사, 300명의 관객이 참여한 가운데 대규모 자선행사가 개최되었다. 모든 것이 상상 이상이었고, 모든 상황이 놀라움 그 자체였다. 비록 나는 그 무대에 올라서 인사말을 하거나 축사를 하지는 못했지만, 모든 영상과 안내 말에서 IDP에 대한 소개가 나왔다. 나와 IDP의 멋진 데뷔이자 첫걸음이었다. 그리고 행사에서 기부받은 돈 일부와 내가 가진 개인 돈을 더해서 8월 23일 유니세프 한국위원회 본부에서 1만 달러의 기부금을 무사히 전달했다. 감사하게도 그 기부금은 나의 요청대로 아프리카의 초등교육을 전혀 받지 못하는 아동들에게 전액 전달되었다.

패션쇼를 진행한 뒤 다음 주 수요일이 되어, 법무사에서 법원등기가 완료되었다고 연락이 왔다. 나는 법원등기서류를 받은 뒤 바로 사무소 관할이었던, 역삼 세무서를 방문하여 법인사업자등록을 신청했다. 그리고 다음 날 7월 14일, 드디어 외교통상부 소관 비영리 법인 '국제개발파트너십(IDP)'이 정식 법인사업자로 등록되어서 사업을 개시할 수 있게 되었다.

성공적인 IDP의 첫 행사를 끝내고, 나는 약 한 달간 휴식을 조금 취하며 신문을 읽고, 다양한 사람들을 만나며 향후 IDP가 나아가야 할 방향에 대해 공부하고 문의했다.

그러던 중 이렇게 국회뿐 아니라, 정책과 여론형성에 가장 큰 주체인 정부와 언론사도 함께 참여할 수 있는 캠페인을 해 보자는 생각이 들었다. 그리고 이러한 국회, 정부, 언론의 MDGs(새천년개발목표) 참여를 어떻게 UN의 협조를 받을 수 있을지도 고민해 보았다. 우선 몇 년간의 공공외교 현장에서 알게 된 경험들을 참고하기로 했다. 그중 친필서명에 대한 아이디어가 떠올랐는데, 모든 중요한 외교문서에는 반드시 그 부서 또는 그 기관 책임자의 친필서명이 들어가는 외교관례가 생각났다. 이러한 관례는 UN도 예외가 아니었다. 주로 인장을 찍는 한국과는 조금 다른 관습이지만 국제적으로 공통 되는 외교 서신 양식이었다.

친필서명 아이디어가 생각난 후 이를 조금 더 발전시킬 방법을 고민하다가, 각 정부기관장과 국회의원, 언론사 대표들이 친필로 MDGs를 응원하는 문구를 쓰면 어떨까 생각이 들었다. 바로 이 아이디어를 몇몇 의원실의 보좌진들에게 전화하여 물어보았다. 보좌관들도 그 방법은 어렵지 않게 의원들께서 협조하지 않겠냐는 반응이었다.

의회는 정부를 감사하고 예산안을 승인 심사하는 권한이 있으므로, 주요 상임위원회의 위원장들과 소속 의원들이 이에 서명하고 친필로 써준다면, 정부의 장관들도 어쩔 수 없이 참여할 것 같았다. 그리고 이를 언론사에 보내면 국제적인 공익사업이라는 점에서 흔쾌히 참여할 것이라는 생각도 들었다. 계획이 서자, 바로 공문을 써서 내용을 준비하고 9월부터 각 의원실에 팩스를 보내기 시작했다. 부정적인 반응을 보이거나 이 내용이 뭐냐는 답장, 그리고 무시하는 곳도 꽤 많았지만, 이 캠페인에는 무려 9명의 국회 상임위원장, 여당 대표를 포함한 49명의 국회의원이 참여했다. 국회의원들의 참여를 이끌어내는 데, 정확히 한 달의 시간이 지났다. 그 작은 사무실에서 좌우로 몇 번을 왔다 갔다 하며 초조하게 의원들의 답을 기다렸다. 그 노력 끝에 끊임없는 팩스 발신과 수신 속에 전체 국회의원의 6분의 1이나 되는 상당수의 의원들이 참여하게 된 것이다. 10월이 되어, 각 부의 장관실에 같은 방법으로 팩스를 보냈다. 하지만 장관실에서는 해당 부서에 이 내용을 내려보내서 다시 한 번 설명하게 만들었다. 행정부의 특성상 가장 아래의 실무자부터 설명하고 설득해야 했던 것이다. 과정이 조금 복잡해졌지만, 내가 생각한 것처럼 정부도 의회의 많은 의원들이 직접 참여한 캠페인을 무시할 수는 없었다. 또다시 약 한 달이 지나서 외교통상부를 비롯한 10개 부처의 장관들이 이 캠페인에 직접 서명했다. 정말 굉장한 일이었다. 나는 이를 조선일보와 매일경제를 비롯한 몇몇 영향력 있는 언론사에 보냈고, 그중 두 군데의 신문사와 한 군데 방송사의 대표가 이 캠페인에 참여하고 서명하기로 결정했다. 결과적으로 캠페인이 마무리된 11월까지 총 49명의 국회의원과 10개 부처 장관, 3개 언론사 대표가 두 달 만에 모두 친필 문구와 서명을 보내왔다.

나는 캠페인이 한창 진행 중이던 9월 중순에 이 문구와 서명들을 보기 좋게 디자인하고 액자에 넣어, UN 사무총장실과 사무국의 해당 부서에 보내야겠다는 계획을 세웠다. 그래서 UN 홈페이지에 있는 이메일 주소들을 찾아서 몇 번 문의했지만, 모두 답장이 없었다. UN과 직접적인 관련이 없고, 정부기관이 아닌 일반 비영리 법인에서 보내는 서신을 눈여겨보는 UN 직원이 없었기 때문이다. 무엇보다 절차와 신뢰에 대해 문제가 있었다. 나는 공식적으로 UN에 접촉하는 방법을 알지 못했고, 한국 정부 소관의 비영리법인이라 할지라도 IDP는 아직 국제사회에서 공인된 공식기관이 아니었다.

믿고 있다면 모든 것이 가능하다

코이카에 재직 시 국제기구와 몇 차례 연락을 주고받았지만, 그것은 정부기관에 소속되어 있을 때 정식 외교루트를 통해 연락했던 방법이고, 이렇게 비영리 법인으로서 연락하기는 처음이었다. 그래서 어떤 식으로 UN에 연락해야 할지 도저히 감이 잡히지 않았다. 방법을 알기도 쉽지 않았다. 그러다가 모든 문서를 영어로 주고받아야 하는 상황에서 이를 도와줄 사람이 필요하다고 느끼게 되었다. 영어로 쓰는 문서에 익숙하지 않았던 내가 계속해서 혼자 일하기엔 역부족이라고 판단한 것이다. 그때 한 학생이 생각났는데, 그녀는 당시 미국에 유학 중이던 학생이었고, 내 책을 읽은 독자라며 지난해부터 내게 가끔 연락하고 있었다. 나는 그녀가 기회가 되면 꼭 내 옆에서 일을 배워보고 싶다고 했던 말이 생각나서, 연락처를 찾아 메일을 보내 보았다. 그런데 마침 그녀는 휴학 중이었고 미국에 잠깐 있다가 바로 귀국한다는 반가운 답변이 왔다. 그녀도 나와 함께 일하게 된다면 정말 좋을 것 같다고 했고, 우리는 곧 사무실 근처에서 만날 수 있었다. 정말 빠르게 일이 전개되었다.

하경 씨는 매우 쾌활하고 밝은 학생이었다. 우리는 바로 의기투합하여 그 작은 사무실에서 함께 일하게 되었다. 하지만 아쉽게도 그녀는 우리 일보다는 다시 학교로 복학하기 위한 일들에 더 많은 시간을 할애했다. 어쩔 수 없이 나와는 채 몇 주도 같이 있을 수 없었다. 조금 실망스러웠지만 이내 나는 다시 함께 일할 인턴직원을 찾기 시작했다. 하경 씨 자신도 그런 상황이 미안했는지, 내게 다른 학생 한 명을 추천해 주었다. 소개받은 학생이 양소연 씨였고, 그녀 역시 미국에서 유학 중이었다. 소연 씨는 9월 말에 곧 귀국했고, 우리는 사무실 아래의 레스토랑에서 인사를 나누었다. 그녀 역시 매우 밝고 동시에 신중하며 진지한 면도 있었다. 또한 예쁘고 신뢰감이 드는 좋은 인상이었다. 시급조차 제대로 줄 수 없는 열악한 상황이라고 설명했지만, 소연 씨는 전혀 개의치 않았다. 어려운 환경에 시작한 나의 상황을 정확히 이해해 주었으며, 내가 점심을 사는 것조차 미안하고 고마워했다. 그렇게 함께 새로운 사무실 생활이 시작되었다. 나와 그녀는 매일 여러 가지 내용들을 상의하며, 다시 UN에 연락할 방법들을 찾기 시작했다.

| 서른한 살, 2011년 11월 28일

소연 씨는 검색능력과 이해력이 매우 뛰어났는데, 매일 UN 홈페이지를 들어가 보며, 일단 우리가 UN과 관련된 캠페인을 하는 것을 공식적으로 인정받아 보는 것이 어떻겠냐는 의견을 냈다. 그 방법으로 UN에서 우리에게 특별한 슬로건을 사용하거나 UN의 이름을 사용하게 허가해 주면, 이런 문제들이 해결될 것이라고 제안했다. 좋은 방법 같다는 생각이 들어, 바로 진행해 보기로 했다. 그리고 예전에 법인을 처음 설립하려고 외교통상부를 방문할 때 UN과에서 들었던 말이 기억났다. UN 이름과 관련된 권한이 UN에 있으므로 UN 사무국에 직접 승인을 받아야 한다는 조언이었다. 소연 씨와 나는 사무국에서

UN 이름과 엠블럼 사용을 담당하는 부서를 찾아보았고, 그곳에 있는 연락처로 공문을 만들어서 보냈다. 우리가 하려는 일과 캠페인을 설명하고, IDP 단체에 대한 설명을 함께 첨부했다. 그리고 우리가 이름이나 엠블럼, 혹은 캠페인 이름을 쓸 수 있는지 문의했다. 두근거리며 기다렸던 첫 답변은 일주일 만에 왔는데, 꽤 긴 문장들로 되어 있었지만, 한마디로 이야기하자면, 모든 요청 사항들을 허가할 수 없다는 단호한 답변이었다.

UN의 엠블럼과 공식 이름인 'United Nations' 혹은 'UN'은 UN 탄생 이듬해인 1946년 UN 총회의 의결로, UN과 그 산하기관, 또는 총회와 안보리, 경제사회이사회, 신탁통치이사회, 국제사법재판소, 사무국과 그 관련 단체가 아니면 절대 쓸 수 없게 되어 있었다. 다만 UN 총회와 UN 사무총장의 허가, 그리고 헌장을 통한 승인에서는 사용할 수 있다는 입장이었다. 애초부터 우리가 생각하는 내용은 정말 불가능했던 것이었다.

UN MDGs 지원기구를 설립하다

너무 아쉬웠지만 다른 방법을 찾아보기로 했다. 꼭 UN 이름을 쓰는 명칭이 아니어도, UN과 관련된 구호를 쓰는 것은 가능할지 문의하기로 한 것이다. 그리고 엠블럼도 UN을 지원하는 기구들의 상징인 한쪽 월계수 잎(UN 로고는 양쪽의 월계수 잎이 있다.) 모양으로 제작해서 요청해 보자고 의견을 모았다. 어떤 문구로 할지 고민하다가 MDGs를 지원하는 기구라는 뜻인 'UN MDGs Supporting Organization'으로 결정했다. MDGs는 UN뿐 아니라 회원국 정부와 관련 시민단체들이 쓸 수 있는 단어라고 생각했고, 이 단어를 활용하는 것은 UN에서도 고려해 줄 것 같았다.

준비를 하고 한 주 뒤 다시 문의 메일을 보냈는데, 이번에는 3일 만에 답장이 왔다. 여전히 부정적인 의견이 주를 이뤘지만, 지난번보다는 조금 더 긍정적이었다. 우리는 다시 답장을 보내며 왜 이러한 과정이 필요한지를 자세히 설명했다. 그러면서 이 과정을 사무국이 조금 더 신뢰할 수 있도록 주 유엔 대한민국 대표부의 외교관을 통해서 UN에 전달하겠다고 말했다. 당시 나는 유엔 대표부에서 근무하는 나상덕 서기관을 잘 알고 있었다. 그는 G20브릿지포럼을 진행할 때 케냐 대사관에 있었는데, 나와 업무공문을 주고받고 전화도 여러 차례 한 인연이 있었다. 나는 나 서기관에게 그동안의 과정을 설명하고 도움을 요청했고, 그는 내용을 검토한 뒤 필요하다면 자신이 사무국에 이 내용을 전달하겠다고 말해 주었다. 우리는 나 서기관의 도움을 받아서 서너 번의 메일을 더 주고받았고, 마침내 11월 28일 UN의 담당 부서 국장(Director: 우리 정부의 차관보급 고위 국제공무원)이었던 부서 책임자의 서명이 들어간 승인 문서를 받을 수 있었다. 그 문서에는 우선 한 쪽 잎으로 만들어진 엠블럼과 UN MDGs Supporting Organization 슬로건을 쓰는 것을 허가하겠다는 내용이 있었다. 다만 우리가 주최하는 행사에는 반드시 IDP의 이름을 함께 기재하고, 어떤 용도로도

UN MDGs 명칭이 단독으로 쓰이면 안 된다는 조항도 있었다.

　사실 이러한 허가 자체가 굉장히 어렵고, 전례 없는 일이라서 대표부와 우리는 모두 놀랐다. 담당 부서는 우리가 그동안 국회의원들을 MDGs 캠페인에 열심히 참여시킨 면을 높게 평가했다. UN 회원국들이 대부분 공동 프로젝트를 할 때 각국 의회의 반대의견으로 인해 예산 승인을 받지 못한다는 점에서 UN은 늘 의회의 협조를 반기는 상황이었다. 이런 점에서 우리 활동들을 긍정적으로 보게 된 것 같다. 또한 이 일들에 정부가 함께 참여하고, 한국이 원조 수원국에서 공여국이 된 상징성도 함께 평가했던 것 같다. 하지만 무엇보다도 체계적이고 일관된 우리의 제안내용들이 깊은 인상을 주었고, 더불어 여러 차례 던진 질문에 대해 매우 성실히 답변했다는 평가를 받았다. 그 외에도 외교통상부 소관 비영리 법인이라는 점과 대표부의 적극적인 도움도 큰 영향을 준 것 같았다. 이렇게 우리는 UN 새천년개발목표 지원기구라는 슬로건을 쓰며, UN과 조금 더 가까이 갈 수 있는 발판을 만들었다. 내 의지와 생각도 컸지만, 소연 씨의 노력과 끈기는 대단했다. 정말 보석같이 빛나는 동료였다.

신문 특집판

　우리가 진행한 캠페인이 UN 사무총장실에 전달되지는 못했지만 이로 인해 결과적으로는 더 큰 성과를 거둔 셈이었다. 나는 여러 가지 의미가 있던 이 캠페인의 노력들이 대중적으로 더 확산되길 원했다. 그래서 2년 전처럼 다시 한 번 신문 특별판 제작을 계획했다. 그런 다음 이 내용들을 정리하여 몇 군데 신문사에 제안했는데, 제안한 모든 곳에서 거절했다. 신문사들은 신문 제작은 곧 제작비와 수익을 의미하는 것이기 때문에 먼저 광고비와 예산을 충분히 지원해 준다면 모를까, 그전까지는 힘들다는 입장이었다. 먼저 제작을 결정해 주면 그 다음에 광고로 함께 참여할 기업들을 찾아서 예산을 진행해 보겠다고 다시 제안했지만 요지부동이었다. 리스크를 안고 시작할 수 없다는 뜻이었다.

　조금 고민을 하다가, 예전부터 관계가 있던 조선일보에 다시 연락해 보았다. 이곳에 먼저 연락하지 않았던 것은 만약 조선일보 역시 비슷한 입장이라면 광고단가가 모든 신문 중에 가장 비쌌기 때문에 감당해야 할 부담이 너무 커진다고 생각했기 때문이었다. 하지만 이러한 고민을 할 것도 없이 조선일보 역시 도와줄 수 없다는 입장을 보였다. 대외무상원조 홍보단처럼 확실히 기업들이 참여하는 형태도 아니고, 제작을 먼저 결정하고, 후에 참여기업들을 찾는 건 위험하다는 생각 같았다.

각 신문사의 본사를 설득하는 것은 사실상 불가능하다는 것을 깨달고, 분야별로 특성화되어 있는 자회사들에 다시 연락해 보기로 했다. 그때는 곧 있을 대학교 입시로 인해 언론사의 교육섹션(교육 콘텐츠 자회사)이 주목받던 시기였다. 나는 이 점에 착안하여 각 신문사의 교육 자회사에 연락했다. UN에서 가장 강조하는 이슈인 교육을 접목해 의원들이 참여한 캠페인을 사회공헌 형태로 보도해 보자는 아이디어였다.

이 아이디어는 모든 신문사들이 긍정적으로 평가했다. 하지만 문제는 역시 돈이었다. 그러다가 조선일보 자회사인 조선에듀에서 연락이 왔다. 이 정도면 한번 해 볼 만하겠다는 의견이었다. 큰 신문사다운 과감한 결정이었다. 나는 조선에듀의 아이디어맨이자 전략기획가였던 박정훈 부장을 만나서, 신문에 들어갈 내용을 함께 상의하고 한 번 뜻 있게 제작해 보자고 의기투합했다. 그리고 결정이 나자 바로 이 특집에 참여할 기업들을 모집하기 시작했다. 물론 예상대로 굉장히 어려운 과정이었다.

하지만 몇 주간의 끈질긴 노력으로 교육 분야 사회공헌에 큰 관심을 가진 인텔코리아가 다시 한 번 참여를 결정했고, 현대카드와 일동제약, SK텔레콤도 각 분야를 대표하는 기업으로 참여하게 되었다. 한 군데씩 직접 찾아가며 수없는 설득을 거듭한 결과였다. 그렇게 광고와 인터뷰를 동시에 함께할 기업들을 모두 모집했고, 앞서 두 달간 진행했던 MDGs Ledership 캠페인에 대한 소개도 자세히 취재하여 특집판 제작에 들어가게 되었다.

새로운 모험을 시작하며 끊임없이 땀 흘리고, 수없이 고민했던 2011년 마지막 12월은 빛나는 성과 두 가지를 기다리며, 새해에 대한 기대감으로 가득 차 있었다.

그 첫 번째는 12월 28일 수요일, 《조선일보》여덟 면 특집판 'UN 교육 사회 공헌'이 드디어 발행되었다는 점이고, 두 번째 성과는 한 해 마지막 날이었던 12월 31일, IDP가 기획재정부 지정 기부금단체로 승인되었다는 점이다. 외교통상부가 추천하고 기획재정부가 승인 심사를 하는 지정 기부금단체는, 국내에 있는 모든 비영리 법인의 중요한 목표였다. 기부금단체로 승인되면, 기업에서 들어오는 어떤 형태의 후원금도 기부금 영수증으로 발행할 수 있어서, 해당 기업에 세제혜택을 줄 수 있었고, 그로 인해 더 많은 기업 후원금을 유치할 수 있기 때문이었다. 적극적으로 기업 후원금을 유치하기 위해서는, 반드시 필요한 과정이었던 것이다. 나와 IDP는 이러한 승인으로, 설립한 지 불과 6개월 만에 또 한 번 의미 있는 큰 성장을 하게 되었다.

나는 설레는 마음으로 2012년을 맞이했지만, 새해에는 조금 더 실질적으로 내실을 다지는 일이 필요하다고 생각했다. 즉 우리가 하는 일을 대내외에 적극적으로 함께 알리고, 이 일을 안정적으로 지원해 줄 수 있는 강력한 후원기관들이 필요했다. 아무래도 다른 문제보다는 당장 사무실을 운영하거나, 캠페인을 할 수 있는 예산을 마련하는 일이 시급했다. 그래서 기업들의 후원과 도움이 절실한 상황이었다.

두 번째 캠페인

나와 소연 씨는 새해를 시작하며, 우리가 시도해 볼 수 있는 여러 캠페인 아이디어를 냈는데, 그중 하나로 지난달 사무국에서 승인받은 UN MDGs 지원기구라는 슬로건을 모토로 두 번째 캠페인을 만들어 보자고 했다.

당시 2012년은 연말에 대통령 선거를 치르는 해였기 때문에 그 어느 때보다 국내 정치와 사회 이슈들이 크게 부각되는 시기였다. MDGs가 보통은 개발도상국을 대상으로 진행하는 프로젝트이기는 했지만, 아직 국내에도 절대 빈곤층이 상당수 있었기 때문에 이러한 시기와 맞물려 국내 빈곤층에게 희망을 주고 도움을 주는 캠페인을 만들어 보면 좋을 것 같았다. 그래서 'MDGs 지원기구 IDP의 UN 사회공헌 한국캠페인'이라는 제목으로 두 번째 캠페인을 기획하기 시작했다.

우리는 이번 캠페인에서 소외계층에 관심을 가지고 도와주자는 의미로 이를 상징하는 특별한 상징물을 제작하기로 했다. 그리고 이를 우리 사회에 큰 영향력이 있는 리더들이 착용하게 하는 캠페인을 시작해 보면 어떨까 생각했다. 그래서 만약 이 상징물 착용이 좀 더 대중적으로 확산될 수 있다면, 그것을 판매하여 소외계층을 돕고, 동시에 IDP의 캠페인 예산도 확보해 볼 계획이었다.

여러 아이디어를 내던 중, 작고 간편하며 동시에 의미도 담을 수 있는 꽃 모양의 배지를 제작해 보기로 했다. 꽃은 꽃말을 가지고 있기 때문에 아름다운 모양을 보여줌과 동시에 의미까지 담을 수 있는 좋은 아이템이었다. 나와 소연 씨는 1, 2월의 준비기간을 거쳐서 봄이 되는 3월에 캠페인을 시작하기로 계획하고, 배지 모양을 어떤 꽃으로 할지 고민하다가 개나리로 정했다. 개나리는 '희망'이라는 꽃말을 가지고 있었기 때문에 시기적으로나 의미상으로 우리 캠페인에 적합한 꽃이었다.

캠페인 내용을 기획하고, 상징 배지도 본격적으로 제작하면서 곧 운영자금과 예산이 더욱 부족한 상황이 되었는데, 이번에는 후원받을 곳이 마땅치 않았다. 그래서 나는 적금통장에 있는 개인 자금을 쓰기로 결정했다. 마음이 편하지 않았지만, 당연히 내가 책임지고 이끌어 가야 한다고 생각했다.

어려운 상황 속에서 나는 이 캠페인에 참여할 저명인사 섭외를 고민했다. 무엇보다 캠페인을 대표할 상징적인 인물이 필요했다. 처음 캠페인의 시작 시기를 생각할 때, 올해가 대통령 선거의 해라는 점을 감안했기 때문에 가장 유력한 대통령 출마 후보를 캠페인에 참여시키면 어떨까 생각했다. 당시 여당에서는 당 대표를 맡고 있던 박근혜 새누리당 비상대책위원장(훗날 대한민국의 18대 대통령)이 유력한 대통령 출마 예정자였고, 야당에서는 민주당의 문재인 의원과 안철수 안랩 이사회 의장 등이 거명되고 있었다. 2012년 초에는 박 위원장의 지지율이 가장 높았고, 또한 집권 여당의 대표였기 때문에 나는 큰 상징성을 가진 그녀에게 우리 캠페인 참여를 부탁하기로 했다. 그런데 반갑게도 새누리당 대표실에서 일정을 담당하던 실무자는 내가 잘 알고 지내던 지인이었다. 당 대표실에 보낸 공문이 그녀에게 맡겨지면서 내게 전화가 왔는데, 익숙한 목소리가 들렸던 것이다. 그녀는 내가 5년 전 대선 캠프에서 일할 때 알게 된 사이였다. 우리는 그간의 안부를 물으며 인사를 나누었다. 난 그녀에게 이번 캠페인의 의미와 중요성을 설명하고, 박 위원장께서 참여해 주시면 좋겠다는 뜻을 전했다. 당시 박 위원장의 스케줄과 인기는 굉장했기 때문에 그녀의 일정을 잡는 일은 정말 어려운 일이었다. 하지만 김선영 차장의 정성 어린 보고 덕분인지 곧 박 위원장의 참여가 확정되었다. 놀라운 일이었다. 차기 대통령에 가장 가까운 거물급 정치인이 우리의 캠페인에 참여하게 된 것이다.

▎서른두 살, 2012년 3월 9일

2012년 3월 9일 이른 오전, 서울 중심가에 있는 플라자호텔 그랜드 볼룸에서 'MDGs 지원기구 IDP의 UN 사회공헌 한국캠페인' 출범식이 개최되었다.

행사에는 박근혜 새누리당 비대위원장님을 포함해서, 정부의 고흥길 특임장관님, 재계의 이정치 일동제약 회장님과 이희성 인텔코리아 사장님 등이 참여했고, 문화 예술계 주요 인사와 200명의 각계 대표 인사들이 참여했다. 그리고 해병대 동기였던 친한 친구 임재영과 SNS 친구 중 도움을 요청해서 모집한 10여 명의 여대생 자원봉사자들이 이른 새벽부터 나와서 나를 정성껏 도와주었다. 나는 박 위원장님이 지켜보는 가운데 즉석연설을 통해 고통받고 있는 절대빈곤 인구와 한국 내 소외받고 있는 빈곤층에 대한 도움과 관심을 요청했다. 그녀는 짧은 연설을 마치고 연단에서 내려오는 나의 두 손을 한참 잡고 감동적이었다고 격려해 주었다. 당시 대한민국에서 가장 중요한 인물 중한 사람의 마음을 움직였다는 사실에 가슴이 벅차올랐다. 그리고 행사가 끝날 무렵에는 박 위원장을 비롯한 모든 주요 인사들의 가슴에 노란 개나리 배지가 달려 있었다.

이 캠페인은 스무 곳이 넘는 언론사에서 사진과 함께 주요 기사로 보도했고, 대한항공, 일동제약, 한국공항공사, 인텔 등의 큰 기업들에서 후원하여 충분한 후원금이 모금되었다. 그리고 그 덕분에 배지를 판매하지 않고도 캠페인이 진행된 3월부터 5월까지 수많은 일반인들과 연락해 우리에게 오는 모든 사람들에게 배지를 무료로 나눠주며, IDP와 MDGs에 대해 알릴 수 있었다. 하지만 이 캠페인을 마지막으로, 정말 열정적으로 참여하며 모든 면을 나와 함께 상의한 소연 씨가 다시 미국으로 복학하기 위해 인턴직을 마무리하게 되었다. 나는 그녀만큼 뛰어나고 지혜로운 젊은 여성을 본 적이 없었다. 그래서 그녀가 IDP를 떠나는 것이 너무나 아쉬웠다. 하지만 우리는 언젠가 다시 꼭 만날 거라는 믿음을 가지고, 서로를 격려하며 인사를 나누었다.

나는 아쉬운 마음을 뒤로하고, 새로운 인턴직원 모집공고를 내게 되었고, 몇 명의 지원자들을 면접한 끝에 이화여대 학생이었던 안지

믿고 있다면 모든 것이 가능하다

영 씨를 새 직원으로 맞이하게 되었다.

지영 씨는 훗날 조선일보 경제지 기자가 되었는데, 언론인 지망생다운 꼼꼼한 분석력이 빛났다. 다음 캠페인이 진행되기 직전인 6월까지 4개월을 함께 일하며, 우리에게 맞는 후원사와 리더들을 찾는 일을 함께 진행했다. 나는 그녀의 꼼꼼한 자료조사와 도움으로 기업들의 사회공헌 분야에 대한 이해도를 한 단계 더 높일 수 있었다.

5월까지 UN 사회공헌 한국캠페인을 진행하며, 정말 바쁜 시간을 보냈다. 덕분에 MDGs에 대한 많은 홍보를 할 수 있었고, IDP에 대한 홍보 역시 적극적으로 할 수 있었다. 당시 나는 IDP의 설립자였지만 직함을 이사장이나 대표를 하지 않고 법적으로는 상임이사, 대외 직함으로는 홍보관이라는 명칭을 사용했다. 여러 가지 이유가 있었는데, 우선 젊은 나이였고 단체 특성상 고위급 인사들과 그들의 보좌관들을 많이 만나야 했기 때문에 대표라는 직함으로는 겸손해 보일 수가 없었다. 또한 보좌관들과도 편안하게 일할 수 없었다. 그리고 두 번째 이유는 나는 당시 여러 언론매체와 단체들에 코이카에서부터 쓰던 홍보관이라는 직책으로 가장 많이 알려졌었기 때문에 갑자기 직책을 바꾸며 새롭게 시작할 수 없었다. 마지막으로 가장 중요한 이유는 법적으로 우리 단체를 대표하는 이사장이라는 직책은 우리를 가장 많이 후원하고 도와줄 수 있는 기업의 대표에게 요청하고 싶었다. 이사장은 우리에게 여러 의미로 매우 상징적인 자리였던 것이다. 난 대신 큰 캠페인을 진행할 때는 홍보관이라는 직책과 캠페인 특별대표라는 임시직책을 동시에 써서 대외적으로 조금씩 설립자로서의 역할을 늘려가고 있었다.

　당시까지 IDP의 이사장은 초대 이사장을 맡은 윤상진 비서관님이었다. 하지만 IDP의 캠페인 규모가 점점 커짐에 따라서, 이사장님의 역할이 더 확대될 필요가 생기기 시작했다. 나는 이를 비서관님과 깊이 있게 상의했고, 그는 초대 이사장으로서 맡은 바 소임을 다했다고 판단하여, 차기 이사장을 우리를 적극적으로 후원해 줄 기업인으로 정할 것을 허락했다. 정말 인격적으로, 또한 사회선배로서 윤 비서관님은 배울 점이 너무나 많은 큰 은인이었다. 그의 큰 도움과 결단으로 IDP는 2대 이사장을 선임하게 되었다. 나는 이 일을 준비하며, 이사장 선임을 위해서는 외교통상부의 설립허가증 변경과 법인등기 변경을 다시 해야 한다는 것을 알게 되었다. 그래서 이번 기회에 우리의 역할에 조금 더 잘 맞는 단체명도 새로 정하기로 하고, 임시 이사회의 동의를 거쳐 단체명 변경과 정관 변경, 신임 이사장 선임 건을 의결했다. 나는 기존의 단체명인 국제개발파트너십 IDP보다 조금 더 단체의 성격을 정확히 알려줄 수 있는 국제개발홍보재단 IDP(International Development Public Relations Foundation: 여전히 약명은 IDP로 썼다.)으로 단체명을 변경했다. 이는 UN에 우리가 하는 일을 정확히 알리고자 하는 의도와 함께 기존의 현장구호를 중심으로 하는 국제구호개발단체와는 다르게 MDGs 이슈를 확산시키고 리더들을 네트워크 시키는 일에 더 집중하겠다는 뜻도 있었다.

　단체명과 정관을 변경하고, 이제 새로운 이사장 선임과정이 남게 되었다. 나는 그동안 우리 일에 가장 적극적으로 참여해 준 인텔 CSR 및 대정부 임원이었던 이재령 이사님에게 이 내용을 상의했고, 이희성 사장님을 IDP의 새 이사장으로 모시고 싶다고 요청했다. 그녀는 몇 번의 우리의 캠페인과 특히 3월에 진행한 UN 사회공헌 한국캠페인에 매우 좋은 인상을 가지고 있었기 때문에 이 제안을 무척 긍정적으로 고려했다. 그리고 이를 이 사장님께 물어보았고, 이사장직을 승낙하겠다는 답을 알려주었다. 그녀는 나에게 인텔코리아의 이희성 사장님이 IDP 이사장직을 맡는다고 하여, 인텔이 전폭적으로 우리를 후원할 수는 없지만, 좋은 캠페인에는 언제든 관심 가지고 참여해 보겠다는 의견도 덧붙여 주었다. 나는 정말 큰 힘을 얻게 되었다. 그리고 실제로 인텔은 향후 KT와 함께 IDP의 가장 큰 파트너이자 가장 큰 힘이 되었다.

머칠 뒤 나는 이사장직을 수락한 이희성 사장님과 인텔 CSR팀의 이재령 이사님, 김인래 부장님을 차례로 만났고 필요한 개인 인적서류들을 받아서 외교통상부에 정관변경 신청 공문을 제출했다. 그리고 5월 17일 정관변경신청이 허가되어, 새로운 비영리 법인 설립허가증을 받게 되었고 법원 등기를 거쳐 최종적으로 5월 24일 새 법인을 출범하게 되었다. 그리고 IDP의 2대 이사장으로 이희성 인텔코리아 대표이사 사장님을 맞이하게 되었다.

국회를 가다

6월이 되어, 우리는 새로운 이사장님과 그리고 주요 후원사를 맡은 인텔코리아와의 첫 번째 캠페인을 기획하려고 인텔을 찾아갔다. 이재령 이사님은 매우 지적인 여성 리더였다. 일에 대해서는 아주 정확했지만 어느 자리에서든 유쾌하고 격의 없는 모습을 보여서 금방 가까워질 수 있었다. 물론 나는 후원기업의 CSR을 책임지는 그녀에게 매우 깍듯하게 대했다. 하지만 꼭 그런 관계가 아니어도 그녀는 그런 대우를 충분히 받을 만큼 훌륭한 사람이었다. 그리고 그녀와 늘 함께 일하는 김인래 부장님 역시 세상에 이렇게 선하고 겸손한 사람이 있을까 생각이 드는 여성이었다. 두 명의 훌륭한 여성 리더와 새로운 일들을 계획하는 것은 굉장히 설레는 일이었다. 나는 무엇이든 배울 자세가 되어 있었고, 들을 준비가 되어 있었다. 이사님은 인텔이 전 세계적으로 가장 많은 관심과 지원을 하는 사회공헌 분야가 교육이라고 언급했다. 그리고 이 교육에 대해 여러 가지 정책적 측면에서의 변화를 원했다. 나는 그녀의 이야기를 들으며, 정책적인 변화를 원한다면 국회를 움직여야 한다고 조언했고, 그녀 역시 내 의견에 전적으로 동의했다. 나는 그 자리에서 그동안의 국회와 함께했던 캠페인들을 소개하며, 7월경에 국회에서 교육의 중요성과 변화를 알릴 수 있는 포럼을 열자고 제안했다. 이사님과 부장님은 내 아이디어에 공감하며, 포럼을 위해 준비해야 하는 여러 가지 상황을 적극적으로 지원하겠다고 약속했다. 우리는 여의도의 인도식 식당으로 자리를 옮겨, 식사를 함께하며 많은 부분을 나누고 이야기했다. 하지만 맛있는 음식과 식사보다 훌륭한 두 명의 여성과의 대화가 훨씬 더 큰 즐거움이었다.

 그렇게 하여 나는 인텔과 함께하는 IDP의 첫 번째 캠페인을 'MDGs 지원기구 IDP의 UN 교육공헌 국회포럼'으로 기획하게 되었다. 이 포럼은 지금껏 기획했던 그 어떤 캠페인보다 큰 규모였지만 이전보다 한결 편안한 마음으로 진행할 수 있었다. 우선 항상 후원사를 구하기 위해 전전긍긍했던 이전 캠페인에 비해, 강력하고 안정적인 후원사가 처음부터 함께한다는 점에서 내게 정말 큰 힘이 되었다. 물론 인텔뿐 아니라, 전통적으로 우리를 후원해 주었던 일동제약이 함께해 주었고, 특별한 의미가 있는 새로운 파트너 KT와 코이카도 함께하게 되었다. 그중 KT는 지난 3월 캠페인에 후원하지는 않았지만 당시 CSR을 맡고 있던 한상철 차장님을 초청한 바 있었다. 그런데 그 캠페인의 참석으로 좋은 인상을 받은 차장님이 내게 몇 차례 연락을 하며, 함께 할 수 있는 일들을 찾아보자고 제안했고, 이번 포럼이 KT가 본격적으로 참여하게 되는 첫 캠페인이 된 것이다. 매우 선하고 사려 깊은 사람이었던 한 차장님과의 인연은 내게 인간관계를 어떻게 맺어야 할지를 알려준 중요한 계기가 되었다. 선의로 참석을 권했던 작은 일이 이번 포럼 외에도 훗날 거대 대기업인 KT와의 매우 중요하고 긴밀한 관계를 맺어주는 좋은 계기가 되었기 때문이다.
 그리고 이번 포럼의 또 다른 특별한 파트너였던 코이카는 2011년 1월 퇴직 이후 단 한 번도 찾은 적 없지만, 내 마음의 고향 같은 곳이었다. 나는 성공적인 포럼의 진행을 위해, 대한민국의 대외무상원조를 맡고 있는 코이카를 국회로 초청하고 싶었다. 그래서 현재 코이카와 우리 정부가 전 세계 개발도상국에서 진행 중인 보편적 교육을 위한 노력을 알리기로 했다.

이 특별하고 멋진 파트너들과 함께 출발할 수 있었던 포럼은, 국회에서는 새누리당의 재선 국회의원이었던 김세연 의원님이 공동주최를 맡기로 했다. 원래는 나와 인연이 있었던, 국회 교육문화체육관광위원회 소속의 정두언 의원실에 이 내용을 상의했지만, 당시 정 의원님은 여러 가지 사정상 함께 할 수 없다고 고사했고, 대신 그는 같은 위원회의 젊은 국회의원이었던 김세연 의원님을 소개해 주었다. 김 의원님은 매우 젊은 리더로 부산의 지역구를 둔 의원이었다. 또한 기업인 출신의 국회의원이어서 사회감각과 경제 감각이 매우 뛰어난 분이었다. 무엇보다 반기문 총장님 이전에 한국인으로서 국제기구의 최고위직을 맡았던 UN 총회 의장 출신, 한승수 전 국무총리의 사위라는 점도 좋은 인연이라고 생각하는 부분이었다. 그는 내게 이 포럼의 공동주최를 맡아줄 것을 요청받고 처음에는 고사했지만, 몇 번의 설득 끝에 열심히 만들어 보겠다는 의사를 밝혔다. 김세연 의원님의 참여로 인해, 당시 교육과학기술부 장관이던 이주호 장관님도 몇 차례의 노력 끝에 초청할 수 있게 되었다.

또한 나는 이 포럼의 특별함을 강조할 뛰어난 글로벌리더의 참여도 원했다. 그래서 예전 대학원에 잠시 다니던 시절에 내게 매우 혹독하게 대했던 이신화 교수님을 떠올렸다. 그녀는 아주 젊은 나이에 고려대학교 정치외교학과 교수가 되어서, 냉철하고 지적인 수업을 진행하기로 유명했다. 그녀의 경력은 매우 화려했는데, 유니세프와 세계은행 본부에서 일한 경험이 있었고, 무엇보다 한국인 최초 UN 사무총장의 특별자문관에 임명된 굉장한 경력을 가지고 있었다.

나는 이신화 교수님과 약속을 잡고, 그녀를 찾아갔다. 7년 만에 찾아갔지만 교수님은 나를 기억하고 있었다. 물론 모범생으로서가 아니라 말 안 듣고 공부 안 하는 학생으로 말이다. 나는 그녀에게 이번 포럼의 의미를 설명하고 함께해 줄 것을 제안했다. 그녀 역시 몇 번의 고사를 했지만, 간곡한 설득을 이기지는 못했다. 김세연 의원님과 이주호 장관님, 그리고 이신화 교수님까지 최고의 인사들이 섭외되었다. 그리고 나는 정치 경제 외교 분야 말고도, 글로벌 교육의 특성을 대변한 다양한 인재들이 있어야 한다고 생각했다. 그래서 SNS를 통해 몇 번 인사를 나눈 적 있는 발레리나 김주원 교수님을 초청했다. 그녀 역시 보통 사람이 아니었다. 국립발레단 수석 무용수를 오랫동안 맡은 매우 뛰어난 무용수였으며, 한국인 최초로 발레계의 아카데미 상인 브누아 드 라당스 상(Benois De la Dance)을 수상한 세계적인 발레리나였다. 또한 최연소 대학교 교수님이기도 했다. 그녀는 뜻밖의 제안에 조금 당황했지만, 포럼의 취지를 들은 후 흔쾌히 참석하겠다고 허락했다.

그다음에 섭외한 인물은 평창동계올림픽 유치위원회의 대변인을 맡아서, 피겨스케이터 김연아 선수와 함께 감동적인 스피치를 선사했던, 나승연 오라티오 대표님이었다. 나는 그녀의 연락처를 수소문하여, 메일로 참석요청과 공문을 보냈다. 몇 차례 메일을 주고받은 끝에 그녀 역시 참여를 결정했다. 정말 이러한 분들과 함께한다는 사실은 너무나 설레는 일이었다.

　주요 포럼 연사를 섭외한 후, 나는 기조연설을 맡을 인사들을 고민했다. 우선 김세연 의원실은 국회의 최고어른이자 국가 의전서열 2위인 국회의장님을 초청하겠다고 했다. 국회의장님은 초청할 수만 있다면 당연히 최고의 기조 연설자였다.

　나는 이와 함께 포럼의 의미를 청중들에게 정확히 전달해 줄 한 명의 연사가 더 필요할 것 같았다. 그래서 생각해 낸 사람이 예전 코이카에서 모셨던 박대원 이사장님이었다. 박 이사장님이라면 우리 정부의 개발도상국에 대한 교육지원에 대해 정확한 현실을 잘 설명해 줄 수 있을 것 같았다. 코이카 이사장실과 약속을 잡고 1년 7개월 만에 코이카를 방문했다. 본부 건물 앞마당에 자란 푸른 잔디들은 여전히 보기 좋게 잘 정돈되어 있었다. 오랜만에 나를 본 이사장님은 매우 반가워하셨다. 나는 안부를 여쭌 뒤, 그와 차를 한잔 하면서 포럼에 대한 소개를 자세히 했고, 동참해 주시길 요청했다. 박 이사장님은 명료하고 명쾌한 사람이었기 때문에 결정을 미루지 않았다. 그는 그 자리에서 바로 참여를 승낙했다. 그리고 이어지는 행사 후원요청에도 긍정적인 검토를 해 보겠다고 말해 주었다.

　7월 6일 국회 도서관 대강당에서 개최된 IDP의 UN 교육공헌 포럼은 보편적 교육의 중요성을 알린 최대 규모의 포럼이었다. 대강당 밖에서는 개발도상국 빈곤을 알리는 미술작품들이 전시되었고, 안에서는 200명의 청중과 국회의장님을 비롯한 최고의 전문가들이, 교육의 중요성과 개발도상국 교육지원의 중요성, 그리고 창의적 인재양성을 위한 방법 등을 뜨겁게 토론했다. 청중들은 다양하게 쏟아져 나오는 좋은 의견들과 감동적인 영상들에, 큰 박수를 아낌없이 보냈다. 그리고 인텔은 IDP와 함께 한 첫 번째 캠페인에 큰 만족을 나타내었다. 또한 나 역시 새로운 후원사들을 중요한 파트너로 만들 수 있는 훌륭한 초석을 만들 수 있었다.

한 달 뒤 8월 14일, 포럼을 공동 주최한 나와 김세연 의원님, 이희성 이사장님은 신라호텔의 한 음식점에서 다시 모였다. 또한 나승연 오라티오 대표님도 이 자리를 함께했다. 우리는 반가운 얼굴로 기쁘게 인사를 나누었고, 앞으로도 소중한 인연을 계속 이어가자고 말했다. 그리고 향후 각자의 위치에서 해야 할 일들을 이야기하기 시작했다. 반주가 곁들여진 자리는 솔직한 주제들이 오갔고 깊이 있는 대화들이 나왔다.

나는 수많은 대한민국의 리더들 중에서 왜 우리가 이 일을 해야 하는지 설명했다. 사람들이 왜 절대빈곤에 시달리고, 왜 보편적인 교육의 혜택을 받지 못하는지, 왜 누군가 나서서 설명하고 그들을 도와야 하는지, 또한 어떤 방법으로 도울 수 있을지를 이야기했다. 또한 이제는 그런 이야기들을 쉽게 말할 수 있는 리더가 있어야 한다고 했다. 그리고 "어떤 사람은 자신 한 명을 위해 사는 사람이 있고, 어떤 사람은 자신 주위 몇 명에게만 영향을 주는 사람도 있다. 하지만 여기 모여 계신 리더들은 적어도 수천, 수만 명에게 영향을 줄 수 있는 분들이니, 인류애적인 책임을 가졌으면 좋겠다."라고 강조했다. 세 명의 리더들은 모두 내 의견에 깊은 공감을 표했고, 다양한 주제로 더 많은 대화를 나누었다. 세 시간의 식사 후, 우리는 다음 만남을 기약하고 아쉽게 자리에서 일어났다.

당시 나는 세상의 중요한 리더들을 움직일 기회가 더 많아지길 원했다. 그리고 그러한 리더들이 작은 변화라도 만들어 준다면, 희망을 가질 수 있을 것 같았다. 나와 IDP가 나가야 할 방향을 점점 더 명확히 알아가면서, 힘든 상황을 이겨나갈 마음이 더욱 굳건해졌다.

글로벌기업 KT와 혁신적 노사공동기구 'UCC'

그 마음을 알아주기라도 하듯이, 다음 날 기쁜 소식이 생겼다. 지난번 KT와의 좋은 후원 관계를 맺은 일이 조금 더 발전하게 된 것이다. KT는 현재 한국뿐 아니라 글로벌 통신시장에서도 강자로 부상할 만큼 매우 큰 ICT기업이었으며, 미래를 선도하는 다양한 신기술을 창출해내는 최첨단 기업이었다. 정부의 전화와 통신사업 공공기업이던 옛 한국통신으로 출발한 기업이 불과 10여 년 만에 완벽한 글로벌기업으로 비약적인 발전을 한 것이다. 그런 만큼 회사와 노조의 관계가 무척 건강한 상호발전적인 모습이었다. 또한 일반적인 대기업과는 다르게 현장 직원들을 포함한 근로자들의 노조가 매우 큰 영향력을 가진 회사였다. 또한 KT 노조는 지난 몇 년간 노사의 상생과 회사 및 국가의 발전을 생각하여 사회적 투쟁을 거의 하지 않는 매우 특별한 형태를 띠고 있었다. 게다가 11개 주요 공공기관들을 함께 참여시켜 기업 간 노사공동 나눔협의체를 결성했고, 이를 UCC(Union Corporate Committee의 머리말)라는 조직으로까지 발전시켰다. 그런데 이 UCC가 글로벌 사회공헌을 진행하게 되면서, 우리에게 회원사 가입을 문의해 온 것이다.

UCC는 매우 혁신적인 노사공동기구였다. 보통 우리가 생각하는 노동조합은 조합원의 이익을 위해 회사와 여러 협상을 하며, 때로는 투쟁을 하기도 하는 조금 거친 인상일 수도 있다. 하지만 KT노동조합은 지난 오랜 시간 전개해온 회사와 정부에 대한 투쟁 대신 최근 몇 년간 상생의 길을 선택했고, 그러한 생각으로 시도한 일이, 노조와 사측이 공동으로 사회공헌을 하자는 아이디어였다. 이 아이디어는 KT의 이성규 상무님과 노조의 최장복 실장님이 머리를 맞대어 만든 것이었는데, 사측도 노측도 미래를 위한 발전의 길에 반가울 수밖에 없었다. 그런데 이 좋은 운동을 KT만 할 것이 아니라 KT 본사가 있는 분당 주변의 다른 경기권 공공기관들도 함께 해 보자고 제안하면서 생겨난 단체가 바로 UCC였다. 40,000명이 넘는 KT 노조원과 국내외로 큰 프로젝트를 하고 있는 11개의 대형 공공기관들(분당서울대병원, 한국농수산식품유통공사, 경기도시공사, 장애인고용공단, 토지주택공사, 한국남동발전, 한국농어촌공사, 한국수력원자력, 국립공원관리공단)이 뭉치면서, UCC의 활동은 점차 그 의미와 규모가 매우 커지게 되었다.

나는 노사의 새로운 변화와 혁신의 길을 만드는 KT와 UCC에 큰 호감을 가지고 있었는데, 우리는 서로 닿은 작은 인연을 시작으로, 함께 시너지를 낼 수 있는 길을 찾게 된 것이다. UCC는 다문화가정 지원과 해외봉사에 매우 적극적이었고, 또한 글로벌 기구로 뻗어 나가고자 하는 목적이 있었고, 나 역시 KT를 비롯한 글로벌 공기업들에 UN의 일과 IDP를 알릴 수 있는 좋은 기회였다.

UCC의 가입은 IDP로서 감격스럽고 반가운 일이었다.

회사와 노조가 함께 UN과 글로벌 사회공헌을 전개해 나간다면, 사회적으로 주는 의미와 영향은 결코 적지 않을 것이라고 생각했다. 이는 분명 특별한 모델이었다.

더군다나 그동안 많은 기업들에서 조금씩 후원을 받으며, 캠페인과 프로젝트들을 진행했지만, IDP의 회원으로 가입하겠다고 문의한 기관은 이번이 최초였다. 비록 우호적인 차원의 회원 가입이었기 때문에 회비는 크지 않았다. 하지만 늘 비정기적인 후원으로 인해 예산문제를 고민하던 내게 새로운 가능성을 열어 준 일이었다. 정말 기뻤다. 나는 정성껏 회원가입원서와 IDP의 소개 브로셔를 만들어서 분당에 있는 KT 본사를 찾아갔다. KT 홍보실의 소개로 만난 이성규 상무님과 윤성욱 팀장님, 장 차장님은 나를 반갑게 맞아주었다. 바로 UCC를 기획하고 만든 팀이었다. 그리고 UCC의 주요 주최인 KT 노동조합의 정윤모 위원장님과 최상복 조직실장님에게까지 차례로 인사를 드리고 다양한 이야기를 나누었다. 나는 이번 일을 통해 새로운 희망과 가능성을 발견할 수 있었다. 그래서 KT와 UCC에 더 많은 교류와 협

력을 제안했고, UCC는 기쁜 마음으로 우리의 첫 회원사가 가입하게
되었다.

█ 서른두 살, 2012년 10월 12일

첫 회원사가 생기고 난 뒤, 나는 더 의욕적으로 일하게 되었다. 그
리고 한동안 혼자 일하던 사무실에 새로운 직원을 맞이하게 되었는
데, 내가 대학생 때 회장으로 이끌던 연합 동아리 한국대학생정치외
교연구회의 부회장, 신지연이라는 친구였다. 지연이는 세 살 어린 동
생이었는데, 이화여대 국제학부를 졸업한 뒤 명문 뉴욕대(NYU)에서
석사를 마친 재원이었다. 그리고 한국과 미국을 대표하는 도시인 서
울시와 뉴욕시에서 공무원으로 모두 일한 특별한 능력의 친구였다.
나와 SNS를 통해 꾸준히 연락을 이어오던 그녀는 미국에서 석사 학
위를 받고 한국에 돌아와서 잠시 쉬는 중이었다. 몇 년 만에 다시 반
가운 얼굴을 보게 되었다. 그리고 다양한 이야기를 하며 즐거운 시간
을 보냈다. 내가 하는 일에 관심을 가지고 있었고, 나 역시 월급을 제
대로 줄 수는 없었지만, 뛰어난 재능을 가진 그녀와 다시 일해 보고
싶었다. 서로 마음이 통했는지, 지연이는 같이 일해 보자는 내 제안
을 흔쾌히 받아들였다. 그리고 그다음 주부터 사무실에서 함께 일하
게 되었다. 나는 그동안 진행한 여러 캠페인들을 UN과 조금 더 직접
적인 협력으로 연결하고 싶었다. 그리고 이번에는 자신감도 있었다.

UN 본부가 있는 뉴욕에서 생활했고, 그 누구보다 유창한 영어를 구사하며, 고급지식으로 무장한 지연이가 바로 옆에 있었기 때문이다. 그래서 그녀가 있는 동안 UN에 다시 한 번 연락해 보기로 했다.

United Nations. We Believe!

방법은 소연 씨가 UN에 연락했을 때와 마찬가지로, IDP의 소개와 지금까지 진행한 캠페인 내용을 자세히 기재해서 주 유엔 대한민국 대표부와 UN 사무국에 공문을 보내었다. 그리고 우리가 UN의 큰 목표인 MDGs를 위해 어떠한 노력들을 해왔고, 어떤 리더들을 움직였는지, 그 일들이 무엇을 의미하는지 등을 1년 전처럼 다시 자세히 설명했다. 또한 우리가 UN과 조금 더 직접적인 협력을 하기 위해 어떠한 노력이 필요할지 물었고, 동시에 UN을 지원하는 민간단체의 상징으로 공식적인 슬로건을 쓸 수 있게 해 달라고 요청했다.

약 한 달 동안 일곱 번의 메일이 오갔고, 우리는 다양한 자료제출과 설득을 통해, UN 사무국과 대화를 이어나갔다. 그 기간 지연이는 뉴욕과의 시차에 맞춰 늘 새벽에 자면서, 헌신적으로 이 일을 진행했다. 매우 큰 공공기관과 저명한 외교기관에서 일한 지연이의 노련함과 경험이 빛나는 순간이었다. 그러면서 차츰 UN직원들의 마음도 움직이기 시작했다.

믿고 있다면 모든 것이 가능하다

그리고 마침내 우리는 10월 12일, UN으로부터 공문이 첨부된 마지막 답장을 받았다. UN 사무국으로부터 온 공문에는 다음과 같이 쓰여 있었다.

We Would not object to the use of a slogan that includes the words, "United Nations, We Believe". Authorization has been given in the past to use this slogan by non-governmental organizations wishing to show support for the United Nations.

우리는 'United Nations, We Believe'라는 슬로건을 쓰는 것을 반대하지 않습니다. 이 슬로건은 과거 우리가 UN을 지지하는 것을 보여주길 원하는 비영리단체들에 준 것입니다.

우리는 1년 반 동안의 뚜렷하고 일관된 목표를 가지고, 꾸준한 캠페인과 활동을 함으로써, 마침내 UN을 지지하는 단체가 쓸 수 있는 공식 슬로건을 사용하게 되었다. 그 메일은 새벽 3시에 왔는데, 나와 그녀는 새벽이라는 사실도 잊고, 성공을 기념하고 축하했다. 이 슬로건은 우리가 UN을 지지하고 응원하며, UN의 주요사업을 영향력 있는 리더들에게 알리는 공인 기관이라는 것을 보여주었고, 거기에 대한 훌륭한 상징이었다. 나와 IDP는 어려운 상황 속에서도 조금씩 앞을 향해 나아가고 있었다.

도
전

2012년 12월 17일, 나는 새벽에 여러 차례 잠에서 깼다. 다음 날에 대한 기대감 때문에 쉽게 잠들 수 없었기 때문이다. 이른 아침부터 일어나서 또 한 번 가져갈 짐들을 점검했다. 그리고 부모님께 따뜻한 격려를 받은 뒤, 인사를 드리고 집을 나섰다. 인천국제공항으로 향하는 길이 그렇게 떨리고 설렐 수가 없었다.

IDP 설립 후 첫 번째 해외출장을 가게 된 것이다. 공항에 일찍 도착해서 식사를 하고 티켓팅을 한 뒤, 조금 여유를 갖고 스케줄을 다시 꼼꼼히 살펴보았다. 그리고 점심식사까지 마친 후 대만의 수도 타이베이로 향하는 비행기에 탑승했다. 타이베이에서 무슨 일이 있는 건 아니었지만, 이틀 뒤 19일, 미국 뉴욕으로 떠나는 경유지로 타이베이를 거치게 되어 있었다. 국적기를 탈만큼 사정이 넉넉지 않기도 했고,

일본과 중국의 문화가 섞인 대만에 대한 궁금함으로 경유를 택하게
되었다.

반기문 총장님과의 재회

이번 출장은 첫 번째라는 의미뿐 아니라, 매우 중요한 약속으로 가
는 일정이어서 더욱 큰 기대를 하고 있었다. 특별히 이 일정에는 효찬
씨가 함께하기로 했다. 미국을 처음 가보는 나는, 뉴욕에서 많은 경험
을 가지고 있던 그에게 안내와 도움을 요청했다. 우리는 한밤중에 대
만에 도착해서, 바로 숙소로 향했다. 밤부터 내린 비는 다음 날까지
이어졌다. 아열대 기후인 대만에서 비는 일상적이었기 때문에 오히려
비 오는 거리에서 살아 있는 대만문화를 느낄 수 있었다. 최고의 맛
을 선사한 장어덮밥을 점심으로 먹은 후, 한때 세계에서 가장 높은
빌딩이었던, 타이베이 101까지 구경한 뒤, 뉴욕행 비행기를 타기 위해
오후 늦게 다시 공항으로 향했다.

석 달 전 나는 KT 홍보실과 미팅을 했다. KT와 좋은 관계를 맺어
나갈 때여서, 어떠한 미팅도 즐거운 상황이었다 하지만 KT가 내게 부
탁한 내용은 조금만 들어도 쉽지 않은 일이었다. KT가 사회공헌 사
업으로 전국 지역아동센터에 있는 어려운 아이들에게 크리스마스 소
원을 이뤄주는 프로젝트를 진행했고, 여기에 대해 내게 도움을 청했

는데, 특히 그중 세 명의 아이들이 요구한 특별소원이 문제였다. 그 아이들의 소원을 들어주는 일을 내게 부탁한 것인데, 세 아이들의 소원은 바로 반기문 UN 사무총장님과의 만남이었다.

제안을 듣고, 언뜻 드는 생각에도, 크리스마스 시즌이면 UN 사무총장을 만나고 싶다는 아이들이 전 세계 수천 명은 될 것 같았고, 더군다나 한국인 사무총장이 한국 어린이만 만나는 일은 더더욱 부담스러울 것 같았다.

KT의 부탁을 받고, 나는 사무실로 돌아와서 조금 고민을 하다가, 그래도 한번 시도해 보기로 했다. 그래서 뉴욕시간에 맞춰, 밤 11시쯤 UN대표부의 나상덕 서기관에게 다시 전화를 걸었다. 나 서기관 역시 일단 무척 어려운 일일 것 같다는 의견을 주었고, 이 일을 담당하는 다른 서기관의 연락처를 알려주었다. 나는 직접 소개해 달라는 부탁을 했고, 그는 이를 흔쾌히 승낙했다. 다음 날 저녁 난 다시 이 일을 담당할 김 모 서기관과 연락했다. 김 서기관은 나 서기관에게 소개받았다며 한 번 검토 후 연락을 주겠다고 말했다. 난 그에게 열정적으로 이 일의 필요성을 설명했지만, 그는 한국 아이들만 만나는 건 형평성의 문제라며, 조금 부정적인 의견을 내었다. 내가 느꼈던 걱정 그대로였다. 며칠 뒤 김 서기관에게 전화를 했다. 그는 검토한 결과, 외교통상부 본부와 우리 정부가 이 일을 함께 추진해야 한다는 의견이 나왔다고 했다. 공식적인 절차가 필요했던 것이다. 다시 원점에 서게 되었다. 하지만 실망할 시간이 없었다. 나는 재빨리 외교통상부 UN과의 연락처를 살펴보았다. 그때 반가운 이름이 있었다. 오래전부터 알고 지내던 지인의 이름이 보였던 것이다. 이틀 뒤 나는 광화문 외교통상부 근처의 한 식당에서, UN과의 문 사무관과 점심을 할 수 있었다. 그녀는 나와 꽤 가까운 사이였는데, 합리적인 외무공무원이었다. 그녀에게 전후 사정을 설명하고, 공식 공문을 접수할 방법과 도움을 요청했다. 그녀는 자신이 할 수 있는 공식적인 부분을 도와주겠다고 했고, 나는 그녀의 도움을 받아 일주일 뒤 UN과의 차석이던 고상욱 총괄 서기관과 통화를 할 수 있었다. 그러나 그 역시 처음에는 이 일에 대해 낙관적이지 않았다. 그런데도 나는 할 수 있는 거의 모든 보충자료와 필요한 내용들을 전달하며 적극적으로 설득하고 또 설명했다. 그러는 사이 한편에서 KT는 성사여부에 대해 무척 궁금해했다. KT와 외교통상부, UN 대표부와의 일 진행과 검토과정은 모두를 설득해야 하고 모두의 대답을 기다려야 하는 인내의 시간이었다.

그러한 인내와 설득의 결과, 마침내 두 달 반 만인 11월 중순 믿을 수 없는 대답을 듣게 되었다. UN 사무총장실에서 면담에 응하겠다는 답을 준 것이다. 드디어 UN 본부에서 반기문 총장님을 뵙는 기적이 생긴 것이다. 마치 꿈같은 기분이었다. 나는 그렇게 해서 IDP의 첫 번째 해외출장을 뉴욕으로 떠나게 되었다.

뉴욕은 대서양의 가장 중요한 경제도시이다. 그리고 그 경제역사의 중심엔 항구가 큰 역할을 했다. 뉴욕은 항구 도시답게 여러 큰 강들이 흐른다. 허드슨 강, 할렘 강, 이스트 강 등인데, 그중에서 어퍼 뉴욕만(Upper New York Bay)과 롱 아일랜드 사운드(Long Island Sound)를 이어주는 강이 이스트 강이다. 이 강은 뉴욕을 이루는 롱 아일랜드(퀸스 Queens·브루클린 Brooklyn 자치구)와 브롱크스(the Bronx), 맨해튼(Manhattan) 섬을 모두 지나고 있었다. 허드슨 강이 뉴욕의 외곽을 지나는 강이라면, 이스트 강은 뉴욕의 심장을 가로지르는 중심적인 강인 것이다.

19일 뉴욕에 도착한 뒤, 숙소에서 하룻밤을 자고 다음 날 오후, 우리는 이 강 바로 옆에 있는 두 개의 큰 건물들 앞을 향해 가고 있었다. 사진 속에서만 보던 UN 본부 건물이었다. 나에겐 정말 표현하기 힘든 큰 감동이었다. 우리는 이 두 개의 건물 중에서 일반인 입장이 가능한 총회(General Assembly) 건물에 들어가게 되었다. UN 본부는 미국 뉴욕에 있지만, 이곳은 완벽하게 외교적 중립 지역이기 때문에 들어가는 과정에는 여러 보안검사를 받게 되었다. 긴장되는 보안검사를 마치고 건물 안으로 들어섰다. 그리고 총회 회의실 밖에 있는 넓은 홀에서 간단한 임시패스를 발급받은 뒤, 그 자리에 서서 홀 이곳저곳을 둘러보았다. 비로소 UN에 온 것이 실감나기 시작했다. 천천히 발걸음을 옮겨 홀 여러 곳을 둘러보고 있는데, 한쪽 벽면에 걸려있던 액자들이 내 시선을 사로잡았다. 그 액자들에는 사진처럼 선명한 초상화가 들어 있었고, 신기하게도 그것은 그림이 아닌, 자수로 만든 작품이었다. 액자들은 1대 UN 사무총장부터 오른편으로 역대 사무총장들 모습이 수놓아져 있었다. 그리고 가장 오른편에는 현재 UN 사무총장인 8대 반기문 총장님의 초상화가 보였다. 난 잠시 그 자리에 서서 총장님의 초상화를 자세히 보았다. 초상화를 보는 사이 머릿속에는 여러 가지 생각들이 가득했다. 그때 이번 일정에 동행한 효찬 씨의 전화벨이 울렸다. 저녁약속 시간이 된 것이다. 다시 우리는 총회장 건물을 뒤로하고 차가운 저녁의 뉴욕거리로 빠르게 걸어나갔다.

뉴욕의 밤거리는 아름다웠다. 크리스마스가 불과 일주일도 남지 않았기 때문에 거리는 온통 화려하게 장식된 조명들로 밝게 빛나고 있었다. 그리고 거리를 걷는 사람들에게서도 들뜬 표정을 느낄 수 있었다. 약속장소까지 생각보다 멀지 않아서, 우리는 잠시 이곳저곳 둘러보기로 했다. 크리스마스 연휴를 즐기러 떠나는 사람들로 가득 찬 뉴욕 역은 이곳이 미국임을 알려주듯 대형 성조기가 여러 곳에 걸려있었고, 정복을 입고 순찰하는 뉴욕 경찰(NYPD)들도 많이 보였다. 우리는 뉴욕 역을 나와 그동안 다양한 영화에서 수없이 무너진(재난영화로 유명한 롤랜드 에머리히 감독의 〈고질라〉에서도 이 빌딩은 미사일에 맞아 무너졌었다.) 그 유명한 크라이슬러 빌딩으로 갔다. 실제 지금은 크라이슬러사가 이 빌딩을 사용하진 않지만, 이미 그 이름과 독특한 외관만으로도 뉴욕의 랜드마크 역할을 충분히 하고 있는 곳이다. 지나치게 화려하지 않지만, 조명의 색과 반짝이는 대리석 바닥이 만나 그 명성에 걸맞은 로비를 지니고 있었다.

약속장소는 매우 아름다운 중남미 퓨전 레스토랑이었다. 뉴욕 맨해튼 한가운데서 빛나는 레스토랑에 앉아 있는 것만으로도 잠시 긴장이 풀렸다. 레스토랑 안의 따뜻한 온기가 마음을 한결 여유 있게 해주었다. 그러던 중 통유리로 된 레스토랑 창 너머 거리에서 천천히 지나가는 홈리스(노숙자) 두 명의 모습이 보였다. 이 추운 날씨에 그들이 걸친 옷이라곤 여기저기 찢어진 구멍 난 옷뿐이었다. 문득 이 안에 앉아 있는 손님들에게 다시 눈이 갔다. 모두 말끔한 정장에 세련된 원피스 차림이었다. 세계에서 가장 화려한 도시인 이곳 뉴욕도 여전히 흑과 백의 명암이 또렷이 구분되고 있었다. 잠시나마 편안했던 마음에 다시 여러 생각이 들었다. 그때 우리 테이블 앞으로 밝게 웃는 젊은 한국 숙녀가 인사를 건네 왔다. 오늘 우리와 저녁을 함께할 김나혜 씨였다. 그녀는 효찬 씨의 지인이었는데, UN의 평화유지업무부서에서 일하는 뛰어난 재원이었다. 우리와 한두 살밖에 차이 나지 않는 그녀는 나이에 비해 무척 예의 바르고 깍듯한 모습을 가지고 있었다. 국제기구의 외교관으로서 지닌 매너가 말과 행동에 잘 배어 있는 것 같았다. 서로 간단한 인사와 소개를 하고, 우리는 메뉴를 보며 몇 가지 음식을 주문했다. 먹음직스러운 멕시칸 음식을 사이에 두고, 다양한 이야기를 했는데, 그녀는 몇 가지 면에서 내가 하는 일들에 대해 큰 관심과 호기심을 보였다. 그중 그녀가 가장 궁금해한 것은, UN의 MDGs를 돕는 나의 일들이, 왜 대부분 리더들에 대한 홍보와 참여에 중점을 두냐는 것이었다. 그녀 생각엔 국제사회의 빈곤, 기아, 질병문제를 풀기 위해선 실질적인 지원이 더 중요하지, 그 일들을 리더들에게 홍보하는 것만으로는 큰 의미를 가지기 어렵다는 의문이었다.

한 모금 음료를 마시며, 나는 그녀의 질문을 한번 곱씹어 본 뒤, 천천히 대답했다.

믿고 있다면 모든 것이 가능하다

물론 우리가 극심한 빈곤에 시달리는 이들에게, 식량과 깨끗한 물을 주는 것은 가장 중요한 일이죠. 그건 의심의 여지가 없는 일입니다. 하지만 60년대부터 시작한 개발도상국에 대한 원조와 그 금액은, 지구상의 빈곤문제를 푸는데 부족한 양이 절대 아니었어요. 충분하진 않았어도, 문제를 해결하지 못할 정도의 금액은 아니었죠. 많은 진전이 있었다는 것은 저도 인정합니다. 전임 코피아난 사무총장이 시작한 '새천년개발목표(MDGs)'는 UN의 존재이유를 분명히 보여준 프로젝트였어요. 지금까지의 성과도 대단했고요. 하지만 냉정히 보았을 때, 세상이 확연하게 달라졌나요? 나혜 씨 생각은 어떠실지 모르지만, 전 여전히 그동안 해결한 문제보다는 앞으로 해결해야 할 문제가 몇십 배는 더 많다고 생각합니다. 잘 생각해 보세요. 우리는 지구의 빈곤과 환경과 질병, 여러 분쟁들을, 늘 모든 인류가 함께 풀어야 할 문제라고 이야기합니다. 하지만 UN과 여러 선진국에서 접근하는 방식은, 아직은 그 일들이 현장에서 전문적으로 하는 기구들과 요원들의 몫이라고 생각하고 있습니다. 예를 들어, 우리가 아이들의 질병과 교육을 지원하기 위해 유니세프(UNICEF-UN아동기금)를 찾죠. 왜냐면 그들이 그 분야의 전문가이기 때문입니다. 하지만 그들의 돈은 모두 기부금에서 충당됩니다. 전 세계에 있는 수많은 일반회원들이 건넨 회비와 기금으로 그 사업을 하고 있는 것이지요. 유니세프는 그나마 우리에게 잘 알려진 기관입니다. 그래서 평범한 보통 사람들뿐 아니라 여러 리더들도 참여하고 있고요. 하지만 다른 분야는 어떤가요? 물론 환경처럼 사람들이 꽤 많이 관심 가지는 분야도 있습니다.

207

도전

그러나 아직 대부분의 일반인들은 UN이 무엇을 하고 있는지 잘 모릅니다. 더 심각한 것은 각국의 주요 정책결정자들도 UN의 역할을 이해하지 못하고 있다는 것입니다. 자신들이 살고 있는 국가가 다른 빈곤한 국가를 위해 무엇을 하고 있는지 잘 모르고, UN이 어떤 역할을 하고 있는지 모르고 있는 거죠. 정확히 말해서 잘 모르는 것이 아니라, 알 수 없는 거겠죠. 여기서 우리는 관심 없는 그들의 문제라고 생각해야 하나요? 아니면 전 지구적 문제임에도 잘 모르는 그들의 무지를 탓해야 하나요? 당연히 아닙니다. 모르는 사람들에게, 당장 지구상의 몇천 킬로미터 떨어진 곳에서 누군가 죽어간다 해도 그 문제가 크게 와 닿지는 않죠. 왜냐면 대부분 다들 각자의 어려움을 호소하고 살고 있잖아요. 저만 해도 힘든 문제가 많습니다. 냉정히 말해서 남을 돌볼 수 있는 입장은 아니죠. 예를 들어 국회의원들 같은 경우도, 당면한 지역구의 문제가 많잖아요. 그런데 무슨 국제적인 문제를 논하고 있겠어요. 그렇지만 그 문제들은 말 그대로 전 지구적인, 전 인류적인 문제잖아요. 생각해 보세요. 어느 날 갑자기 빈곤에 시달리는 인구 8억 명이 증발했어요. 그들이 지구에서 차지하던 가치와 존재의미를 도대체 세상 그 어떤 것으로 대체할 수 있는 거죠? 우리가 잘 모르는 사람들이고 상관없는 사람들이어서 빈곤에 시달리다 죽어도 되는 걸까요? 왜 이러한 엄청난 문제를 우리 국민들과 리더들은 여전히 잘 모르고 있거나, 애써 외면하고 있을까요? 이제는 이런 이야기를 누군가는 아주 쉽고 간단하게, 그리고 직접 그들에게 말해 주어야 합니다.

믿고 있다면 모든 것이 가능하다

우리는 각 국가의 국민과 각 집단의 소속원이기 이전에 인간이잖아요. 자연 생태계에서 적자생존으로 죽고 죽이는 동물이 아닌 지성을 가진 인간이죠. 그리고 많이 가진 자와 적게 가진 자의 구분을 나누기 전에, 모두 이 땅에 살아가는 인류죠. 빈곤과 질병, 환경과 에너지 같은 문제는 UN이나 세계은행(World Bank Group), 한국이나 미국 같은 국제기구와 국가들만의 문제가 아닙니다. 머지않아 보통 사람들도 금방 느끼게 될 문제에요. 전 인류가 함께 풀어야 하는 문제잖아요. 저는 전 인류적인, 전 지구적인 같은 단어를 말 그대로 실천해야 한다고 생각해요. 행동은 전문적인 누군가가 취하더라도 관심은 전 인류와 각국의 책임 있는 리더들이 가져야 한다고 말이죠. 그러기에는 이 문제들을 아직은 감성적인 방법 말고 접근할 수 있는 방법이 별로 없다는 사실이 슬픈 거죠. TV에서 하는 다큐멘터리와 기부금 모집 프로그램은 대부분 이 문제들을 조금 자극적으로 접근하잖아요. 이 일들이 영화 같은 이야기여서 시청자들의 눈물샘을 자극하는 방법 말고는 없을까요? 영화가 아닌 현실적인 눈으로 말이에요. 저는 그래서 일단 소통할 수 있는 통로가 필요하다고 봅니다. 관심 없어하는 리더들에게 이러한 문제에 작은 관심이라도 가지고 볼 수 있는 통로가 필요하다고 생각해요. 복잡하고 어려운 그래프와 보고서는 전문가들이 쓰고 읽더라도, 왜 우리가 그들을 도와야 하고, 왜 우리가 이러한 일들을 하고 있는지는 리더들이 쉽게 알아야 하겠죠. 그래서 제 생각의 핵심은, 홍보와 리더십 네트워킹이에요. UN과 정부가 하려는 일을, 세상에서 가장 쉬운 방법으로 리더에게 알리는 거죠. 그리고 빈곤층의 목소리를 조금 더 현실적으로 알리고 싶고요. 현실적인 여론을 만들고 싶습니다. 각 조직의 힘 있는 리더들은, 강령한 여론을 만드는 역할을 합니다. 그래서 전 이 일들을 하고 있는 거죠. 일단 리더들이 알아야 정책의 변화가 오지 않을까요?

여기까지 말한 뒤 잠시 두 사람을 번갈아 보았다. 그녀도 신기한 걸 발견한 어린 소녀처럼 즐거운 표정으로 나를 바라보았다. 그리고는 멕시칸 디저트를 하나 집어 들고, 다시 내게 물었다. "참, 내일 반기문 총장님은 어떤 일로 뵙는 거세요? 그 말씀을 드리려고 만나시는 건가요?" 나는 웃으며 두 사람을 보았다. "아뇨. 꼭 그 일로 뵙는 건 아니지만, 제 일도 말씀드려 봐야겠죠? 좋은 기회잖아요!"

그녀와 헤어진 뒤, 우리 두 사람은 새벽 두 시가 되어서야 잠들었다. 저녁식사에서 나눈 대화가 숙소에서도 이어지며 시간 가는 줄 몰랐다. 그리고는 다섯 시가 되기도 전에 일어나서 아침 일찍부터 부산히 움직였다. 다행히 둘 다 매우 활기찬 모습이었다. 우리는 아침식사를 하고, 시간이 돼서, 두 블록 떨어진 곳으로 걸어갔고, 약속장소인 패스트푸드점에 들어갔다. 미리 도착한 KT 직원과 세 명의 한국 아이들이 우리를 매우 반갑게 맞아주었다. 우리는 아이들과 많은 이야기를 나누었다. 그리고 오후 늦게 되어서 아이들을 데리고 주 유엔 대한민국 대표부로 향했다. 1층 로비에서 우리는 대표부의 김숙 UN 대사님을 만나게 되어 있었다. 대사님께서 직접 우리를 반 총장님께 안내해 주시기로 한 것이다. 우리 일행은 이틀 전 방문한 총회장을 지나 UN 본부가 있는 문으로 들어갔다. 그리고 미리 마중 나와 있던 사무총장실의 비서관님이 우리를 반갑게 맞았다. 이미 저녁이어서 본부건물은 생각보다 조용한 편이었다. 엘리베이터의 38층 버튼이 눌러졌다. 38층은 본부의 최고층이자 사무총장 집무실과 비서실, 그리고 접견실 등이 있는 가장 중요한 공간이었다. 엘리베이터에 오르는 그 짧은 시간 동안 대사님과 공사님, 사무총장 비서관님, 그리고 동행한 KBS 특파원들이 농담 섞인 대화를 나누었는데 왠지 모르게 나도 그들과 동화되는 기분이어서 마음이 편안해졌다. 사무총장님을 뵙기 전에 손님 대기실에서 UN의 중요파트를 이끄는 몇 분의 훌륭한 리더들과 먼저 인사를 나누었다. 그중에는 한 해 전 나와 직접 통화했던 UN 의전장님과 언론을 통해서만 뵈었던 김원수 UN 개혁담당 사무차장보 겸 사무총장 특별보좌관님(훗날 UN 군축 고위대표)도 계셨다.

사실 UN의 이러한 리더들을 만나는 일은 정말 의미 있는 일이었다. 일반적으로 UN에서 요구되는 리더십은 국제사회의 각 국가별 리더십보다 훨씬 복잡한데, 수많은 문제들을 동시다발적으로 접해야 하고, 그 문제들을 어느 일방의 편이 아닌, 양자의 입장에서 균형적으로 풀어야 하기 때문이다. UN 리더들은 굉장히 어렵고 힘든 결단력을 가지고 있어야 하는 '리더십의 정점'에 있다고 볼 수 있었다. 나는 그 정점의 리더십을 가진 리더들을 한 자리에서 모두 만나는 경험을 하게 된 것이다. 그리고 잠시 후는 그 리더들 중에서도 가장 중심에 있는 UN 사무총장님을 만날 생각에 가슴이 벅차 왔다. 조금 뒤 우리 일행은 사무총장님의 공식 접견실로 들어섰다. 매우 긴 큰 갈색 테이블과 은색으로 빛나는 커다란 UN로고가 새겨진 벽이 우리를 기다리고 있었다. 김원수 특보님이 나에게 오늘 행사목적에 대한 취지를 다시 한 번 물었다. 나는 간략히 내용을 설명한 뒤, 내가 코이카 출신이라는 사실을 말했다. 정통 외교관 출신인 그는 외교통상부 산하기관인 코이카에 대해 당연히 잘 알고 있었다. 그리고 매우 반가워하며, 나에 대해 다시 이것저것 물어보았다. 나는 그동안 내가 했던 일과 IDP에 대한 설명을 최대한 효과적으로 말했다.

그때 한쪽 벽면 끝의 문이 열리며, 드디어 반기문 UN 사무총장님이 걸어 나오셨다. 그는 특유의 밝은 목소리로 우리에게 인사를 건넸다. 그리고는 아이들 세 명과 먼저 간단히 악수를 한 뒤에, 나와 일행들이 서 있는 쪽으로 걸어오셨다. 어떤 말로 인사드려야 할지 머릿속에 모두 정리되어 있었지만, 7년 만에 다시 만나는 그 순간에는 과연 나를 기억하실지가 더 궁금했다.

총장님께 인사를 드리고 옆으로 이동하려는데, 김원수 특보님이 나를 코이카 출신이라고 특별히 다시 소개해 주었다. 그 덕분에 총장님께서는 또 한 번 관심을 보이며, 나에게 웃으며 말씀하셨다. "나는 처음에 명단 중에 김정훈이라는 이름이 있어서, 한국 국회의 김정훈 의원이 같이 온 줄 알았어요." 아마 김정훈 의원님이 UN참전군 기념묘지가 있는 부산지역구 의원이어서 하신 말씀 같았다.

나는 총장님께 인사를 드리며 말했다. "총장님 혹시 기억하실지 모르겠습니다. 몇 년 전 총장님께 편지를 써서, 외교통상부에서 총장님과 면담을 했던 대학생 단체 회장 출신 김정훈입니다. 그 당시에 여러 번 편지도 드리고 제가 개최한 컨퍼런스에 초청하기도 했었습니다." 그 말을 들으신 총장님은 나를 보시며 이렇게 말씀하셨다. "당연히 기억하고 있죠. 이렇게 다시 만나게 되어서 기쁩니다. 코이카에서도 일하시고, 그동안 보기 좋게 성장하신 것 같아 매우 반갑습니다." 그리고 다시 김원수 특보님 설명을 더해 주셨다. "오늘 이 아이들을 김정훈 대표가 인솔해서 왔습니다." "오, 그래요?" 반기문 총장님은 굉장히 뜻깊은 일을 진행해 주었다며, 다시 한 번 나에게 격려하셨다. 사실 총장님께서 나를 기억하고 있다는 사실만으로도 내겐 놀라움이었다. 전세계를 대표하는 분쟁 조정자이며 최고위급 외교관인 UN 사무총장이 직접 기억하는 사람이 얼마나 될까? 물론 그분이 수없이 만나는 각국의 지도자와 국제기구와 글로벌기업 리더들은 기억할 수 있겠지만, 나처럼 오래전 인연까지 기억하는 일은 정말 힘든 일이다. 더군다나 내가 그를 처음 만났을 때는 대학생이었다. 그동안 수많은 리더들을 만나며 나중에 내가 그들과 어떤 사안에 대해 깊이 있게 논의할 위치가 된다면, 과연 그들이 과거의 나를 기억하고 있을까? 하는 것이 무척 궁금했다. 여전히 나는 그런 위치는 아니었지만 오늘 비슷한 상황속에 좋은 답을 얻은 것이다. 총장님께서는 나를 밝고 열정적인 젊은 리더로 기억하고 계셨다. 충분히 의미 있고 감동스러운 순간이었다.

반기문 총장님은 커다란 UN로고 앞에서 아이들과 기념사진을 촬영하신 후 우리와 함께 집무실로 이동했다. 그리곤 눈앞에 신기한 광경이 들어왔다. 우리가 들어선 곳은 총장님의 집무실이었는데, UN

사무총장의 집무실이라고 하기엔 놀라울 정도로 검소했다. 내 짐작에는 정말 한국의 일반적인 공공기관 임원 사무실보다 더 작고 검소해 보였다. 간단히 설명하면 각자 앉을 수 있는 작은 1인용 소파가 다섯 개 있었고, 신문과 펜이 놓여있는 책상, 그리고 이스트 강이 보이는 넓은 창문뿐이었다. 정말 그 모습이 그 방 안에 있는 전부였다. UN을 알거나, 혹은 모르더라도 보통 사람들이 과연 이 모습을 상상할 수 있을까? 세계의 대통령이라고 불리는 UN 사무총장 집무실이 이토록 검소하다는 것을.

그 사무실의 느낌은 내가 7년 전 처음 뵈었던 반기문 총장님의 모습, 그 느낌 그대로였다. 놀라운 광경이었지만, 한편으로는 익숙하다는 생각이 들었다. 그는 늘 겸손함과 강한 리더십, 그리고 검소함과 편의성을 겸비한 최고의 리더였기 때문이다.

아이들과의 대화가 끝난 후 총장님께는 바로 다음 면담이 기다리고 있었다. 자리에서 일어서실 때, 나는 미리 준비해 간 종이와 펜을 총장님께 드리며, 이렇게 말했다. "총장님 저는 현재 UN 사무국의 승인으로 MDGs를 공식적으로 홍보하고 있습니다. 저와 제가 일하는 IDP를 응원해 주시면 감사드리겠습니다." 총장님은 종이를 받아 드시고, 거기에 적힌 내 이름과 응원 글을 보시고는 미소를 지으시며, 매우 크고 멋진 필체로 흔쾌히 서명해 주셨다. 서명하시는 동안 나는 IDP에 대해 총장님께 직접 설명해 드릴 수 있었다. 짧은 순간이었지만, UN을 지원하는 단체를 직접 설립한 후, UN의 최고 리더를 직접 만나서 그 일을 설명하는 놀라운 상황이었다.

정확히 7년 전, 나는 당시 외교통상부 장관이셨던 반기문 총장님께 면담신청을 하여 처음 만나 뵈었었다. 그리고 그보다 1년 전에는 정치 외교와는 아무런 상관없는 금융전공의 평범한 지방대 학생이었다. 하지만 지금 UN을 찾아갔을 때는 전 세계의 빈곤퇴치와 보편적 교육의 중요성을 알리는 일을 하며, 총장님을 다시 뵙고 있었다. 어떤 말로도 설명할 수 없는 순간이었다.

UN의 차기목표 'SDGs'

UN을 방문하여 총장님을 뵙고 귀국하는 비행기 안에서 나는 깊은 생각에 빠졌다.

첫 번째는 현재 하는 일에 대한 고민이었고, 두 번째는 새로운 일에 대한 준비와 어떤 전략이 필요할지에 대한 고민이었다.

우선 UN의 핵심그룹은 당시 내가 집중하고 있었던 MDGs(새천년개발목표)가 시기적으로 곧 끝남에 따라, 차기목표를 준비 중이었는데, MDGs가 끝나는 2015년 이후의 목표, 즉 Post 2015(MDGs의 달성목표인 2015년 이후의 국제사회의 공동목표)에 대해 본격적으로 논의하고 있었다. MDGs는 2015년에 종료하는 것을 목표로, 이미 13년간 진행되었고, 이제는 2년 9개월밖에 목표달성시간이 남아 있지 않았다. 하지만 사실 2년 9개월이라 하면, 어떤 측면에서 보면 상당히 긴 시간이었기 때문에 UN의 핵심그룹을 제외하고는 Post2015에 대한 관심보다는 여전히 MDGs의 달성에 더 많은 관심이 있던 시기였다. 당연히 각국 정부뿐 아니라, 전 세계에 있는 주요 NGO도 아직은 MDGs 달성에 열정적이었다. 그러나 나는 이번 방문에서 UN의 핵심인사들을 만나며, 차기에 준비하는 Post2015가 상당히 많은 진전을 이루고 있다고 느껴졌다. 그래서 이 이슈를 그 누구보다 먼저 준비해서 UN의 핵심적인 지렛대가 되어야 한다고 생각했다.

문제는 내가 Post2015에 대해 아는 지식이 전혀 없었다는 점이었고, 새로운 이 목표들에 어떤 이슈가 중점적으로 들어갈지 예측하기 쉽지 않다는 것이었다. 그리고 당시에는 UN 홈페이지에서도 Post2015가 눈에 띄기 쉽게 정리되어 있지 않았다. 그야말로 하나씩 퍼즐을 맞추며 찾아 나가야 하는 상황이었다. 뉴욕에서 시애틀과 타이베이를 경유하여 한국으로 오는 21시간 동안 내내 이 문제에 대한 고민을 했다. 동시에 아직 광범위하게 알지 못하는 새로운 이슈를 직접 보고, 듣고 왔다는 사실이 나를 가슴 뛰게 하고 있었다. IDP가 여타 다른 기구들과 차별화되어, 특별한 주제를 이끌어 갈 수 있는 최고의 기회이기도 했다.

크리스마스이브 아침, 장시간의 비행 탓에 몸은 지쳐있었지만, 정신은 그 어느 때보다 밝게 빛나고 있었다. 그리고 UN과 IDP가 도전할 새로운 목표에 대한 궁금증으로 가슴이 두근거리고 있었다. 크리스마스 연휴 동안 출장에 대한 피로를 충분히 풀고, 연휴가 끝나자마자

믿고 있다면 모든 것이 가능하다

다시 즐거운 마음으로 사무실에 출근했다. 그런데 내 마음을 읽었는지 출근한 아침 여러 곳에서 많은 연락이 왔다. 그중 이번 프로젝트를 함께 진행한 KT에서 한 가지 특별한 제안을 더 했다. IDP의 첫 번째 회원사가 된 UCC에서 나를 글로벌 자문위원으로 위촉하고 싶다는 내용이었다. UCC는 당시 7개 기업의 회사와 노조가 함께 만든 사회공헌 기구였지만, KT 주도로 시작했기 때문에 KT와 KT노동조합의 의견이 중요한 기준이 되었다. 나는 이 멋진 제안을 망설일 이유가 없었다. 통신 분야의 최고 기업 중 하나인 KT의 사회공헌 분야에도 어느 정도 기여할 수 있는 기회를 얻게 된 것이다.

2012년 12월 27일, KT 본사에서 열린 UCC총회에서, 나는 IDP 대표라는 직책 외에 UCC 글로벌자문위원이라는 중요한 대외직책을 하나 더 가지게 되었다. KT 노조의 정윤모 위원장님에게 위촉패를 받은 후, UCC 회원사 노사 대표들에게 한 인사말에서, 향후 KT와 7개 기업노사가 국내뿐 아니라 해외로 봉사활동을 넓혀나갈 수 있는 책임 있는 글로벌 파트너가 되겠다고 말했다. 그건 UCC뿐 아니라, 나와 IDP가 2013년에 이루고자 하는 스스로의 다짐이기도 했다.

새해가 된 2013년 2월, 나는 두 가지 중요한 변화를 결정했다. 첫 번째는 사무실을 조금 더 넓은 곳으로 이사하기로 한 것이고, 두 번째는 우정으로 잠시 나를 도와주었던 지연이의 빈자리를 대신해서, UN에 대한 지식과 경험을 가진 새로운 직원의 영입하는 것이었다.

사무실을 옮기는 일은 큰 고민과 결정이 필요했다. 당시까지도 이렇다 할 정기적인 소득이 없었고, 한 번씩 개최하는 프로젝트의 일부 수익으로 사무실을 운영했기 때문에 경제적으로 쉽지 않은 상황이었다. 하지만 UN의 새로운 프로젝트를 그 누구보다 먼저 주도하기 위해서는 조금 더 전문적인 사람과 운영방식이 필요했다. 나는 며칠간의 심사숙고 끝에 지금까지 써오던 1.5인실을 벗어나서, 세 명이 근무할 수 있는 3인실로의 이사를 결정했다. 물론 사무실 사용료는 두 배가 되었지만, 개인 돈을 더 대출받아서라도 꼭 필요한 일이었다. 3인실 이사를 결정하고, 여러 인터넷 사이트와 개인 SNS를 통해 새로운 인턴직원 모집공고문을 내었다. 그리고 또 한 가지 큰 결심을 했는데, 이번에는 그동안 아주 조금씩 주던 인턴 교통비를, 사실상 형식적으로나마 월급처럼 주기로 한 것이다. 거의 아무것도 없는 상태에서 일단 일을 저지르기로 한 것이었는데, 내가 지금보다 더 큰 바구니를 사용하면, 하나님께서 이 바구니 안에 더 큰 내용물을 채워주실 거라는 믿음이 가지고 있었다. 기도와 용기로 시작한 결단이었다.

IDP의 다섯 번째 인턴직원으로 이명주 씨와 배소진 씨 두 명이 함께 일하게 되었다. 명주 씨는 UN의 두 군데 사무소에서 2년간 일한, 정말 UN을 제대로 이해하는 사람이었다. 나와는 우연한 기회로 몇 해 전 알게 되었는데, 그녀가 뉴욕의 UN 본부 사무국에서 NGO를 담당하는 CoNGO(UN NGO 협의체 :Conference of Non Governmental Organization in Consultative Relationship with United Nations)의 인턴일 때와 에티오피아 아디스아바바에 있는 UN아프리카 경제위원회(UN Economic Commission for Africa)에서 일할 때, 꾸준히 연락하던 사이였다. 그리고 소진 씨는 영국의 셰필드대학교에서 유학하며, 유니세프 영국위원회에서 모금활동 캠페인을 진행했던 우수한 재원이었다. 나는 UN에서의 경험이 있는 두 인재와 함께, 새로운 사무실에서 우리가 해야 할 일들의 명확한 목표를 가지고 일하기 시작했다.

우리는 2월과 3월 내내 UN의 차기목표가 무엇인지, 정확한 개념을 찾기 위해 애썼다. 그러다가 2012년 브라질 리우데자네이루에서 개최된 '리우+20정상회의(UN지속가능개발회의)'의 공동채택 선언문, '우리가 원하는 미래(The Future We Want)'를 읽게 되었다. 리우+20정상회의는 1992년 리우에서 처음 시작된 UN환경정상회의의 지난 20년간 활동의 마지막을 장식하는 역대 최대 규모 환경회의였다. 여기서 채택된 선언문에는 새로운 국제사회 공동목표가 '녹색경제'와 '국제 지속가능 발전 거버넌스 개편'이라고 언급하고 있었다. 하지만 '녹색경제'와 '녹색성장'에 대한 개발도상국의 부정적인 평가와 이의제기로, 이를 보완할 새로운 지구촌 공동목표를 설정하기로 합의했는데, 이를 '지속가능발전목표(Sustainable Development Goals)'로 명명했다. 개발도상국 입장에서는 이제 산업화를 이루어 성장하려고 하는데, 이미 발전된 선진국에서 녹색경제라는 이름으로 환경 제재를 가하는 것을 불편하게 생각했던 것이다. 그래서 이를 보완할 선진국의 더 많은 재정적 지원과 도움이 필요하다고 역설하고 있었다. 그러나 선진국에서는 지금까지의 막대한 지원에도 불구하고 자생적인 발전의지가 많지 않은 국가들에 대해 더 이상의 도움은 주기 힘들다고 보고 있었다. 그리고 당시엔 선진국 경제도 어려웠기 때문에 각자의 자국 내에서도 개발도상국에 대한 지원명분을 찾기 어려운 상황이었다. 그래서 UN은 양측의 주장을 듣고, 상호 이익과 불만을 보완하고자, 새로운 목표인 지속가능발전, 즉 'SDGs'를 제시하며 중재했던 것이다.

SDGs에서는 지구환경과 국제사회의 경제적 노력들은 선진국과 개발도상국의 역할 분담이 아니라, 모두가 함께 노력해야 하는 공동목표라는 점을 인식시키고 있었다. 일방의 책임도 아닌 공동의 책임과 목표라는 측면에서 접근한 것이다. 우리가 '지구촌'이라는 말을 쓸 때, 우리 모두가 하나라는 의미로 알고 있고 생각한다면, UN의 접근은 당연히 맞는 말이었다. UN이 MDGs 종료 이후의 중요 목표를, '모두의 의무, 모두의 책임, 그리고 모두의 노력이 필요한 목표'로 설정한 것이다.

그러나 UN의 이러한 중재 노력에도 불구하고, 여전히 개발도상국과 선진국 모두 이 목표에 대해 구체적인 지지와 언급을 피한 상태였고, 만장일치의 강력한 동의를 얻기에는 어려운 공동선언문이었다. 하지만 나는 이 모호한 중재안이 분명히 다음 세대의 강력한 목표가 될 수 있을 거라고 생각되었다. 왜냐하면 비록 모두의 동의를 완벽히 얻은 목표는 아닐지라도, 동시에 모두가 반대하지 않는 유일한 목표였기 때문이다. SDGs를 추진하는 과정에서 UN과 UN을 돕는 기구들이 많은 의견 제안을 할 것이고, 그 과정을 거치면, 여러 문제점을 찾고 해결해나가게 될 것이라고 생각했다. 그래서 나는 명주 씨와 소진 씨에게 이 'SDGs'에 대한 정보를 찾아보자고 제안했다.

두 사람은 몇 주에 걸쳐, UN 웹사이트와 수많은 관련 온라인 페이지들에서 SDGs에 대한 정보를 얻기 위해 노력했지만, UN을 충분히 알고 있던 두 사람의 노력에도 불구하고 사실상 거의 소득이 없었다. 모두가 크게 공감하는 목표가 아닌 상황에서 SDGs에 대한 언급을 직접적으로 하는 기구들이 거의 없었기 때문이다. 우리는 무척 답답한 마음이었지만, 그렇다고 SDGs에 대한 믿음을 버리진 않았다. 그래서 조금 다른 시각으로 접근하여 다시 찾아보았는데 몇 가지 중요한 사실들을 알게 되었다.

우선 꼭 구체적으로 SDGs라는 용어를 쓰지는 않아도, 대부분의 UN기구들에서 지속가능(Sustainable)과 지속가능발전(Sustainable Development)이라는 단어는 광범위하게 쓰고 있다는 점을 알게 되었다. 우리는 다시 이 단어들에 집중하여, UN의 흐름과 국제사회의 흐름을 찾아보기로 했다. 그래서 마침내 SDGs가 언급되는 몇몇 정책과 관련 위원회를 찾아낼 수 있었다. 그중 UN의 전문기구인 UNEP(United Nations Environment Programme: UN환경계획)이 EMG(Environment Management Group)라는 SDGs와 관련된 위원회를 운영한다는 사실을 알 수 있었다. UNEP은 1972년 개최된 국제사회 최초의 환경회의였던 UN인간회의(United Nations Conference of the Environment)의 결의로 탄생한 UN의 환경 전문기구였다. 하지만 이 EMG에는 독립된 웹사이트가 없었고, UNEP과 몇몇 다른 기구들의 공동 운영위원회라고만 짧게 언급되어 있었다. 우리는 이 EMG를 알게 되었을 때, 다른 한 가지 새로운 사실도 더 알게 되었는데, 그 내용은 세계적으로 저명한 경제학자인 제프리 삭스(Dr. Jeffrey David Sachs) 컬럼비아대학교 교수가 한 신문에 낸 기고문이었다. 제프리 삭스 박사는 UN 사무총장의 MDGs 자문관도 맡고 있었다. 그는 기고문에서, "MDGs 이후의 중요목표인 지속가능발전을 위해 UN 사무총장이 새로운 글로벌 이니셔티브를 발족하게 되었고, 이 이니셔티브의 명칭은 SDSN(Sustainble Development Solution Network a Global Initiative for the United Nations: 지속가능발전해법네트워크)이다."라고 밝혔다. 우리는 즉시 SDSN에 대한 정보를 찾아보았다. 그러나 검색을 통해서는 도저히 찾을 수 없었다. 고민을 하던 중, 명주 씨의 제안으로 SDSN이 쓸 것 같은 URL을 예측해서 하나씩 직접 입력하며 검색해 보기로 했다. 그야말로 깜깜한 밤중에 바늘 찾기 시도였다. 하지만 그렇게 몇십 번의 시도 끝에 우리는 드디어 SDSN의 웹사이트를 찾을 수 있었다. 우리는 홈페이지를 발견한 것만으로도 손뼉을 치며 무척 기뻐했다. 아직 SDSN의 웹사이트가 구글 검색을 통해 나오지 않는다는 건, 외부에 거의 알려지지 않았다는 뜻이고, 또한 우리가 거의 처음으로 이곳에 접촉하는 기관일 가능성이 크기 때문이었다. 우리는 마치 금광을 발견한 것처럼, 매우 세심하고 조심스럽게 웹사이트 목록 하나하나를 자세히 읽어보았다. 그러다가 몇 가지 중요한 정보를 얻게 되었는데, 우선 이 이니셔티브는 UN의 리우+20 정상회의 결과 만들어졌다는 사실과 반기문 총장께서 직접 발표하셨다는 점, 전 세계 최고 전문가들의 네트워크로 만들어져서 SDGs 의제설정에 보고될 거라는 점, 그리고 마지막으로 각국의 네트워크 회원기관을 접수받고 있다는 점이었다. 하나부터 열까지 모든 부분이 우리 IDP가 원하는 새로운 목표와 시도에 최상의 조건이었다. 우리는 그날 하루 동안은 SDSN의 회원기관은 어떤 방법으로 될수 있는지를 찾아보고 또 찾아보았다. 그리고 퇴근할 무렵(물론 난 그 당시 항상 10시 넘어서 퇴근했다.) SDSN Membership 신청서와 조건을 자세히 알 수 있었다.

다음 날부터 까다로운 SDSN의 회원기관 신청서에 맞추기 위해, IDP의 모든 활동내용과 목적, 법적인 서류들을 다시 정리했다. 하지만 이 신청을 진행하면서 몇 가지 문제가 생겼는데, 먼저 SDSN은 정말 갓 설립된 상태여서, 하루에도 여러 번 웹사이트 메뉴와 주요 내용이 바뀌고 있었고, 이는 신청서 양식에도 매번 변화를 주었다. 그리고 두 번째는 우리가 시도하려는 신청 조건들이 처음과는 다르게 갈수록 학술기관에 초점이 더 맞춰지고 있다는 점이었다. 즉 각국의 지속가능발전을 연구하는 학술기관과 대학교가 회원기관으로 설립되기 좋도록 SDSN의 방향성이 다시 설정되고 있었다. 아무래도 지속가능발전에 대한 해법을 찾기 위한 전문가 네트워크라는 목적에 맞게 변화하는 것 같았다.

신청서 작성은 약 2주간에 걸쳐, 자료 파악과 번역 등을 한 뒤, 최종적으로 한 번 더 내용을 확인하고 3월 마지막 주에 접수했다. 신청서를 제출할 때쯤은 이미 SDSN의 신청 자격요건 대부분이 대학교와 연구기관에 맞춰져 있었고, 우리는 여러 차례 SDSN 본부와의 메일과 전화 연락 등을 통해, 그러한 사실들을 인지하고 있었다. 더군다나 SDSN 본부 집행위원에는 저명한 경제학자이자 한국 정부의 녹생성장위원회 위원장을 지낸 양수길 교수님이 참여하고 있었고, 양 교수님은 현재 KDI 국제정책대학원 교수로 일하고 계셨다. 만약 한국지부가 생긴다면 당연히 교수님의 KDI 국제정책대학원이 될 가능성이 높아 보였다. 나는 명주 씨와 소진 씨에게, IDP가 SDSN 한국지부가 될 가능성은 높지 않기 때문에 지난번 찾았던 UNEP의 EMG위원회에 다시 연락해 보자고 했다.

우리는 4월이 되어, 스위스 제네바에 있는 UNEP EMG의 연락처를 찾을 수 있었다. 위원회가 위치한 제네바에는 우리 대사관이 있었기 때문에 나는 주 제네바 국제연합 대한민국 대표부에 도움을 요청해 보기로 했다. 자료를 준비한 뒤, 한국 대표부와 통화했고 거기에서 도움을 줄 만한 이창홈 서기관을 알게 되었다.

그리고 드디어 이 서기관의 도움을 통해, UNEP EMG위원회와 연락을 할 수 있게 되었다. 우리는 EMG에 공문을 첨부하여 연락했고, 생각보다 우리의 요청과 궁금증에 대한 답변이 빨리 왔다. 먼저 그들은 자신들이 SDGs를 결정하는 위원회가 아니고, 만약 SDGs에 대해 궁금하다면 UN 본부 사무국에 직접 문의해 보면 좋겠다고 했다. 그리고 SDGs를 담당하는 UN 사무국은 UN DESA(Department of Economic and Social Affairs: UN경제사회국)라는 사실도 알려주었다. 우리는 다시 메일을 보내서, DESA의 어떤 오피스에 연락해 보면 좋을지 물어보았다. 그들은 DESA 내의 지속가능발전 전담부서인 DSD(Division for Sustainable Development: 지속가능발전부서)를 알려주었고, 한 가지 덧붙이는 말로, DSD 내의 UNOSD(United Nations Office for Sustainable Develop-

믿고 있다면 모든 것이 가능하다

ment: UN지속가능발전센터)는 한국 송도에 사무실이 있으니, 이곳에 직접 문의해 보는 것도 좋은 방법이라고 알려주었다.

새로운 파트너 UNOSD를 만나다

우리는 그 내용까지 알게 된 뒤, UNOSD에 연락할 방법을 고민해 보았다. 아무래도 우리가 직접 UN 사무국에 연락하기보다는, 누군가 우리 IDP를 UNOSD에 자연스럽게 소개해 주면 좋을 것 같았다. 그런 고민을 하던 중 명주 씨가 자신이 UN 본부에서 일할 때 오피스였던 CoNGO에 도움을 청해 보자고 했다. CoNGO는 UN과 관계를 맺고 있는 NGO들의 회의 협의체였다. 명주 씨는 UN 본부에서 1년간 CoNGO 사무실에서 일했기 때문에 그들이 NGO들의 어려움과 여러 문제를 도와주고 있다는 사실을 알고 있었다. 물론 그녀는 CoNGO의 담당자도 잘 알고 있었다. 나는 좋은 아이디어라고 말하며, 오늘 밤 당장 연락해 보자고 했다. 명주 씨는 밤늦게 뉴욕 현지시각에 맞춰 자신이 잘 아는 담당자에게 메일을 보냈고, 그 담당자는 우리 이야기를 충분히 이해하며, 자신의 동료에게 UNOSD에 연락할 방법을 물어보겠다는 답장을 보내주었다. 그 답장을 본 우리는 긴장과 기대감에 가득 차게 되었다.

일주일 뒤, CoNGO 담당자로부터 다시 메일이 왔다. 그녀의 동료가

UNOSD를 잘 알며, 원한다면 그곳의 소장인 무하마드 아슬람 차우드리 박사님(Dr. Muhammad Aslam Chaudhry)에게 우리 요청을 CC(함께 포함시켜서) 해서 메일을 보내주겠다는 내용이었다. 우리는 기적이라고 생각했다. 그리고 바로 답장을 보내서, 진심으로 감사하다는 내용과 함께, 아슬람 소장님께 메일을 CC해달라고 요청했다. 그녀는 바로 답장을 보내주며, 그렇게 하겠다고 했고, 다음 날 실제로 UNOSD의 아슬람 소장님에게 우리 요청과 메일을 함께 보내주었다. 그리고 UNOSD에서는 그 요청을 받아들여, 궁금한 사항이 있으면 직접 문의 달라는 메일을 우리에게 보내주었다. 새로운 목표를 찾은 지 4개월 만에, SDGs를 담당하는 UN 사무국에서 직접 우리에게 연락을 준 것이다. 흥분되는 일이었다.

우리는 기뻐할 틈도 없이 UNOSD를 방문하기 위한 준비를 했다. 가장 먼저 한 일은 UNOSD가 어떤 곳인지, 언제 설립되었는지, 어떤 목적을 가진 UN 사무국인지 등을 알아보는 일이었다. UNOSD는 아시아 최초의 UN 교육연구기관으로서 매우 큰 상징성을 가지고 있었고, UN의 차기 최대 목표인 지속가능발전의 연구와 역량개발을 담당하고 있었다. 2009년 한국 정부와 인천시, 연세대 등의 적극적인 공동 유치작업을 통해, 3년 만에 한국에 유치하게 된 UN의 직속 사무국으로 2012년 6월 8일 개소식을 갖고 시작한 신생 UN기관이었다.

신설된 UN기관이라는 특징 때문인지 활발히 여러 사업을 진행하고 있었는데, 아시아 전역과 아프리카, 유럽의 국가들까지 지속가능발

믿고 있다면 모든 것이 가능하다

전을 위한 연구에 동참시키는 의욕을 보이고 있었다. 특별히 의미 있는 점은 UNOSD가 설립된 이후, 민간분야에서 최초로 UN의 지속가능발전목표를 지원하기 위해 OSD와의 협력을 요청한 기관이 바로 우리였다는 사실이다. 우리는 UNOSD와 몇 차례 연락을 주고받은 후, 직접 통화를 하여 면담 약속시간을 정했다. OSD에서는 행정업무를 총괄하며 Team Assistant로 일하는 최혜경 씨(Ms. Shelley Choi)가 우리의 약속을 도와주었다. 그녀는 젊고 아름다운 여성으로, 중국과 미국에서 성장하면서, 컬럼비아 대학교에서 학부와 대학원을 모두 졸업한 뛰어난 재원이었다. 그리고 매우 친절하며 배려 깊은 UN 직원이었다. 나는 그녀의 도움 덕분에 UNOSD의 당시 소장이셨던 아슬람 박사님과의 면담일정을 잡을 수 있었다. 어느덧 5월 중순이 되었지만, 우리는 아직 SDSN의 대답을 듣지 못한 상황이었기 때문에 OSD와의 약속을 조금 미루어 6월 중순으로 잡은 뒤, 먼저 SDSN의 결정을 기다리기로 했다.

우리의 일정을 마치 정확히 알고 있었다는 듯이 때마침 SDSN에서 최종적인 답이 왔다. 예상한 대로 우리가 SDSN의 한국지부에는 선정되지 못했다는 내용이었다. 나는 UNOSD와의 면담을 기대하고 있었고, SDSN의 결과는 어느 정도 예상한 상태였기 때문에 크게 실망하지 않았다. 대신 소진 씨에게, 우리가 SDSN의 파트너로서 소식을 들을 수 있도록 메일링 리스트(Mailing List)에 올려달라는 내용을 다시 보내라고 했다. 그리고 한 달 뒤 있을 UNOSD와의 면담을 차분히 준비하기로 했다.

1%의 가능성을 가지고 시도하다

6월 17일 월요일, 명주 씨와 나는 이른 아침 만나서, UNOSD로 출발했다. UNOSD의 사무실은 인천 송도에 있었고, 우리는 점심 직후 면담이 예정되어 있어 조금 여유가 있었지만, 처음 가보는 곳인 만큼 주변을 조금 둘러볼 겸 일찍 출발하기로 했다. 송도는 완전히 외국 같은 분위기였다. 국제도시라는 명칭 그대로, 어느 곳에 가도 이국적인 분위기가 물씬 느껴졌다. 우리는 깔끔하고 넓은 도로를 따라서, 약속 시간 조금 전에 OSD에 도착할 수 있었다.

UNOSD는 연세대 국제캠퍼스 내에 위치하고 있었는데, 국제캠퍼스 역시 외국의 어떤 대학교를 보는 느낌이었다. 넓은 지하주차장에 차를 주차하고, 1층으로 올라가서 UNOSD로 가는 길을 안내받았다. 2층의 사무실 입구에 도착하자, UN로고가 새겨진 두꺼운 철문이 나타났다. 우리는 긴장되는 마음으로 문 옆에 있는 벨을 눌렀는데, 여러 번 통화로 꽤 익숙했던, 최혜경 씨의 밝은 목소리가 들렸다. 그리고 내 생각보다 훨씬 더 젊고 활기찬 그녀와 반갑게 인사를 나눌 수 있었다. 그녀의 안내로, 입구 바로 옆방에 있던 강상인 선임정책관과 인사를 나눴다. 그는 환경정책평가연구원 출신의 연구자로 환경과 지속가능 분야에서 인정받는 학자였다. 그와도 반갑게 인사를 나눈 후, 드디어 아슬람 소장님의 방으로 안내되었다. 아슬람 소장님은 파키스탄 출신으로 UN에서만 25년을 넘게 근무한 베테랑 국제기구 공무원이었다. 그 역시 우리를 반갑게 환영해 주며, 자리를 권했다.

나는 그에게 우리가 해왔던 일들을 자세히 소개했고, 향후 SDGs를 위해 해나가고 싶은 계획들을 자세히 설명했다. 그는 IDP가 가진 국회와 각 기업에 대한 네트워크에 큰 관심을 보였고, 우리가 구체적으로 원하는 내용이 무엇인지를 물었다. 나는 미리 준비해 간 공문을 전달하며, IDP를 UN의 지속가능발전목표(SDGs)를 지원하는 기구로 재설립하고 싶으며, 여기에 대한 UNOSD의 의견을 얻고 싶다고 했다. 즉 우리의 현재 단체명인 IDP(International Development PR Foundation)를 SDGs가 포함되는 명칭으로 변경하고, 이를 지원하는 기구라는 뜻으로 재설립을 허가해 달라고 요청했다.

아슬람 소장님은 공문의 취지는 충분히 이해하지만, 우리 기관은 한국 외교통상부 소관의 비영리 법인이기 때문에 자신들이 설립허가를 해 준다는 것은 어렵고, 대신 우리 기관이 UN SDGs를 위해 활동하며, 향후 관련 역할을 할 것이라는 설립에 대한 UN의 의견을 주겠다고 했다. 이 역시 UNOSD 혼자 결정할 수는 없기 때문에 UN DESA(UN경제사회국)에 보고해야 하고, DESA에서 이 내용이 승인되면 다시 공문으로 우리에게 답을 주겠다고 말했다. 나는 그에게 만약 IDP가 SDGs를 지원하기 위한 기관으로 재설립된다면 UNOSD의 국내 네트워크 확장과 지원 등을 위해 아낌없이 노력하겠다는 뜻을 밝혔다. 아슬람 소장님은 그 말에 무척 큰 기대를 보였다.

우리는 30분간의 면담시간 동안 다양한 이야기를 주고받으며 UN SDGs 확산을 위해 함께 크게 노력해 나가자고 의견을 모았다. 우리의 요청에 대해 그 자리에서 확실한 답을 얻지는 못했지만, SDGs를 위한 기관으로 재탄생하겠다는 뜻에는 OSD 역시 매우 긍정적으로 평가하며 크게 환영했다. 나와 명주 씨는 다음 주 내로 정확한 답을 주겠다는 그들의 말에 안도와 기쁨을 가지고 다시 사무실로 돌아올 수 있었다.

UNOSD와 면담을 하고 온 다음 날인 18일, SDSN으로부터 다시 메일을 받게 되었다. 그들은 메일에 공문을 함께 첨부하며, 우리를 중요한 메일링 리스트에 등록했고, 향후 지속적인 관심과 활동을 서로 주고받자는 내용을 보냈다. SDSN의 지부를 유치하기 위해 노력한 것에 비하면 작은 결실이지만, 그래도 UN 사무총장님이 발족한 지속가능발전 글로벌 이니셔티브에 동참하게 되었다는 것만으로도 나쁘지 않은 결과였다.

| 서른세 살, 2012년 6월 24일

OSD를 방문한 다음 주인 6월 24일 월요일, 나는 광화문의 한국언론진흥재단 건물을 방문했다. 그곳에서는 인텔과 영국문화원, 그리고 한국과학창의재단이 개최하는 창업가정신 청년콘테스트 개회식이 진행 중이었는데, 이번 콘테스트에 IDP는 주요 후원기관으로 이름을 올리게 되었다. 몇몇 주요 인사를 개회식 축사자로 함께 섭외해 주었기 때문이다. 개회식이 시작한 지 얼마 되지 않아, 나는 휴대전화의

믿고 있다면 모든 것이 가능하다

메일 수신알람이 온 것을 보게 되었다. UNOSD에서 한 통의 메일이 온 것이었다. 나는 행사장을 재빨리 빠져나와 메일을 열어 보았고, 최혜경 씨가 보낸 메일에는 아래 첨부된 공문을 확인해달라는 간단한 말만 쓰여 있었다. 긴장되고 두근거리는 마음으로 첨부된 파일을 열어보았다. 그런데 그 공문에는 정말 믿을 수 없는 내용이 기재되어 있었다.

내 이름 앞으로 온 공문 제목은 "Establishment of Korean Association for Supporting SDGs: USDGS 지원 한국협회 설립"이었다. 정말 보면서도 믿을 수 없었다. UN의 지속가능발전을 직접 담당하는 사무국에서 우리 기관이 UN SDGs를 지원하는 기관으로 재설립되었다는 내용에 공식적으로 동의해 준 것이다. 그리고 제목 아래 이어지는 내용에서는, 우리가 UN 사무국에서 이전에 받은 공문들을 토대로 우리를 SDGs를 지원하는 기관으로 인정하겠다는 내용이 있었고, 한국을 넘어서 국제사회에서 활발히 활동해 주기를 바란다는 말이 덧붙여 있었다. UNOSD 아슬람 소장님 명의로 온 이 공문으로 작년 12월 반기문 사무총장님을 뵙고 온 후 시작한 IDP의 새 목표에 대한 설정을 6개월 만에 마무리할 수 있게 된 것이다. 그리고 그 목표를 향해 활동할 수 있는 출발선에 다시 설 수 있게 되었다.

7월 둘째 주가 되어, 나는 IDP의 단체명을 국내에서 정식으로 변경하기 위해, 정관을 수정하고, 다시 외교부에 허가요청을 준비했다. 한국명으로는 '에스디지에스지원한국협회', 공식 영어명은 'Korean

Association for Supporting SDGs', 그리고 약자로는 'ASD'를 쓰기로 했다. 그리고 이 한국어 명칭을 사용하기 전에 UNOSD에 마지막으로 한 번 더 확인을 요청했다. OSD는 에스디지에스지원한국협회와 ASD를 쓰는 것을 반대하지 않겠다는 공문을 보내주었고, UN 사무국의 DSD, OSD를 이어, SDGs를 지원하는 기관으로 ASD를 설립하는 것을 동의해 주겠다고 했다.

UN 본부 사무국과 한국 외교부 UN과에서는 비단 'UN'의 직접적인 명칭뿐 아니라, 'SDGs' 등 UN 관련 명칭도, 반드시 UN의 동의와 승인이 있어야 한다고 명시하고 있었다. 또한 UN 경제사회이사회 협의지위를 받는 것을 우선적으로 추천했다. 그래서 나는 관련 규율대로 이후에 정식으로 우리가 경제사회이사회(ECOSOC) 협의지위에 요건을 맞추어 도전하겠다고 하고, 우선은 임시 이사회에서 승인된 정관 변경, 단체명 변경 등의 동의서를 OSD 공문과 함께 외교부에 제출했다. SDGs를 위한 UN 지원기구 설립의 첫발을 내딛게 된 것이다.

보통 정부의 승인심사가 한 달 정도 걸리는 것을 알고 있었기 때문에 나는 그 사이에 임시 단체명인 ASD로 가장 시도해 보고 싶었던 사업을 추진하기로 했다. ASD가 되면 가장 먼저 하고 싶었던 사업은, 단연 국회 내의 UN SDGs 포럼 창립이었다. 국회와 함께 UN 프로젝트를 추진하는 일은 늘 나에게 중요한 관심사였으며, 특히 SDGs라는 뚜렷한 목표가 새로 설정된 만큼 아직 어떤 국가에도 없을 SDGs와 관련된 국회 모임을 만들고 싶었다. 국회 UN SDGs 포럼 창립은 ASD

로 재설립한 나에게 가장 큰 목표 중 하나였던 것이다. 특히 나는 현재 우리 국회에 있는 기구를 활용하여 이 일을 자연스럽게 이어갈 수 있다고 생각했다.

우리 국회는 SDGs 이전 UN 목표인 MDGs와 관련되어, 전 세계 유일의 포럼을 운영하고 있었다. 3년 전 창립된 국회 UN MDGs 포럼은 활동 기한이 2015년에 종료되는데, 만약 그 전에 UN SDGs 포럼을 창립하면, MDGs 포럼에 참여한 의원들에게 UN의 지속가능발전목표도 자연스럽게 알리고 참여를 요청할 수 있을 것 같았다. 그래서 나는 우선 MDGs 포럼의 회장이었던 새누리당의 이주영 의원님을 면담하기로 하고, 의원실에 연락했다. 그는 UN과 국제사회 목표에 대해 가장 이해도가 높은 의원 중 한 분이었고, MDGs 포럼 회장을 맡고 있었기 때문에 후속 포럼 설립에 우호적일 것 같았다. 간단한 내 소개와 우리 ASD에 대한 소개를 쓰고, 면담하고자 하는 내용을 요청공문에 첨부하여 함께 보냈다.

이틀 후, 이주영 의원실에서 면담을 허락하겠다는 답변이 왔고, 7월 19일로 면담이 정해졌다. 당시 이주영 의원님은 새누리당의 정책 싱크탱크인 여의도 연구소의 소장을 맡고 계셨기 때문에 나는 그곳으로 의원님을 뵈러 갔다. 이주영 의원님은 평소에 여러 매체를 통해 들은 인품 그대로, 매우 겸손하고 온화한 사람이었다. 그는 차분히 앉아서 나의 긴 설명을 꼼꼼히 들었다. 그리곤 내가 가져간 공문과 제안 내용들을 다시 한 번 스스로 천천히 소리 내어 읽었다. 그는 판사 출신

답게 매우 신중한 태도를 가지고 있었고, 나와 충분히 대화를 나눈 뒤 이렇게 말했다. "아직 국회 UN MDGs 포럼이 종료되지 않은 시점에서, 내가 새로운 포럼을 설립하고, 회장을 맡는 것은 부적절한 것 같아요. 대신 우리 포럼의 간사를 맡고 있는, 매우 젊고 능력 있는 국제통 의원을 한 명 소개해 줄 테니. 그를 다시 한 번 직접 찾아가서 말해 보는 게 어떻겠습니까?"

나는 그가 어떤 의원을 소개해 주실지 짐작하고 있었다. 그가 소개해 줄 의원은 새누리당의 초선의원이 된 이재영 의원님이었다. 매우 젊은 나이였지만, 미국에서 공부하고, 세계적 경제 협의체인 세계경제포럼(World Economic Forum: 일명 다보스 포럼)의 아시아 국장까지 역임했던, 말 그대로 국제통 의원이었다. 그 자리에서 이주영 의원님은 직접 이재영 의원님에게 전화를 걸어서, 나에 대한 설명과 관련 내용을 꽤 한참 동안 설명해 주었다. 그리고는 이재영 의원에게 휴대전화 번호를 나에게 알려 줄 테니 꼭 만나보라는 말을 했다. 본인이 직접 맡아서 하기 곤란한 상황은 충분히 이해했지만, 이렇게 세심하게 배려해 줄 거라고는 상상하지 못했다. 나는 몇 번이고 감사의 인사를 고개 숙여하고 여의도 연구소를 나왔다.

그리고는 3일 뒤 국회의 이재영 의원실을 찾았다. 첫눈에도 명석해 보이는 이재영 의원님은, 내가 말하고자 하는 내용을 매우 정확히 인지하고 있었다. 하지만 그 역시, MDGs 포럼 종료 전에, SDGs 포럼을 시작하는 것은 힘들어 보이고, 또한 초선인 자신이 이런 포럼의 회장을 맡는 것은 더욱 안 맞는다고 했다. 대신 그는 지속적으로 서로 국제 관련 여러 사안들과 의견을 주고받으며, 연락하자고 했다. 사실상 국회 UN SDGs 포럼에 대한 제안이 모두 실패한 것이다. 하지만 두 의원님과의 면담을 통해, 나는 국회 내의 여러 가지 관심도와 시기, 분위기 등 중요한 상황을 알 수 있게 되었다. 그것만으로도 꽤 훌륭한 성과였다.

ASD에 대한 외교부의 정식 설립허가가 아직 나지는 않았지만, 국회 UN SDGs 포럼 설립에 이어, 두 번째로 중요한 과제는 회원사 확보였다. 현재까지 회원은 정식 회사가 아닌, 사회공헌 협의체인 UCC뿐이었고, 우리의 재정은 위태로운 상태였다. 나는 보름 전 세 번째 대출을 받게 되었는데, 하지만 그마저도 충분하지 않은 금액을 받았기 때문에 사무실 운영이 어려운 상태가 되었다. 명주 씨와 소진 씨의 월급도 더 이상 줄 수 없는 상황이 되었고, 난 그들에게 6개월 만에 마지막 월급과 성과급을 주고, 서로 상의하여, 각자의 길을 가기로 했다. 최고의 인재를 확보하며 굉장한 성과를 냈지만, 결국 재정난으로 다시 헤어지게 된 것이다. 정말 마음이 답답하고 무거웠다.

나는 다시 혼자 사무실에 남게 되었고, 그동안 우리의 활동에 우호적이었던 기업들에, ASD 설립 준비를 알리고 회원사 가입을 편지와 공문을 보내 요청했다. 몇몇 기업은 검토하겠다고 했으나, 언제 회원사 가입이 정해질지 알 수 없는 상황이었다. 그때, 우리와 오랫동안 좋은 관계를 가졌던 일동제약에서 회원사 가입을 결정하겠다는 연락이 왔다. 나는 너무 기쁜 마음에 단숨에 일동제약 본사가 있는 양재동으로 달려갔다. 일동제약의 이정치 회장님은 연세가 지긋한 분이셨는데, 우리 ASD의 활동에 적극적이고 긍정적이었다. 그는 지난 몇 차례 IDP의 행사에도 직접 참여하는 등, 우리의 든든한 지원군이었다.

드디어 7월 30일 ASD의 두 번째 회원사가 생겼다. 나는 이정치 회장님께 ASD 가입증을 전달했고, 그는 환하게 웃으며, 회원사가 된 일을 기쁘게 생각한다고 화답해 주었다. 일동제약의 회원 가입으로, 당분간 사무실을 운영할 수 있는 약간의 동력이 생기게 되었다.

하지만 마음속에는 여전히 경제적인 걱정을 가지고 있었고, 잠 못 이루는 날들이 많아졌다.

8월 23일 금요일 저녁에 한 통의 전화를 받았다. 대통령 통일 자문 헌법기구인 민주평화통일자문회의에서, 다음 주 수요일에 개최되는 전체회의의 2030 대표로 선발되었으니, 준비해달라는 내용이었다. 나는 지난달에 대통령이 주는 임명장을 받으며, 민주평화통일자문회의 제16기 자문위원으로 선임되었었다. 민주평통은 말 그대로 대통령을 의장으로 모시고, 자문하는 헌법기구로, 통일과 안보분야에 대해, 각계와 지역을 대표하는 1만 9,000명의 명망가들이 2년 임기로 자문위원 활동을 하는 기구였다. 나는 이 기구의 청년 몫 자문위원으로 선발되었는데, 임기 첫해에 개최되는 유일한 전체회의에 청년대표로 다시 선출된 것이다. 감사하고 영광스러운 일이었다. 현재 대통령을 취임 9개월 전 IDP 행사에서 만난 이후로, 1년 3개월 만에 바로 옆에서 다시 만나게 되었다.

믿고 있다면 모든 것이 가능하다

청년대표를 수락하고, 8월 28일 오전, 회의가 개최되는 장충체육관으로 향했다. 전체회의가 시작될 때, 나는 대통령 옆에서 함께 입장하며, 참석한 자문위원들에게 손을 흔들었다. 행사 중간에는 청년대표로 퍼포먼스에 직접 참여하기도 했다. ASD 활동에 전념하며 살고 있던 내게, 특별한 하루와 특별한 경험이 된 것이다.

나는 행사 중간에 울려 퍼지는 애국가와 아리랑을 들으며, 문득 2009년에 처음 정부대표단으로 중국을 방문했던 경험이 기억났다. 중국 방문 3일째 되는 날, 우리 일행은 중국 네이멍구 자치구 주석만찬에 초대되었는데, 그 자리에서 내가 무반주 아리랑을 불렀던 경험이 기억난 것이다. 그때의 경험이 그 순간 생각나면서, 한국인이라는 사실이 새삼 정말 자랑스럽게 여겨졌다. 그리고 국가와 국제사회에서 중요한 일을 하고 있다는 마음 또한 나를 더욱 뭉클하게 했다.

가치

그 사이 8월 초, 나의 간절한 마음을 알고, 몇몇 기업에서 약간의 후원금을 보내주었다. 어느 정도 사무실 운영이 가능한 예산이었다. 나는 ASD로 재설립된 중요한 시기에, 더욱 활발한 프로젝트와 아이디어들이 필요했고, 다시 6개월 정도 함께 일할 인턴직원을 선발하기로 했다. 그동안 한 명, 한 명의 소중한 친구들의 봉사와 헌신으로 IDP와 ASD는 크게 성장할 수 있었다. 나는 앞서 함께 일한 친구들과 직원들에게 무한한 감사와 존경을 가지고 있었고, 언젠가 그들에게 실질적인 도움과 고마움을 돌려주겠다고 늘 마음먹고 있었다.

　이번에는 명주 씨처럼 실무적으로 경험이 있는 직원까지는 아니지만, ASD가 하고자 하는 일에 관심이 많고 해외 경험과 어학능력이 풍부한 인턴직원을 선발하기로 했다. 본격적으로 UN SDGs를 연구하고, 한국에서 어떤 역할을 할지 고민해야 하는 시기였고, 그러기 위해서는 UN에서 시시각각 업데이트되는 살아 있는 정보들을 정확히 검색해야만 했다. 새로운 인턴으로 경희대 학생 이윤아 씨와 숙명여대 학생 박보경 씨가 합류할 시점에, 마침 인텔에서 꽤 힘이 되는 후원금을 보내주었다. 나는 새 인턴직원들과 향후 6개월은 무리한 캠페인을 개최하기보다는 우리 협회 ASD가 제대로 설립되고 내실을 갖춰 나갈 수 있도록 내적으로 성장하는 시기로 계획했다. 그래서 내년 2014년에는 국제사회에서 ASD가 SDGs에 대한 결정적인 역할을 하는 협회로 서도록 하는 것이 2013년 하반기 목표였다. 이 일을 함께하게 될 윤아 씨와 보경 씨는 그전 인턴들과 직원들, 그리고 함께 도와준 지인들이 그랬듯이, 매우 활발하고 긍정적이며 똑똑한 사람들이었다. 부족한 내가 매번 이렇게 훌륭한 사람들과 함께 일할 수 있다는 것은 틀림없는 하나님의 큰 축복이었다.

우리는 ASD가 외교부의 정식 승인되기를 기다리며, 매일 UN 웹사이트와 다양한 국제 관련 기구들의 사이트를 방문했다. 그리고 2년 동안 UN과 주고받은 메일 및 공문들을 체계적으로 정리했으며, UN과 국제사회가 SDGs를 통해 추구해나가고자 하는 방향을 면밀하게 파악했다.

UN의 SDGs는 크게 두 가지 분야로 구체적인 모습들을 드러내기 시작했다. 우선 반기문 사무총장님이 발족한 두 글로벌 이니셔티브인 'Post 2015 개발어젠다를 위한 고위급 패널(High Level Panel Eminent Persons on the Post 2015 Development Agenda: HLP)'과 '지속가능발전해법네트워크(SDSN)'에서 지속가능발전목표(SDGs)의 방향에 대한 구체적인 보고서를 내기 시작했고, 특히 HLP의 보고서인 'A NEW GLOBAL PARTNERSHIP: ERADICATE POVERTY AND TRANSFORM ECONOMIES THROUGH SUSTAINABLE DEVELOPMENT(새로운 글로벌 파트너십: 빈곤퇴치와 지속가능발전으로의 경제전환)'과 SDSN의 보고서인 'An Action Agenda for Sustainable(지속가능성을 위한 행동 어젠다)'에서는 기후변화와 환경, 에너지 등과 같은 지구환경에 대한 이슈 한 축과 빈곤과 지속가능한 사회의 핵심인 경제적 이슈들을 다른 한 축으로 새 목표들을 제시했으며, 이는 UN이 다듬고 있는 SDGs의 방향과 거의 같은 내용으로 표현되고 있었다. 우리는 매일 UN에서 나오는 새로운 보고서들을 최대한 꼼꼼히 살피며, 우리 협회가 할 수 있는 일들을 고민했다.

그리고 얼마 후 SDGs의 목표설정을 다루는 UN 내의 또 하나의 그룹인 'Open Working Group(OWG: 공개작업반 회의)'과 UN 사무국이 SDGs 목표설정을 위한 31가지의 구체적인 제안을 UN 경제사회이사회에 내게 되었다. 그 31가지 목표는 당시까지 SDGs를 위해 나온 가장 세밀한 의제였고, 이를 각 회원국에서 우선순위를 정하도록 하고 있었다. 우리는 이 의제들을 다루기 위해 UN이 어떤 문제를 우선적으로 언급하는지 주목하고 있었다. 그리고 다시 몇 주가 지나자, UN은 이러한 구체적인 의제들을 다루기 위해서 세 분야가 적극적으로 나서야 한다고 강조했다. 그 세 분야는 정책 리더들의 참여, 민간 분야(특히 글로벌기업)의 참여, NGO들의 참여를 말하는 것이었다.

세 분야 모두, 그 누구보다 우리 ASD가 다루기에 최적의 내용들이었다. 우선 UN은 전 세계 193개국을 회원국으로 두고 있지만, 정작 MDGs나 기후변화대응과 같은 중요한 의제에서는 매번 심각한 도전을 받고 있었다. 대표적인 도전으로 예산문제를 들 수 있는데, UN의 회원인 각국 행정부에서 국제사회 프로젝트에 참여를 선언하여도, 각국 의회에서 예산을 통과시켜준다는 보장이 없었다. 다들 자국의 문제가 우선이었기 때문에 UN의 이슈는 큰 관심사가 아니었던 것이다. 두 번째로 MDGs는 선진국들이 개발도상국을 돕는 구조였다면, SDGs에서 다루는 기후변화, 환경문제, 지속가능한 경제이슈는 개발도상국만의 문제가 아닌, 선진국의 문제이기도 했다. 따라서 여기에 대한 재원조달에는 국가 차원뿐 아니라, 사회 전반의 인프라와 경제시스템을 가지고 있는 민간자본의 참여가 필수적이었다. 즉 글로벌기업의 SDGs 참여와 재정후원이 매우 중요한 요소였다. 세 번째로 NGO의 역할은 MDGs 때보다 더욱 중요하고 확대될 것이라는 내용이었다. 이는 SDGs의 주제 자체가 MDGs와는 비교할 수 없을 정도로 매우 폭넓고 광범위했기 때문에 각 분야 전문 NGO들의 역할확대는 너무나 당연한 의견이었다.

ASD는 정책리더, 즉 의회의 리더들을 참여시키기 위해 그동안 다양한 노력을 해왔고, 또한 민간의 참여와 재정지원을 꾸준히 요청해왔으며, 그 어떤 UN 지원 NGO보다 SDGs에 대한 내용과 연구가 앞서나가고 있었다. 우리가 나가야 할 세 가지 방향을 UN에서 정확하게 짚어서 말해 주고 있었던 것이다. 그리고 반갑게도 이러한 내용들은 ASD의 장점들과 정확히 맞닿아 있었다. 나와 두 인턴들은 관련 내용을 찾으면 찾을수록, 우리가 이 이슈들을 선도할 수 있다는 확실한 믿음을 가지게 되었다.

아버지와 어머니

우리는 인텔과 여러 기업들의 지원으로, 어느 정도 안정적으로 UN SDGs를 연구하며 점점 구체적인 방향을 잡아가기 시작했다. 그러는 사이 9월 초가 되었고, 어느덧 더위도 한풀 누그러졌다.

하루는 여느 날과 다름없이 사무실에서 UN의 각종 보고서들과 씨름하고 있는데, 아버지께 전화가 왔다. 어머니께서 며칠간의 휴가를 받았으니, 기회 되면 아들이 어머니 시내구경도 시켜드리고, 맛있는 저녁도 사면 어떻겠냐는 말씀이었다. 나는 아버지께 그 전화를 받는 동안, 너무 부끄러운 마음이 들어 안절부절하지 못했다. 늘 내 일이나, 또는 나의 개인적인 일들에만 관심을 가지고 살아왔고, 언제 부모님께 효도 한 번 제대로 하지 못하고 지냈기 때문이다. 어머니께서는 당시 몇 년 동안 홈플러스에서 일하고 계셨는데, 매일 힘든 일을 하시면서도 한 번도 내색을 안 하시는 정말 놀랍도록 헌신적인 분이셨다. 평생을 가족과 아들들을 위해 오로지 희생하며 사랑을 나누신 분이었고, 집과 직장 근처만 늘 다니고 계셔서, 외부로 바람 한번 쐬시는 일 또한 거의 없었다. 나는 당장 어머니께 전화를 드려서, 이번 휴가

기간에 광화문에 나오셔서 청계천 야경도 구경하고, 맛있는 식사도 함께 드시자고 여쭤보았다. 어머니는 아들 바쁜데, 그럴 필요 없다며 몇 번을 거절하셨다. 그런 모습에 내 마음은 더 뭉클해졌다. 겨우 함께 식사하기로 다짐을 받은 뒤, 며칠 후 저녁에 광화문역에서 어머니를 만났다. 시내의 그 수많은 직장인들 사이에 서 계시는 어머니의 모습이 그렇게 작아 보일 수가 없었다. 그 작은 몸으로 평생 형과 나, 그리고 가족을 뒷바라지하시며 살아오신 것이었다. 새삼 눈물이 날 듯해서 애써 웃음을 지어 보이고, 큰 소리로 어머니를 부르며 다가갔다.

청계천 야경을 보며 사진도 찍고, 맛있는 샤부샤부 집에서 함께 국수전골을 먹었다. 그리고 청계천 가에 있는 커피숍에서 어머니와 단둘이 차도 한잔 했다. 시간이 흐르는 것이 너무 안타까웠지만, 어머니는 오히려 아들 시간을 뺏는 것 같다며 계속 미안해하셨다. 정말 어머니처럼 천사 같은 분이 또 계실까? 아마 하나님께서 못 된 나를 돌보기 위해 천사 한 명을 어머니를 통해 내려보내신 것 같았다. 그 생각 말고는 어떠한 말로도 우리 어머니를 설명할 수 없었다.

늘 내가 출근하면, 새벽에 내 방에 엎드리셔서, 아들이 많은 사람들에게 사랑받고, 또한 그에 몇 배로 수많은 사람들을 사랑할 줄 알며, 그들에게 긍정적인 영향을 주는 사람이 되게 해달라고 기도하시는 분이셨다. 늘 나 자신만 생각하는 바보 같은 아들이어서 너무 죄송스러울 뿐이었다. 아무리 내가 사회적으로 성장한다고 한들 그 어떤 것도 가족의 가치를 대신 할 것은 없었다. 어머니와 저녁을 함께한 열흘 뒤, 이번에는 아버지 어머니 두 분과 함께 다시 짧은 하루 소풍을 다녀오게 되었다.

아버지는 할아버지와 할머니 두 분을 일찍 여의시고, 수많은 삶의 도전을 이겨나가며 자수성가하신 분이셨다. 험난한 인생에서 오로지 가족을 보며 이끌고 성장해 오신 분이다. 젊은 시절에 어린 형과 나, 그리고 어머니를 부양하기 위해 하신 고생들은 이루 말할 수 없었다. 그러면서 공부에 대한 끈도 놓지 않으시고, 뒤늦게 취득한 학위로 더 크고 규모 있는 직장의 관리자가 되셨고, 이후 LG그룹에 정식으로 입사한 뒤 최연소 부장으로 사회생활을 하신, 그야말로 입지전적인 분이셨다. 나와 형에게 그 누구보다 뚜렷한 삶의 가치관을 주신 분이며, 훌륭한 멘토이자 존경하는 사회 선생님이셨다. 가끔 아버지께서 약주를 하시며, 젊은 시절 고생하셨던 일화를 들려주곤 하셨는데, 어릴 때 나는 그 이야기의 의미를 잘 이해하지 못했었다. 하지만 나 역시 나이를 먹어가며 사회생활을 하게 되며 그 일화들의 의미를 알게 되었다. 한 사람의 가장 혹독하고 정성 어린 희생과 땀으로 우리 가족들이 살아갈 수 있었다는 뜻이었다. 아버지 삶의 대부분은 어머니와 형과 나를 위해 존재하셨던 것이다. 아버지는 우리 형제가 대학생일 때 퇴직하신 후, 편의점을 운영하셨고, 나는 2년간 야간 아르바이트를 대신하며 아버지 일을 도와드렸다. 그 후 아버지는 제2의 사회생활을 시작하셨고 서울세관에서 일하고 계셨다.

나는 두 분과 함께 시내에 나가는 지하철을 타고, 종각역에 내려서 종묘와 종각을 둘러보았다. 두 분이 오랜만에 함께 걸으시는 뒷모습을 뒤에서 몰래 지켜보는데, 마음이 그렇게 아파올 수가 없었다. 내가 어떤 삶을 다시 살아도, 두 분이 살아오시고 지켜 오신 길을 반쯤이라도 성취할 수가 있을까. 정말 감사하고 감사한 부모님이다. 때로는 원칙적인 아버지와 부딪히며 말다툼하기도 했지만, 지금 와서 생각해 보면 어떤 이유로든 아버지께 충실한 아들이 되지 못했다는 점이 후회되고 부끄러웠다. 아버지께서 살아오신 힘든 길을 나는 아주 조금도 가지 못할 텐데, 이제는 생각이 자라고 다 컸다고 아버지 앞에서 언성을 높인 내 모습이 그저 한심할 뿐이었다. 아버지, 어머니와 함께 종로의 생선구이 골목에서 생선 몇 마리를 구우며, 우리는 즐겁고 행복한 시간을 보냈다. 이런 시간이 언제 다시 올지, 내게는 그저 아련하고 아쉬운 시간이었다.

▌서른세 살, 2013년 9월 26일

SDGs지원한국협회(ASD)를 설립하다

부모님과 소풍을 다녀온 5일 뒤인 9월 26일, 그렇게 기다리던 소식이 왔다.

외교부로부터 정관변경과 단체명 변경 심사가 최종 승인되었다는 통보가 온 것이다. 다른 뜻으로는 향후 15년 동안 UN SDGs를 공식적으로 지원하는 한국의 민간외교기관이 처음으로 생겼다는 의미였다. 그 외에도 'SDGs지원한국협회(ASD)'의 설립은 많은 부분에서 매우 큰 의미를 가지고 있었다. 우선 SDGs 지원과 확산을 위해 설립된 최초의 한국 비영리 법인이었고, 동시에 전 세계적으로도 SDGs만을 위해 설립된 최초의 비정부기구였다. 또한 국회의 SDGs 참여를 이끌어내는 목적으로 설립된 최초의 기관이었고, UN 사무국의 지속가능발전 기구들을 지원하기 위해 설립된 최초의 비영리기구였다. ASD의 설립은 그 자체로도 굉장한 도전과 새로운 시작이었던 것이다.

이 기쁜 소식을 들은 우리는, 일단 '협회'라는 이름에 걸맞게, 그리고 최초의 공식적 SDGs 기구 설립이라는 의미에 맞게, 당분간은 회원사 확보에 집중하기로 했다. 새 단체가 설립되었기 때문에 지난번 법인이던 IDP의 2대 이사장인 이희성 인텔코리아 사장님 임기도, 새로운 법인인 ASD의 초대 이사장으로, 또한 전체적으로는 3대 이사장의 임기 시작으로 이어졌다. 이희성 사장님은 흔쾌히 ASD 이사장직 연임을 수락하셨다. 나는 3대 이사장 취임을 논의하러 이사장님을 뵈러 갔고, 협회가 당면한 여러 어려움을 상의 드리며 도움을 요청했다. 이사장님은 언제나처럼, 긍정적인 도움과 힘이 되어주겠다고 약속하셨고, ASD의 성장과 SDGs 활동 시작에 대해서도 크게 격려하셨다. 이재령 이사님이 이끄는 인텔 CSR팀과 이희성 이사장님은, 새로운 출발선에 선 ASD에게 큰 힘이자 중요한 동기부여였다.

회원사 모집은 ASD에 크게 두 가지 의미가 있었다. 첫 번째로 여러 캠페인을 지속할 예산이 필요했다. 캠페인을 기획한 후, 후원을 받기

믿고 있다면 모든 것이 가능하다

에는 힘든 점이 많았고, 후원을 받지 못할 시에는 아무 일도 할 수 없다는 문제가 있었다. 그래서 지속적인 SDGs 캠페인을 위해서는 예산확보가 먼저 필요했다. 그리고 무엇보다 당장 쓸 수 있는 사무실 운영예산 없이는 아무것도 할 수 없었다. 당시에는 ASD 운영을 위해 개인적으로 지고 있는 빚이 남아있던 상태였기 때문에 정기적인 후원금이꼭 필요한 상황이었다.

두 번째로 SDGs에 대한 기업들의 참여와 네트워크였다. UN 사무국에서 발표한 내용처럼 새로운 국제사회의 공동목표에는 개발도상국과 선진국을 나누지 않았다. 모두가 참여해야 하고 모든 인프라와네트워크가 총동원되어야 하는 목표였다. 당연히 수많은 지역과 사람들의 인프라를 가지고 있는 기업의 참여는 최우선 과제였다. 하지만사실상 기업입장에서는 당장 수익을 내거나 도움이 되는 일이 아니었기 때문에 SDGs 참여에 대해 설득하기가 쉽지 않았다. 그러나 그들이 참여함으로써 얼마나 많은 변화가 일어나는지 설명하고, 또한 그변화들이 결국엔 기업 활동에 어떤 영향으로 작용하는지 정확히 보여준다면 참여를 이끌어낼 것 같았다. 회원사 가입과 확보는 여러 가지로 우리에게 매우 중요한 과제였던 것이다.

UN SDGs와 ASD에 대한 이해를 도울 수 있도록 보기 좋게 브로셔를 만들고 홈페이지도 개편하여 여러 기업들에 전화하고 참여를 설득하기 시작했다. 반응을 보이는 기업도 있었지만, 대다수 기업들은SDGs 개념을 무척 생소해 했다. 처음에는 어떤 기업을 찾아갈 때 실무자를 만나서 그들에게 ASD 참여에 관심을 갖도록 설득했으나, 시간이 흐를수록 단기적인 목표보다는 장기적인 계획으로 설명했다. 꼭 ASD에 가입하지 않더라도 UN SDGs를 이해시키고 알게 하는 데 더 많은 시간과 노력을 쓴 것이다. 사실 가장 급한 일은 우리 ASD에 기업을 참여시키도록 하는 것이었으나, 거의 아무도 UN SDGs를 모르는 상황에서 이를 먼저 시작하고 알리겠다고 마음을 먹은 이상, 선구자적인 사명감과 소명의식을 가져야 했다. 우리와 파트너십을 갖지 않아도, 각 기업의 특성에 맞는 일을 하도록 메신저 역할을 자처한 것이다. 그들이 아프리카와 동남아시아, 중남미의 빈곤지역과 중동과 중앙아시아의 여성과 아동인권 취약 지역들, 그리고 남극과 북극의 기후변화 현장에서 변화를 일으켜 주길 원했다. 거대 글로벌기업들이 관심을 가지고 움직인다면, 어쩌면 정부기관보다 더 효율적이고 분명하게 큰 변화를 만들어 낼 수 있기 때문이다.

그렇게 매일매일 부지런히 움직이고 있을 때 10월 둘째 주, KT에서 연락이 왔다. 협회 회원사로 가입하겠다고 문의 온 것이다. UCC와 일동제약, 인텔에 이어, 우리의 네 번째 회원사가 생기는 순간이었다. 그렇게 기쁠 수가 없었다. 끝이 안 보이는 망망대해에서 작은 빗방울, 물고기 한 마리도 소중하듯이 우리에겐 하나씩 이루어 가는 모든 일들이 기적이었고 감사함이었다. 나는 KT에 정식 회원사 가입증을 전달하며, 향후 함께할 수 있는 다양한 일들을 설명하고 논의했다.

나는 한 곳이라도 더 회원사를 확보하기 위해서 열심히 뛰어다녔다. 초가을임에도 불구하고, 외근을 다녀온 날에는 어김없이 셔츠가 땀에 젖어 있었다. 말 그대로 땀 흘리며 부지런히 뛰어다니고 설명하며 설득하는 하루하루였다. 그러다가 10월 셋째 주 평소 안면이 있던 한국능률협회의 임상철 이사님이 매달 협회에서 하는 최고경영자 조찬강연회에 초청해 주었다. 보통 조찬강연회는 이른 아침에 시작하기 때문에 나는 회사에 출근하거나 준비하는 시간 등을 고려해서 잘 가지 않는 편이었다. 하지만 이날은 일부러 초청해 주었다는 의미뿐 아니라, 특별한 연사가 오는 강연회여서, 다른 일을 모두 뒤로하고 아침 일찍 조찬장소로 출발했다.

이날 강연 연사는 국내뿐 아니라, 세계적으로 유명한 경영자였는데, 정말 평생에 한 번 만나기 힘든 사람이었다. 그는 1,700여 건의 기업 인수 합병을 성사시켜, 경영의 신이라고 불린 GE의 8대 회장 잭 웰치(Jack Welch) 뒤를 이은 경영자였다. 그 역시 잭 웰치 못지않은 경영성과로 이미 많은 경영자들의 롤 모델이 되는 사람이었고, 탁월한 영향력을 가진 리더였다. 바로 세계적인 첨단기술, 서비스, 금융기업 GE(General Electric Company: 제너럴 일렉트릭)의 CEO 제프리 이멜트(Jeffrey Immelt) 회장님이었다. GE는 모든 사람들이 알듯이 발명왕 토머스 에디슨이 만든 전기조명회사를 모태로 탄생한 세계적 다국적기업이다. 그리고 무려 1878년에 설립되어, 1896년 12개 종목을 편입시켜 만든 '다우존스산업평균지수(Dow Jones Industrial Average)'에 현재까지 남아 있는 유일한 기업이었다. 제프리 이멜트는 이 거대하고 위대한 기업의 9대 회장을 맡아서 GE를 더욱 발전시킨 리더였다. 나는 일전에 제프리 이멜트를 다룬 책에서 그가 했던 매우 인상적인 말을 읽은 적이 있었는데, 그 말에 완전히 매료되어서 내가 리더가 된다면 어떻게 적용할지 늘 생각해 왔었다.

1년에 7~12번 정도 '시키는 대로 해!'라고 이야기해야 할 때가 있다. 만약 당신이 1년에 18번이나 이런 식으로 이야기한다면 좋은 인재들이 떠나버릴 것이다. 그런데 만약 당신이 단 3번만 그렇게 말한다면 회사가 무너지게 될 것이다.

There are 7 to 12 times a year when you have to say, 'you're doing it my way.' If you do it 18 times, the good people will leave. If you do it 3 times, the company falls apart.

리더십과 경영 판단의 균형을 어떻게 맞출지 명확하게 보여주는 말이었다. 나 역시 작지만 매우 큰 목표를 가진 조직을 이끌어 간다는 점에서 회장님의 말이 늘 가슴에 남아 있었다. 10월 24일 아침, 이 뛰어난 리더의 말을 직접 듣기 위해 남산의 하얏트호텔로 갔다. 내 생각보다 더 큰 체구의 이멜트 회장님은, 좌중을 휘어잡는 뛰어난 연설능력을 갖추고 있었다. 경영적인 판단이 그 누구보다 뛰어나더라도 연설 능력이 없는 리더들을 종종 봐왔던 터라 이 위대한 리더의 현명한 말에 더 귀 기울이고 집중했다. 그는 확실히 사람들의 고개를 끄덕이게 만드는 힘이 있었다. 이날 그가 던진 메시지는 매우 간단했다. GE에서는 인재를 뽑을 때 일 잘하고 능력 있는 사람보다 배울 수 있는 자세가 되어 있는 사람, 그리고 배우는 것을 두려워하지 않는 사람을 채용한다는 것이었다. 즉 모든 상황에서 귀와 마음을 열고 지혜를 활용할 수 있어야 한다는 이야기였다. 어쩌면 세상에서 가장 어려운 목

믿고 있다면 모든 것이 가능하다

표와 문제를 다루는 내게 가장 적절한 조언이었던 것 같다. 적어도 앞으로도 내가 이 일을 하고 있는 한평생 배우고 경청해 나가야겠다는 생각이 들었다.

나는 회장님과 짧게 악수라도 나누고 싶었고, 실제로도 매우 가까운 자리에 배정되어 있어서 가능할 것 같았지만, 너무도 많은 CEO들이 그에게 다가가고 있어서 가까이 보는 것으로 만족해야 했다.

조찬이 끝난 후 사무실에 와서 이멜트 회장께 들었던 이야기를 두 직원들과 나누었다. 사실 나처럼 부족하고 우둔한 리더에게 옆에서 하루하루 걸어갈 방향을 알려주는 두 사람이 나보다 더 대단하고 뛰어나 보였다. 그래서 그들에게 늘 존경심을 가지고 있었다. 세계 최고의 경영리더에게 들은 이야기를 내 곁에 있는 대학생 인턴들에게서 실제로 보고 있는 셈이었다.

우리는 10월을 정말 뜨겁게 일하고 열정적으로 준비해 나갔다. 11월과 12월은 내년 상반기를 위해서 중요한 시간이었기 때문에 매일 아이디어 회의와 여러 고민들을 나누며, 함께 일하고 있었다.

진시황릉의 도시, 천년고도 시안의 초청

그러다가 10월 마지막 주, 나는 김동윤이라는 친구에게서 특별한 제안을 받게 되었다. 그는 중국 내, 떠오르는 경제구역인 시안에서 공부하는 유학생이었는데, 6개월 전쯤 한국에 왔을 때 나를 찾아왔던 학생이었다. 정확히 말하면 그는 그냥 유학생이 아닌, 시안 지역에 위치한 대학교들의 한국 유학생회 총회장이었다. 많은 유학생들을 대표하고 있는 사람인 만큼 김동윤 회장은 에너지와 궁금함이 넘치는 사람이었다. 전혀 모르는 사람을 찾아온 것부터 꾸준히 연락하고 관계를 유지하는 모습까지 대학생 때의 내 모습과 어쩐지 닮은 것 같아서 고맙고 신기했다. 그는 6개월 전 처음 나를 찾았을 때 훗날 중국에 강연연사로 초청하여 강연회를 만들고 싶다고 약속하고 떠났다. 그런데 그 약속을 지금까지 준비해서 이번에 실제로 강연 제안을 한 것이다.

나는 지난 세 차례의 해외 강연에서 무척 좋은 경험과 기억을 가지고 있었기 때문에 이번 제안도 흔쾌히 수락했다. 사실 공공외교기관의 공적인 자리에 있을 때 초청받았던 것보다는, ASD에서 일하고 있는 지금 초청받은 해외강연이 더 감격스러웠다. 내 현재 위치와 상황에 대한 판단보다는 뭔가 나라는 사람 자체에 대해 평가받게 된 것 같아서 더 기쁜 마음이었던 것이다.

나는 처음 방문하는 시안에 대해 궁금한 점들이 많았다. 시안이라면 대표적으로 떠오르는 두 가지가 역사상 중국 왕조가 가장 많이 수도로 택했던 도시라는 것과 그 유명한 진시황릉과 병마총이 있는 도시라는 것이다. 그리고 최근에는 중국의 내륙 도시 중 가장 발전하고 있는 경제 중심 도시라는 점과 삼성전자의 대규모 공장 설립 및 최근 박근혜 대통령의 방문 도시라는 한국과의 인연도 매력적인 느낌으로 다가왔다.

ASD 설립 후 두 번째 해외 출장 겸, 첫 번째 해외 강연이었기 때문에 설레는 마음이었다. 2시간이 조금 넘는 비행시간 동안 시안에 대해서 다시 공부하고, 당일 해야 하는 강연에 대해서도 준비했다.

11월 2일 토요일 오전. 중국의 시안 국제공항에 도착했다. 도착해서 김동윤 회장에게 전화하자 그는 밝은 모습으로 마중 나왔다. 그는 오랫동안 사귄 여자 친구와 함께 공항에 왔는데, 첫눈에 봐도 두 사람은 닮은 느낌이었고, 둘 다 매우 좋은 인연 같았다. 나는 김동윤 회장과 함께, 이틀 밤을 자게 될 시안의 쉐라톤 호텔로 이동했다. 쉐라톤 호텔은 시안에서도 매우 좋은 특급호텔이었다. 나는 유학생회가 이렇게 비싼 숙소를 마련했다는 사실이 마음에 걸리고 미안했다. 하지만 그는 이런 내 걱정을 미리 알았다는 듯이, 그동안 강연을 준비하면서 시안 지역의 다양한 한인회 어른들과 총영사관이 아낌없이 이번 행사를 후원해 주었다고 설명했다. 정말 내가 뭐라고 이렇게까지 교민 사회가 전부 움직였을까 하는 생각에, 가슴이 뭉클해지고 감동스러웠다. 호텔에 잠시 쉬고 강연장에 내려왔는데, 매우 넓은 홀을 빌려서 준비하고 있었다. 나는 과연 이렇게 넓은 홀에 유학생들이 얼마나 올까 하는 생각이 들었지만, 정말 그건 나만의 기우였다. 이날 강연은 300명에 가까운 학생들과 교민들이 참가했고 시안지역을 책임지는 외교관인 총영사님을 비롯해 코트라 관장과 지역 한인회장님 등 모든 교민들이 전부 참석한 큰 축제가 되었다. 그렇게 감동적인 강연은 정말 드문 일이었다. 강연이 끝난 후 인상적이었다고 말하는 수많은 시안의 한국 청년들과 일일이 대화를 나누고 인사했다. 그리고 저녁엔 강연을 준비한 친구들과 함께 시안 전통 양꼬치요리를 먹으러

갔다. 한국의 무역대상 1위 국가인 중국에서 이렇게 유학하고 미래를 준비하는 청년리더들을 만나는 일이 무척 감격스러웠다. 나는 그들에게 한·중 양국뿐 아니라, 전 세계를 아우르는 훌륭한 미래 리더들이 되어 달라고 부탁했다. 정말 내가 이들 앞에서 다양한 이야기를 할 수 있다는 사실이 꿈만 같았다. 그렇게 시안에서의 첫날밤은 즐거움과 설레는 마음을 가득 안고 지나갔다.

다음 날 나는 김 회장과 함께 이른 아침부터 시안 외곽 린퉁으로 이동했다. 그곳은 인류 최대의 유적 중 하나인 진시황릉이 있는 곳이었다. 특히 진시황릉과 조금 떨어진 곳에, 그 유명한 병마용갱이 있었다. 병마용갱은 1974년 한 농부가 우물을 파다가 우연히 발견한 갱도로, 무려 8천여 점의 병사와 130개의 전차, 520점의 말을 흙으로 구워 토기로 만든, 인류 최대의 유물이었다. 병용은 실제 사람처럼 그 크기도, 184~197㎝로 매우 큰 편이었고, 사람 얼굴 한 명, 한 명의 표정과 옷차림의 주름 한 올, 신발의 무늬 하나까지 정확히 표현된 엄청난 작품이었다. 언제든지 토기 병용이 눈을 뜨고 말을 할 것만 같은 느낌이었다. 진시황릉은 340만 명의 인부를 동원하여 건축되었다고 하는데, 이들은 진시황릉 주변을 지키는 용사들이었던 것이다. 중국의 거대함과 인류문명에 대한 위대함을 동시에 느끼는 순간이었다. 병마용갱을 둘러보면서, 온몸에 전율이 일어났다. 실로 놀라운 장면이었다. 지구의 모든 것들, 작은 풀과 공중을 나는 새와 흙 한 톨까지도 하나님께서 만드셨다면, 그다음 지구의 모든 것을 다시 건설한 것은 인류였다. 인류가 가진 창의성과 지혜, 끈기와 노력은 경이로움 그 자체였다.

나는 인류가 지난 몇 천 년 동안 이 땅에 살아오며 이토록 놀라운 문명을 이룬 것에는 감동했지만, 동시에 전쟁과 기아, 인권유린, 환경파괴 등 절대 하지 말아야 할 수많은 문제도 만들었다는 사실이 안타깝기도 했다. 이렇게 보기만 해도 놀라운 문명과 문화를 만들었는데 왜 그 모든 아름다움과 소중함을 파괴하고 돌아보지 않는지 알 수 없는 일이었다. 많이 늦었지만, 국제사회가 지금이라도 시작하려는 인류의 지속가능한 삶을 위한 노력이 정말 중요하다는 생각이 들었다. 그리고 그 중요한 일들을 알리고 전파한다는 사실에 다시 한 번 무거운 책임감을 느꼈다. 그날 밤은 늦게까지 잠들지 못하고 김동윤 회장과 미래 한국사회와 국제사회 이슈들에 대해 밤새 이야기를 나누었다. 우리처럼 젊은 리더들이 어떻게 미래를 만들어 갈지 정말 우리 스스로도 기대되고, 한편으로는 두렵기도 했다. 우리는 그 어떤 자리에 있더라도 지금 가진 중요한 가치에 대한 초심을 잃지 말자고 약속하며 잠자리에 들었다.

세계적 명품 브랜드의 모델이 되다

짧지만 강렬했던 2박 3일의 일정을 마치며, 김 회장과 석별의 인사를 나누고 한국으로 돌아왔다. 나는 돌아온 당일인 월요일 아침, 바로 공항에서 사무실로 출근했다. 그런데 신기하게 또 하나의 즐거운 소식이 나를 기다리고 있었다. 선거캠프에 있을 때, 그리고 코이카에 있을 때 몇 차례 촬영했던 패션 매거진의 화보 제의가 들어왔던 것이다. 그리고 이번에는 특별히 토즈(TOD'S)라는 유명한 이탈리아 명품 브랜드의 기획모델이 되어 달라는 제안이었다. 대학생 때 알게 된 정윤하 씨는 현재 배우 겸 모델로 활동하고 있었는데, 그녀의 적극적인 추천으로 화보 제의가 들어오게 된 것이다. 나는 오랜만에 윤하 씨와 반가운 통화를 했고, 서로의 근황을 이야기하며 인사를 나누었다. 꽤 오래된 인연이었어도 서로에게 좋은 인상을 가지고 있다면, 언제든 이렇게 좋은 모습으로 다시 조우할 수 있는 것 같았다. 나의 좋은 인연들과 친구들에게 깊이 감사했다.

촬영 일주일 전, 나는 삼성동 현대백화점의 토즈 매장을 방문했다. 그곳에서 이번 화보를 진행할 《루엘(Luel)》 매거진의 에디터와 인사를 나누었다. 에디터는 그 매장에서 내게 가장 잘 맞을 것 같고, 또 가장 마음에 드는 신발을 선택해달라고 했다. 그 신발을 신고 촬영을 하게 되어 있었다. 사실 토즈는 익히 알려진 대로 편안하고 캐주얼한 드라이빙 슈즈(Driving Shose)로 유명한 브랜드였지만, 나는 전시된 신발 중 가장 클래식한 정장 구두를 골랐다. 직장생활은 2005년부터 했지만, 실제 사회생활은 2004년부터 했기 때문에 10년이라는 시간 동안 나는 줄곧 정장과 구두 차림이었다. 20대 어린 시절에는 늘 누구를 쫓아다니며 보좌하고 뛰어다니느라 좋은 구두를 신어도 2년이 되기 전에 밑창이 모두 닳아 버렸었다. 그리고 30대가 되어선 직접 책임져야 할 일이 많아져서 오히려 더 많은 곳을 방문하고 사람들을 만나느라 구두가 1년을 견디지 못했다. 그래서 정말 단단하고 값비싼 구두를 신고 싶은 마음이 있었는데, 이렇게 훌륭한 기회가 찾아온 것이다.

나는 단단하고 유연한 구두를 골라서 그 자리에서 신어보았다. 내 낡은 양말과 대조되었지만, 어쩐지 세상을 다 얻은 것 같아서 벗고 싶지가 않았다. 에디터와 간단한 대화를 나누고, 일주일 뒤에 스튜디오에서 만나기로 했다.

11월 15일 늦은 밤, 논현동에 있는 한 스튜디오에서 촬영을 시작했다. 그동안 몇 차례 촬영경험이 있었지만, 언제나 이런 자리는 내게 어색했다. 200장에 가까운 사진들을 찍고 에디터와 인터뷰를 했다. 다양한 질문 속에, 왜 내가 이러한 일을 하는지 질문이 이어졌다. 나는 패션 매거진 특유의 작은 지면을 고려해서, 정말 내가 하고 싶은 말을 해야 했다. 조금 고민하다가, 한마디로 그 이유를 표현했다. "사람들에게 선한 영향력을 주기 위해서 이 일을 하고 있죠." 내가 말하고자 하는 것이 함축된 표현이었다. "많은 사람들과 리더들이 움직이고 세상의 작은 변화들, 큰 변화들을 만들어 내기 위해, 그들에게 선한 영향력을 행사하고 그들을 움직이게 만들고 싶습니다." 이 내용이 내가 그 짧은 한 문장에 전달하고 싶었던 뜻이었다. 담당 에디터의 훌륭한 편집으로 《루엘》의 12월 호에는 멋진 나의 사진과 그 말이 함께 실리게 되었다. '세상에 주는 선한 영향력!'

미래를 향한 도전

나와 윤아 씨, 그리고 보경 씨는 그동안의 고민과 다양한 의견을 정리하여, 마침내 12월 한 달 동안 SDGs를 위한 작은 캠페인을 시작해 보기로 했다. UN SDGs를 위한 최초의 대학생 강연회 시리즈를 개최하기로 한 것인데, 그 어떤 집단보다 대학생들의 반응과 전달 속도는 빠르기 때문에 강연회가 만약 성공적으로 끝난다면, 한국 사회에 UN SDGs를 처음 대중적으로 소개하는 의미 있는 일이 될 것 같았다.

우리는 숙명여대와 경희대, 이화여대의 홀을 대관했다. 그리고 환경부 차관 출신으로 UNOSD의 새 원장에 취임한 윤종수 원장님과 하버드대 출신으로 여학생들의 롤 모델이었던 신아영 SBS ESPN 아나운서, 우리 이사장이셨던 인텔코리아 이희성 사장님, 세계적인 더블베이시스트 성민제 씨, 그리고 협회 사무대표였던 내가 차례로 연단에 서기로 했다. 또한 오랫동안 각별한 사이로 알고 지내던 가야금 연주자 오윤지 씨가 식전 공연도 맡아주기로 하는 등 하나씩 열심히 준비해 나가고 있었다. 특별히 이번 강연회 참가 학생 중에서, 이후 우리가 만들 전 세계 최초의 대학생 UN SDGs 홍보대사를 선발하기로 했기 때문에 우리는 다양한 채널과 학교의 협조를 받으며 강연 홍보에 심혈을 기울이고 있었다.

그러던 중 몇 번의 캠페인을 통해 친분을 쌓았던 패션디자이너 이상봉 선생님의 회사에서 전화가 왔다. 전화를 한 사람은, 역시 패션디자이너이면서 이상봉 선생님의 아들인 이청청 디렉터였다. 그는 매우 예의 바르고 사려 깊은 사람이었는데, 그때까지는 가끔 통화는 했어도 실제로 만나본 적은 없는 사이였다.

그는 당시 필리핀에 난 큰 태풍 피해를 돕고자, 이상봉 디자이너의 옷을 필리핀에 보낼 방법이 있는지 내게 물어왔다. 그래서 나는 코이카와 몇 군데 해외 긴급구호단체 등에 문의했으나, 모두 해외로 보내는 의류에 대해선 부정적이었다. 의류는 가장 기본적인 산업군에 속하는데, 개발도상국에 무료로 보내게 되면, 그 나라의 기초 시장경제가 무너질 수도 있고, 무엇보다 개발도상국은 통관세가 매우 비싸기 때문에 실제로 의류비용보다 운송비와 통관세비용이 더 든다는 이유였다. 어쩔 수 없이, 이청청 디렉터에게 다시 전화를 걸어서 좀 어렵겠다고 했다. 하지만 그는 다시 한 번 방법을 찾아주길 부탁했고, 나는 고민을 하다가 한 가지 좋은 아이디어가 떠올랐다. 당시 KT그룹에서는 르완다 지역에 글로벌 통신망 사업을 하고 있었는데, 만약 르완다에서 의류를 받아준다면, KT 정도의 기업이라면 운송비와 통관세비용을 협조받을 수 있을 것 같았다. 바로 KT의 장종운 차장님에게 전화를 걸어서 관련 내용을 문의했다. 그는 보고 후 답을 주겠다고 하고는 바로 그 다음 날 긍정적인 결과를 알려주었다. 의류를 보내는 것이 가능하고 통관세비용도 모두 도와주겠다는 놀라운 답변이었다. 정말 열심히 고민하고 노력한다면 불가능한 일은 없는 것 같았다. 장차장님은 한 가지를 덧붙여 말했는데, 마침 UCC 총회가 곧 개최될 예정이니, 그 총회 때 이상봉 디자이너가 참석해서 의류 기증식을 하면 좋겠다는 의견이었다. 나는 이 내용을 이청청 디렉터에게 제안했고, 그들도 흔쾌히 UCC 총회참석을 결정했다. 그렇게 이상봉 디자이너의 의류 200벌은 12월 19일 KT 본사에서 개최된 UCC 총회 때, 르완다의 어려운 주민들을 위해 기증되었다. KT와 이상봉 디자이너, 그리고 이 일을 진행한 ASD 모두에게 의미 있는 결과였다.

한 달 후, 나는 KT 현지 직원들이 르완다의 부녀자들과 어린아이 한 명, 한 명에게 그 옷들을 직접 전달했다는 것을 알게 되었다. 마치 내가 르완다에 있는 기분이었고, KT의 노력과 아름다운 정성에 크게 감동했다.

비
전

12월 한 달간 진행된 강연은 많은 학생들이 참여하지는 않았다. 다섯 번 개최된 강연회에 총 300명이 참여했으니, 한 강연회에 60명 정도 참여한 셈이었다. 일반적인 강연회라면 주최 측 입장에서 실패한 강연회라고 볼 수 있었지만, 우리는 그 반대로 꽤 성공한 캠페인이라고 생각했다. 사실 모든 면이 생각보다 기대 이상이었다. 강연회가 진행될 당시에는 윤아 씨와 보경 씨에게 여러 번 아쉬움을 토로했지만, 사실 속으로는 아쉬움보단 기쁨이 훨씬 컸다. 우리 강연회가 일반적인 주제가 아니었기 때문이다. 당시에는 거의 아무도 알지 못하는 UN SDGs를 다뤘다는 점에서 관심 있는 학생 한두 명만이 참석하여도 의미가 있었는데 강연마다 60여 명의 학생들이 SDGs를 이해하고 돌아갔다면, 나에게 그 이상 좋은 결과는 없었던 것이다.

그리고 한 가지 더 놀라운 결과가 있었다. 15명을 목표로, 첫 번째 모집을 예고한 '대학생 UN SDGs 홍보대사'에 무려 40명에 가까운 대학생들이 지원한 것이다.

12월 27일 우리는 26명의 제1기 홍보대사를 선발했다. 홍보대사들은 SDGs에 대한 다양한 내용을 팀별로 공부하고, 작은 리포트를 만들어서 각 블로그와 SNS 등에 열심히 홍보했다. 그 학생들의 글은 전 세계 최초로 인터넷에 게재되는 SDGs에 관한 대학생들의 의견이었다. 그만큼 매우 큰 의미가 있었고 그 시도 자체가 하나의 상징성이었다. 1기 홍보대사들은 마음을 다해 열정적으로 활동했다. 그리고 그렇게 새로운 일들이 하나씩 만들어지고 있었다. 홍보대사들이 활동하는 기간 4개월 동안 어느덧 ASD는 또 한 번의 새해를 맞이하게 되었다. 그리고 우리의 이러한 노력들은 놀라운 네 가지 일들을 만들어 내었다.

먼저 새해의 여운이 가시기 전에 ASD의 다섯 번째 회원사가 생겼다. KT와 함께 UCC 활동을 주도적으로 만들어 나가던 KT노조가 1월 27일, 협회와 SDGs 활동에 동참을 선언한 것이다. 나는 대기업 노조 중 매우 큰 상징성과 규모를 가진 KT 노동조합이 SDGs를 위해 노력하겠다는 모습에 크게 고무되었다. 사회공헌을 열심히 하는 회사들도 아직 SDGs 참여를 주저하는 상황에서, 노동조합이 참여를 선언한 것은 정말 큰 의미였다. 일반적인 회사의 가입보다 더 의미 있다고 볼 수 있었다. 나와 윤아 씨, 보경 씨에게 KT노조의 회원사 가입은 새해를 시작하며, 큰 동기부여와 원동력이 되었다. 특히 이번 가입에는 KT 노조를 이끄는 정윤모 위원장님과 황성관 총장님, 최장복 실장님의 의지와 결단이 크게 작용했다. 노동운동을 하더라도, 사회적으로 보호받지 못하고 소외받는 약자들을 먼저 돌아보자는, 그들이 가진 견고한 리더십의 발로였다. 그러한 정신과 리더십은 KT와 KT노조 전체에 분명 큰 영향을 주고 있었고, 그 결과 우리 협회 가입으로 이어지게 되었다. ASD에 또 하나의 든든한 지원군이 생기게 된 것이다.

국회 UN SDGs 포럼과 대표의원

두 번째 일은, 그야말로 우리 ASD 최대의 성과이자 가장 중요한 목표를 시작한 일이었다. 바로 그토록 간절히 원하고 노력했던 '국회 UN SDGs 포럼'의 창립이다. 나는 IDP 시절 때부터 1년이 넘는 시간 동안 국회 UN SDGs 포럼을 만들기 위해, 수없이 국회를 방문했다. 대부분 의원실의 비서관 또는 보좌관을 면담하는 일이었지만, 사실 그마저도 쉽지 않아서 국회의원회관 2층에 있는 카페에 앉아 있다가 그냥 돌아오는 경우가 많았다.

김세연 의원님, 이주영 의원님, 이재영 의원님, 김용태 의원님 그리고 훗날 새누리당의 대표가 되는 김무성 의원님 사무실까지 찾아가서 이를 제안하고 설명했지만, 그들을 설득하지 못했다. 오히려 어쩌면 국회 포럼은 포기해야 할지도 모른다고 생각하고 있었다. 그러던 중 예전 선거 캠프에서 함께 일했던 장인석 보좌관을 찾아갔다. 그는 최근까지 국회의장과 김태호 의원님의 보좌관으로 근무했고 얼마 전

CJ그룹으로 옮긴 매우 유능한 대외정책 전문가였다. 어려운 시절을 함께 보냈고 매 순간 격려와 응원을 아끼지 않는 내가 존경하고 따르는 형님이었다.

　나는 그동안의 여러 과정을 자세히 설명하며 조언과 도움을 구했다. 그는 곰곰이 생각하다가 이 제안은 지금은 흥미 없을지라도 나중에는 분명 의원들에게 크게 도움이 될 만한 일이고, 무엇보다 인류를 위해 노력하는 리더의 역할을 맡는 것이니, 역량 있는 좋은 의원을 잘 설득하기만 한다면 충분히 가능성 있는 프로젝트라고 말했다. 나는 그가 말하는 역량 있는 의원이 어떤 사람이 되면 좋을지 물었고, 인석 형은 새누리당의 권성동 의원님을 추천했다. 그분은 재선 의원이었고, 검찰과 청와대의 요직을 두루 거친 의원이셨기 때문에 충분히 글로벌한 안목을 가지고 수용할 수 있을 거라는 설명이었다. 특별히 그는 권 의원실의 권 보좌관님과 각별한 사이였기 때문에 직접 소개해 주겠다고 했다. 나는 만약 권 의원님이 국회 UN SDGs 포럼의 공동 설립 제안을 수락한다면 더할 나위 없을 것 같다고 답했다. 그리고 권 보좌관님과의 만남을 하루빨리 주선해 주길 부탁했다.

　일주일 뒤 만난 권 보좌관님은 매우 신중하고 높은 식견을 가진 사람이었다. 특히 그는 노련한 의회 전문가였고, 누구보다 권성동 의원님이 깊게 신뢰하는 인물이었다. 인석 형과 함께 그를 설득하기 위해 약 10분간 설명했는데, 그는 여러 번 고개를 끄덕이면서도 하나씩 구체적인 질문을 하며, 포럼의 의미를 정확히 짚어나갔다. 나는 그가 이 포럼 설립을 의원님께 설득시킬 수 있을지 확신은 없었지만, 적어도 그 어떤 보좌관보다 이해도와 경청을 하는 모습이 빛나는 사람이었다. 그래서 의원실을 떠날 때는 상당한 희망을 가지고 나올 수 있었다.

　며칠 뒤, 정말 믿기지 않게도 그 희망 그대로 권 보좌관님은 권성동 의원님을 어느 정도 설득한 상태였다. 그리고 의원님께 내가 직접 보고할 수 있는 기회를 만들어 주었다. 그는 확실히 다른 의원들 보좌관들과는 차별되는 배려하는 사람이었다. 그가 준 기회로 나는 드디어 권성동 의원님을 직접 뵐 수 있었고, 약 15분간 열과 성의를 다해서 설명하며 포럼의 대표를 맡아주실 것을 설득했다. 권 의원님은 UN의 활동에 대해 크게 호의적이지 않았지만, SDGs가 인류와 국가를 위해서 반드시 필요한 일이라는 점은 깊이 공감하셨다. 의원님과의 면담 후 다시 일주일의 시간이 흘렀다. 이른 오전 보좌관님에게서 전화가 왔다. 의원님께서 이 포럼의 창립을 수락했고, 대표직도 수락하신다는 놀라운 소식이었다. 그토록 간절히 바라고 1년이 넘는 시간 동안 고민하고 노력한 꿈같은 일이 드디어 이루어진 것이다. 나는 이 포럼의 창립이 한국뿐 아니라, 전 세계에 좋은 롤 모델이 될 것이라고 확신하고 있었다. 나와 직원들은 모든 역량을 다해서 포럼 창립식을 준비하기 시작했다. 그리고 국회 UN SDGs 포럼의 민간자문을 맡고, 주요기업에서 SDGs 정책을 만들어나갈 기업리더들도 포럼에 초청하기로 했다.

　나는 불과 2주의 시간 동안 약 60개의 기업에 전화하고 공문을 송부했다. 그리고 20여 개의 기업은 직접 방문 하고 담당자를 만났다.

믿고 있다면 모든 것이 가능하다

그야말로 아침부터 밤늦은 시간까지 전쟁의 한 가운데에 있었다. 기업에 연락하고 공문을 보내는 일은 강연콘텐츠 회사를 운영하던 오상익 대표가 도와주었다. 그는 효찬 씨가 삼성동 무역센터에서 오버시즈코리아를 운영할 때, 회계와 여러 업무를 담당하던 사람이었다. 그리고 G20정상회의 브릿지포럼에서는 효찬 씨와 함께 해외 인사들의 의전을 도와주었었다. 나와는 6년간 좋은 인연을 맺고 있었고, 기회가 있을 때마다 그가 의뢰하는 강연회에 연사로 나서는 등 서로 도와주는 사이였다. 그는 강연회 등을 개최하며 기업의 실무자들을 상대하는 노하우를 가지고 있었다. 그래서 그에게 도움을 청했고, 상익 씨는 일주일간 나와 공문을 함께 보내며 포럼을 준비했다. 우리 둘은 2주간 잠도 못 자며 노력했지만 대부분의 기업은 답이 없었다. 대신 그동안 관계를 맺고 있거나, 지속적으로 찾아간 몇몇 기업이 자문사로 참여하기로 했다.

인석 형은 CJ제일제당의 담당부장님과 부사장님을 내게 소개해 주었고, 나는 포럼의 취지와 활동내용을 부장님에게 자세히 설명할 수 있었다. 두 사람의 노력으로 CJ제일제당이 곧 포럼참여를 결정했다. 그리고 1년 전 찾아가서 인연을 맺었던 LG가 자문사에 합류했고, 인텔은 포럼의 민간대표사를 맡았다. ASD의 회원사인 KT와 KT노조 역시 참여를 결정했다. 또한 나와 캠프에서부터 알고 지낸 MBN의 윤석정 기자의 도움으로, 언론사에서는 MBN이 포럼 자문사 참여를 확정했다. 그리고 일동제약도 자문사 참여를 결정했다.

2월 18일 오전, 국회의원회관 제1 세미나실에는 권성동 포럼 대표, 정의화 의원님(훗날 국회의장), 황우여 새누리당 대표님(훗날 사회부총리)을 비롯한 포럼 설립 발기인 여야 의원님 34명과 인텔코리아 이희성 사장님, LG 부사장님, 이재호 CJ제일제당 부사장님을 비롯한 기업리더 10여 명, UNOSD의 윤종수 원장님 등 UN의 주요 인사와 대학생 UN SDGs 홍보대사 26명, 국회 관계자 50여 명 등 총 120여 명이 참여한 가운데 '제1회 국회 UN SDGS 포럼(NSD) 창립식'이 개최되었다. 이날 창립식에서는 권성동 의원님과 이희성 사장님이 각각 대표와 민간대표를 위촉되었고, 이재호 CJ제일제당 부사장님이 포럼 간사로 임명되었다. 14개의 주요 언론에 보도되었고, 법무부 장관님을 비롯한 각계 주요 인사들이 축하를 전해왔다.

이 포럼은 전 세계 최초의 의회 내 UN SDGs 단체로 기록되었고, UN 회원국 국회 중에서도 유일한 SDGs 참여기구 설립이었다. 또한 UN에서 지속적으로 강조한, 정책 결정리더들과 민간리더들이 공동으로 SDGs 참여를 실현한 첫 모델이 되었다. 작게는 ASD와 대한민국 국회, 기업들에, 그리고 넓게는 UN 회원국과 전 세계에 이 포럼의 설립은 매우 큰 의미를 주었다. 참여를 선언한 43명의 국회의원, 10명의 기업리더, 그리고 나와 ASD의 인류의 지속가능발전을 위한 첫걸음이 시작하게 된 것이다.

이 포럼 창립식을 마지막으로, 최고의 직원이었던 윤아 씨와 보경 씨는 다시 학교로 돌아갔다. 윤아 씨는 연세대 행정대학원에 합격한 동시에 지도교수 조교로 선발되었고, 보경 씨는 휴학을 마치고 마지막 학년인 4학년을 마치기 위해 복학했다. 두 직원의 맹활약에 힘입어, ASD가 만든 두 가지 역작인 '대학생 UN SDGs 홍보대사'와 '국회 UN SDGs 포럼'은 견고하게 시작할 수 있었다. 그리고 사무실에도 변화가 생겼다. 사무실 재정이 이전보다 나아짐에 따라, 우리는 조금 더 넓고 쾌적한 장소로 이전하기로 한 것이다. 현재 있는 곳도 괜찮았지만, 외부에서 찾아오는 손님들을 맞기에는 여러 가지 아쉬운 부분이 있었다. 새롭게 변화를 주고 결단을 내려야 할 순간이 온 것이다. 나는 한 주 동안 가격과 입지 조건 등을 다양하고 꼼꼼하게 찾아보았다. 그리고 몇 군데를 알아보고 나서, 드디어 3월 13일, 2년 7개월간 사용했던 선릉역 사무실을 떠나게 되었다. 처음 이곳에 올 때, 과연 내가 우리 협회를 발전시켜서 이 사무실을 떠나는 날이 올까, 하는 생각을 했는데, 신기하게도 그 생각을 현실로 만드는 날이 온 것이다. 세 번의 겨울을 보낸 이곳을 떠나는 마음이 조금 그리울 것 같기도 했다. 나는 이틀에 걸쳐 부지런히 이삿짐을 싸서 신논현역 근처의 더 비즈스퀘어라는 곳에 새 사무실 자리를 옮겼다. 이곳 역시 비즈니스 센터였지만 이 전 사무실보다 훨씬 더 넓고 밝고 쾌적한 환경이었다. 깨끗하고 예쁜 회의실도 갖추고 있었다. ASD가 새롭게 도약할 멋진 장소를 찾게 된 것이다. 또한 후에 비즈스퀘어의 전용균 대표님과 매니저분들은 우리의 든든한 후원자가 되어주며, 좋은 인연을 만들게 되었다.

사무실을 옮긴 뒤 나는 윤아 씨와 보경 씨가 만든, 1기 대학생 홍보대사에서 눈에 띄는 활약을 펼친 두 명의 학생에게 인턴 제안을 했다. 그렇게 새로운 직원으로 함께하게 된 학생은 경희대 통번역학과의 김서지 씨와 숭실대에서 사회복지를 전공한 동현 씨였다. 서지 씨는 테니스와 서핑을 진심으로 사랑하는 진정한 만능 스포츠우먼이었고, 동현 씨는 섬세한 감성이 돋보이는 침착하고 따뜻한 학생이었다. 나는 향후에 더 많은 프로젝트들을 진행하기 위해서 직원을 한 명 더 선발하기로 하고, 서지 씨의 오랜 친구인 주예람 씨를 추가로 선발했다. 그녀는 한국외대 통번역학과를 다니는 학생이었는데, 누가 봐도 순수한 아름다움이 빛나는 사람이었다. 그리고 독특한 자신만의 매력을 가진 지적이고 예의 바른 사람이었다. 나는 이렇게 서지 씨, 동현 씨, 예람 씨 세 사람과 함께 ASD 설립 4년 차를 기대와 감사함으로 시작했다.

새해에 일어난 세 번째 놀라운 일은 대학생 UN SDGs 홍보대사들이 인터넷에 올린 여러 글들이 세계적인 파급력을 만들어 낸 일이었다. 2월 7일 ASD 사무실에는 깜짝 손님들이 찾아왔는데, 그들은 일본 글로벌 지구환경전략연구소 IGES(institute for global environmental strategis)의 노리코 시미즈 박사 일행이었다. IGES는 2010년 한국이 설립한 국제기구인 글로벌 녹생성장기구 GGGI(Global Green Growth Institute)처럼, 일본이 설립한 정부 환경 연구기관이었다. 비록 GGGI처럼 국제기구화되지는 못했지만, IGES는 세계적인 환경전략 연구기관으로 명성을 떨치고 있었다. 이들은 당연히 MDGs 이후의 Post2015 체제에 대해 관심이 많았고, 특히 일본에 본부가 있는 UN대학교 UNU(United Nations University)와 협력하여 SDGs를 연구 중이었다. 그런 이들이 우리가 진행 중인 SDGs활동에 대해 공동연구와 협력을 제안하기 위해, 한국을 직접 방한한 것이었다. 세계적인 환경 연구기관이 우리의 활동방법을 매우 관심 깊게 보고 있었고, 직접 찾아왔다는 것은 신기한 일이었다.

노리코 박사가 우리의 작은 사무실에 직접 찾아와서, 내게 여러 가지를 물으며 공동 관심사를 구축하자고 말하는 순간을 나는 지금도 잊을 수 없다. 우리는 몇 가지 사항에 대해서 협력을 약속했다. 특히 그들은 우리가 그동안 의회에 많은 공을 들이고 있었다는 사실을 주목했고, 며칠 뒤 설립되는 '국회 UN SDGs 포럼'이 일본 의회에 역할모델로 전달되길 원했다. 나는 박사에게 일본 의회의 참여를 진심으로 환영하며, 함께할 수 있는 방안들을 찾아보자고 대답했다. 그들은 우리와의 면담내용을 바탕으로 일본에 귀국해서 리포트를 만들 것이라고 했고, 그 리포트는 일본 정부와 UNU에 보고될 것이라고 했다. 우리 1기 대학생 UN SDGs 홍보대사들이 정말 자랑스럽고 존경스러운 순간이었다.

이러한 만남은 여기서 끝이 아니었다. 3월 27일 더욱 놀라운 연락이 메일로 왔다. 내가 처음 IDP를 설립하기 전부터 롤 모델로 생각했던, UN의 최대 민간국제기구 UN협회세계연맹, WFUNA(World Federation United Nations Association)로부터 연락이 온 것이다. 뉴욕의 UN 본부 내에 있는 WFUNA 사무국에서 온 이 연락은 WFUNA에서 교육과 모의UN을 담당하는 김의연 담당관이 보낸 메일이었다. 그는 인터넷을 검색하던 중, 우리 ASD를 발견하게 되었으며, 우리가 추진하는 UN SDGs 프로그램과 국회 프로그램이 무척 흥미롭다고 했다. 그러면서 이번 봄에 자신이 먼저 한국에 오고, 두 달 뒤에는 WFUNA의 보니안 골모하마니 사무총장님(Bonian Golmohamma)이 방한할 예정인데, 이때 WFUNA 사무총장님과 우리 ASD가 만날 수 있겠냐는 의견을 물어왔다. 한마디로 이건 믿을 수 없는 일이었다. 전 세계 109개국이 가입한 민간분야 UN 사무총장님이 나를 만나고 싶다고 말하는 꿈같은 내용이었기 때문이다. WFUNA는 UN 창립 이듬해인 1946년 UN을 돕는 민간 국제기구로 탄생한 UN의 최대 지원기구였고, 전 세계적으로 막강한 영향력을 행사하는 단체였다. 그리고 무엇보다, 내가 꿈꾸는 롤 모델이자 언젠가는 조금이라도 비슷해지자고 마음먹었던 바로 그 기구였다. 마치 세계적인 스타를 꿈꾸며 이제 연기를 배우기 시작한 신인배우에게, 오히려 그 세계적 스타가 먼저 만나자고 제의하는 믿을 수 없는 일이 생긴 것이다.

나는 이렇게 소중한 기회를 나와 ASD 만남으로만 끝내고 싶지 않았고, 5월에 개최하기로 한, 두 번째 국회 UN SDGs 포럼에 보니안 사무총장님을 초청하고 싶었다. 우리는 WFUNA에 보낸 답장에서 두 가지를 다시 제안했다. 먼저 ASD와 ASD의 대표를 만나자고 한 것은 당연히 기쁜 마음으로 환영하지만, 이번 만남의 의미를 확대하기 위해서, 우리가 국회와 공동으로 설립한 '국회 UN SDGs 포럼(NSD:

National Assembly UN SDGs Forum)'에 보니안 사무총장님을 특별강연 연사로 초청하고 싶다는 제안이었다. 그리고 향후 SDGs를 위해 상호 간의 협력을 위해서 전략적 양해각서(MOU)를 체결하자는 두 번째 제안을 했다. 그야말로 굉장한 제안을 받아놓고도, 반대로 한 번 더 역제안을 하는 위험한 승부를 건 셈이었다. 자칫하면 WFUNA에서 부담을 느껴서, 미팅 자체를 취소할 수도 있는 일이었다. 하지만 다시 온 김 담당관의 메일에서는 오히려 국회 연설 초청에 매우 반갑고 고맙다는 답이 쓰여 있었다. 그리고 MOU도 환영한다는 수락의 내용이 덧붙여져 있었다. ASD로서는 WFUNA를 통해 세계적인 네트워크를 활용할 수 있는 최고의 조건이었고, WFUNA로서는 한국의 민간파트너뿐 아니라, 국회와도 파트너십을 맺을 수 있는 좋은 기회였다. 그렇게 양 기관은 몇 가지 중요한 사항을 합의하고, 한 단계씩 일을 진행해 나갔다.

4월 7일, 인텔코리아가 있는 여의도 하나대투빌딩에서, 제1기 대학생 UN SDGs 홍보대사 수료식이 개최되었다. 특별히 1기 수료식에는 인텔코리아의 김 부장님과 실비아 문 차장님이 강연을 통해 글로벌기업의 CSR(사회공헌)에 대해 설명해 주었다. 위대한 첫걸음을 만들어 낸 1기 홍보대사들은 그렇게 각자의 학교와 생활로 다시 복귀했다. 4개월간의 감동스러운 그들의 여정에 나는 아낌없는 찬사를 보냈다. 새해에 일어난 네 번째 놀라운 일은, 바로 이 1기 홍보대사들 전체를 말하는 것이다. 수료식이 끝난 후, 내게 장문의 문자를 보낸 한 학생은 진로에 대해 고민이 많던 친구였지만, 1년이 지난 뒤 놀랍게도 UN난민기구, UNHCR(United Nations high Commissioner for Refugees)에 취직했다. 세계의 난민보호를 위해 활동하는 당당한 국제기구의 일원이 된 것이다. 1기 홍보대사들은 한 사람, 한 사람 그들 자체가 순수한 열정 덩어리였다.

수료식이 끝나고 이틀 뒤, 나는 강남역의 한 모임공간에서 강연을 하게 되었다. 강연 회사를 운영하는 오상익 대표가 진행하는 전문가 초청 프로그램의 첫 번째 연사였다. 강연 주제는 '국제기구와 공공외교전문가 과정'이었는데, 사실 나 역시 이제 하나씩 배우고 있는 UN과 UN SDGs의 초보 활동가였기 때문에 과연 내가 여기에 대해 잘 말할 수 있을지 걱정되었다. 하지만 당시 국제이슈를 궁금해하는 대학생들이 많았고, 무엇보다 UN SDGs에 관심을 가진 일반 대학생들을 만날 수 있는 좋은 기회였다. 그래서 비록 작은 강연회였지만 최선으로 열심히 준비하여 갔다. 그런데 재밌는 사실은 강연장에는 아주 어린 학생들부터 나이가 꽤 지긋한 중년의 어른들까지 있었다는 점이다. 당연히 청중들이 대학생들일 거라고 생각한 내게, 다양한 연령대의 사람들이 앉아 있는 모습은 흥미로운 일이었다. 어린 학생들과 나이 많은 어른들, 그리고 일반 직장인들까지 UN 이슈에 관심 가지고 있다는 사실이 무척 신선하게 다가왔다. 그날 강연은 내게, 모든 연령대와 모든 직업의 다양한 사람들이, 국제적인 문제에 충분히 관심을 가지고 참여할 수 있다는 좋은 예를 보여주었다. 그리고 무엇보다 내 생각과 시선을 더 넓힐 수 있는 좋은 기회가 되었다.

UN ECOSOC 협의지위 신청

　4월 셋째 주가 되자, 우리는 무척 분주해지기 시작했다. 곧 5월이 되자마자, UN 경제사회이사회에 제출할 협의지위(United Nations Economic and Social council Consultative Status: UN ECOSOC Consultative Status) 신청을 준비해야 했기 때문이다. UN 경제사회이사회(ECOSOC)는 UN을 구성하는 6개 주요기구(총회, 안전보장이사회, 경제사회이사회, 신탁통치이사회, 국제사법재판소, 사무국) 중 하나이며, 경제와 사회, 인권과 교육 등을 다루는, 인류의 보편적인 삶에 가장 큰 영향을 주는 UN 기구이다. 또한 무엇보다, UN의 활동을 지원하고 함께하는 비정부기구(NGO)를 산하에 두어 직접적인 관계를 가지고 있었고, UN이 NGO에게 주는 막대한 국제적인 활동권리를 심사하고 부여하는 곳이기도 했다. 협의지위 신청은, ASD의 전신인 IDP 설립 당시에는 정말 먼 미래의 목표이자 꿈같던 일이었다.

　신청을 위해서는 무척 까다로운 요건을 갖추어야 하는데, 우선 UN 회원국 정부에 등록된 비영리 법인으로서 신청 당시 최소 2년 이상 활발한 활동과 뚜렷한 성과를 내고 있어야 했고, 민주적인 절차와 투명한 운영이 확인되어야 했다. 기본적으로는 경제사회이사회에서 요구하는 21가지의 질문에 매우 자세히 답변해야 했고, 재정보고와 요약(Summary) 리포트를 내야 했다. 또한 별도의 6개 서류를 제출해야 했는데, 그 서류는 연례보고서(Annual Report)와 정부 비영리 법인 설립 허가증(Certificate of Registration), 재정보고서 및 회계대차대조표(Financial Statement), 그리고 법적으로 인정된 정관(Constitution),과 의사결정구조 및 조직도(Organizational Chart)였다. 모두 영어 또는 불어로 작성되어야 하며, 이 내용은 웹사이트에서도 확인 가능해야 했다. 하지만 이 많은 질문과 제출서류에 앞서, 무엇보다 중요한 점은 이 기구가 UN의 목적과 활동에 어떤 긍정적인 역할과 도움을 주는 자기를 가장 많이 평가했다. 한마디로 UN이 머리와 몸통이라고 할 때, UN ECOSOC Consultative Status NGO는 UN의 아이디어와 팔, 다리라고 볼 수 있었다. 이 협의지위는 심사받는 과정도 매우 어렵게 거쳐야 했는데, 무려 1년간의 심사를 거쳐야 했다. 예를 들어 이번 해 5월에 제출하면, 그다음 해 2월이나 4월에 경제사회이사회 NGO위원회(NGO Committee) 회의를 거치게 되고, 그 회의에서 나온 1차 결과가 만일 승인이라면, 7월 ECOSOC 본 회의에 다시 상정하고 의결하여 최종결과가 나오게 되는 것이다. 물론 이 과정에서 경쟁률도 굉장했다. 매년 전 세계에서 500개 이상의 까다로운 요건을 모두 갖춘 NGO들이 지원하지만, 그중 실제로 지위를 부여받는 기구는 20개 남짓이었다. 1947년 UN 총회에서 'NGO'라는 용어를 처음 만들고, 이 협의지위를 부여하기 시작한 이래 지금까지 약 70년 동안 40,000개에 가까운 NGO들이 이 협의지위에 도전했고, 특별히 UN을 위해 활동하는 24,000개의 NGO가 UN과 실질적인 협력을 했지만, 그중 협의지위를 받은 기구는 불과 3,000여 개밖에 되지 않았다. 그만큼 UN의 협의지위 NGO가 되는 것은 정말 어렵고 쉽지 않은 일이었다.

하지만 협의지위 NGO가 되는 순간부터 국제사회와 UN에서 막대한 권한과 자격이 부여되었고, 이를 통해 단체의 모든 활동이 UN의

간접적인 보장을 받기 때문에 국제 활동을 하는 NGO들에게 협의지위는 최고의 도전목표 중 하나였다. UN 협의지위 NGO는 UN의 주요 회의에서 의제를 제출하고, 발언을 할 수 있으며, 각 국가와 정부에 영향을 행사하여 인류의 보편적 가치를 지키도록 촉구할 수 있었다. 또한 UN구역의 출입신분증이 나오며, 국제적인 비정부기구로서 어떤 곳에서도 활동의 제한을 받지 않게 된다. 실로 굉장한 권리가 부여되는 것이다.

우리는 작년 이맘때 협의지위 신청을 준비했지만, 설립 후 2년간의 활동이라는 조건에, 단 열흘이 모자라서 아쉽게 신청을 포기해야 했었다. 무척 안타까웠었다. 그래서 2014년이 되었을 때 올해의 가장 중요한 목표 중 하나로 세운 것이 협의지위 신청이었고, 5월에 있을 신청기간을 손꼽아 기다리고 있었다. 그런데 어느덧 4월 셋째 주가 된 것이다. 나는 현재 우리가 하고 있는 모든 활동을 일시적으로 중지했다. 그리고 예람 씨에게 각 서류제출을 위한 준비과정을 자세히 살펴보고 내용을 보고해달라고 했다. 예람 씨와 나는 그동안 우리가 활동한 방대한 내용들을 하나씩 정리해서, ECOSOC 웹사이트의 21가지 질문들에 하나씩 답을 작성해 나갔다. 몇 가지 질문은 등록한 뒤에도 수정할 수 있었지만, 대부분은 수정할 수 없게 되어 있었다. 그래서 우리는 정말 실수하지 않기 위해 몇 번을 살펴보며 조심스럽게 답변을 작성했다.

답변을 모두 작성한 후, 다음으로 ECOSOC에 낼 6가지 서류를 준비했다. 그런데 각 서류를 작성하고 외국의 회계양식 등을 공부하는 것도 문제였지만, 가장 큰 문제는 모두 더하면 50페이지가 넘는 서류의 전문적인 번역이었다. 물론 서지 씨와 예람 씨 모두 전공이 통번역학이었지만, 정관에 나온 법률적인 용어와 회계보고서에 있는 금융용어 등을 모두 하나씩 사전을 찾아가며 정확히 번역하는 일은 결코 쉬운 일이 아니었다. 그렇게 두 사람이 굉장한 인내를 보이며, 밤낮없이 꼬박 매달렸고, 일주일 후 6개의 제출서류를 모두 영문으로 번역할 수 있었다. 그 과정을 옆에서 지켜본 나도 힘들었는데, 지치지 않고 모두 해내는 우리 두 직원들이 새삼 대단하다고 느껴졌다. 정말 존경스러운 마음이 들었다. 우리는 서류들이 미비 된 점이 없는지, 잘못 기재되거나 실수한 부분은 없는지 몇 번을 꼼꼼히 살폈다. 수없이 많은 검토를 거친 뒤, 5월 1일 드디어 ECOSOC 웹사이트에 협의지위 신청 서류를 모두 제출했다. IDP 설립 후, 3년 만에 가장 큰 도전을 시작하게 된 것이다. 이제는 1년간의 시간을 기도와 인내로 기다리는 수밖에 없었다. 일반적으로는 불가능하다고 보일 수 있는 일이었지만, 우리는 지금껏 그래 왔던 것처럼, 나와 ASD에 하나님이 주시는 작은 기적이 다시 한 번 실현되길 간절히 바라고 있었다.

어려운 협의지위 신청을 마쳤지만, 잠시도 쉴 틈 없이 다시 분주한 프로젝트 준비에 들어갔다. 당장 2주 후 제2회 국회 UN SDGs 포럼 개최를 앞두고 있었기 때문이다. 2월 18일 포럼 창립식 겸 첫 번째 포럼을 개최한 지 불과 3개월 만에 두 번째 포럼을 준비하고 있었다. 바쁜 국회의 특성상, 단 1회 포럼으로 끝날 수도 있었는데, 정말 말 그대로 지속가능한 포럼으로 이어지게 된 것이다.

그리고 이번에는 매우 중요한 연사 두 명을 초청하게 되었다. 그래서 더 큰 의미가 있는 두 번째 포럼이었다. 첫 번째 연사는 지난 3월 우리와 연락을 주고받으며, 국회 포럼 기조연설을 약속했던, UN협회 세계연맹(WFUNA)의 보니안 골모하마디 사무총장님이었다. 이메일 한 통으로 시작한 연락이 양 기관의 믿음과 기대에 힘입어, 이렇게 국회 UN SDGs 포럼의 연설로까지 발전하게 된 것이다. 특별히 이 포럼에서는 WFUNA와 우리 ASD, 그리고 국회 UN SDGs 포럼(NSD)이 전략적 협의를 위한 공동 양해각서(MOU)를 체결하기로 합의했다. 그야말로 ASD와 NSD의 국제적 활동에 큰 힘을 얻게 될 중요한 기회였다.

두 번째 특별연사는 한국국제협력단(코이카: KOICA)의 김영목 이사장님이었다. 나로서는 지난 2011년 초, G20브릿지포럼 기획관을 끝으로 코이카를 퇴직한 후 3년 만에 다시 전 직장의 수장을 만나게 되는 무척 기대되는 상황이었다. 김영목 이사장님은 뉴욕 총영사 출신의 직업 외교관으로, 국제 감각과 정무 감각을 고루 가진 실용적인 외교관이었다. 그는 현 정부의 선거캠프와 인수위원회를 거쳐 2013년 제10대 한국국제협력단 이사장으로 취임했다. 내가 모시던 박대원 이사장님 다음 이사장님이셔서 직접 뵐 기회는 없었지만, 코이카의 전 동료들을 통해 들은 평으로는 '굉장히 역동적이고 능력 있는 기관장이다.'라는 이야기를 자주 들었었다. 김 이사장님은 그 명성에 걸맞게 매우 다양한 분야에서 적극적인 활동을 하고 있었고, 코이카에서 국회를 담당하는 행정법무팀장을 통해 우리 협회와 국회 포럼 활동에 대한 보고를 받게 되었다. 마침 행정법무팀장은 내가 코이카 이사장 홍보 보좌역을 역임할 당시 보좌관(비서실장)을 맡았던 박준성 팀장이었다. 그 역시 미국 조지타운대에서 공부한 재원으로, 코이카의 미래발전에 대해 매우 깊은 고민을 가진 사람이었다. 박 팀장은 4월부터 나와 꾸준히 연락하며 코이카 발전과 한국 대외무상원조 발전에 고민을 함께 나누고 있었다. 그러면서 나는 그에게 우리 ASD가 국회와 함께, 국회 UN SDGs 포럼을 설립했다는 이야기를 하게 되었고, 여기에 코이카가 동참할 수 있는 방법을 논의하게 되었다.

나 역시 코이카에 근무하며, 그 누구보다 정부 대외무상원조 발전을 위해 고민했기 때문에 ASD와 코이카가 함께한다면 긍정적인 시너지 효과가 날 것 같았다. 결국 코이카는 제2회 포럼에 전격적으로 참여하기로 했고, 후원과 함께 이사장님의 연설을 결정하게 되었다. 코이카는 한국 정부의 대외무상원조 전담기관이며, SDGs를 선도할 기관이라는 의미뿐 아니라, 땀과 열정을 쏟아부었던 바로 전 직장이었다. 그래서 참여결정은 정말 환영할 만한 일이었고, 감격스러운 일이었다. 우리는 코이카와 5월 9일, 국회 UN SDGs 포럼 참여에 대한 업무 양해각서를 맺었다.

5월 14일, 국회 포럼 대표인, 권성동 의원님을 비롯한 국회의원 30 여 명과 정의화 의원님(그는 2주 뒤, 국가의전서열 2위인 19대 국회의장에 취임했다.)을 비롯한 각 기업의 대표급 인사, 그리고 UN협회세계연맹(WFUNA)의 보니안 골모하마디 사무총장님과 한국국제협력단(코이카)의 김영목 이사장님이 참여한 가운데, 제2회 국회 UN SDGs 포럼이 개최되었다. SDGs를 위한 국회와 기업의 참여를 두 연사는 매우 정확히 설명해 주었고, 우리의 역할이 국제사회에 어떤 영향을 줄 수 있는지 깊이 이해할 수 있는 기회가 되었다. 그리고 이번 포럼에서는 또 하나의 순서로 나의 특별한 의견발표가 있었는데, 국회 UN SDGs 포럼을 글로벌 이니셔티브로 만들자는 안을 공식적으로 제안하는 발표였다. SDGs는 MDGs(새천년개발목표)와 다르게 인류와 지구를 위한 역사상 가장 광범위한 목표라는 점에서, 재원 조달과 예산 승인이 매우 중요했다. 그래서 그 어느 때보다 국회와 민간기업의 참여가 절대적으로 필요했다. 하지만 193개 UN 회원국에서는 아직 국회 차원의 SDGs를 논의하는 일이 거의 없었고, 기업의 참여도 몇몇 글로벌기업의 역할에만 그쳐왔었다. 나는 우리 국회 UN SDGs 포럼이 전 세계 최초로 의회 내에 설립된 SDGs 입법논의기구라는 점에서, 분명 다른 UN 회원국에 큰 영향을 미칠 수 있다고 판단했다. 그래서 이를 UN과 함께하는 글로벌 이니셔티브로 만들어보면 어떨까 생각하게 된 것이다. 이 이니셔티브 안을 UN 지속가능발전센터(UNOSD)와 상의하여, UN 사무국 경제사회국(UN DESA)에 제출하기로 하고, 만약 이니셔티브 시행을 경제사회국에서 쉽게 결정하지 않는다면, 8월쯤 반기문 UN 사무총장님을 직접 예방해서 보고 드려 볼 계획이었다.

나는 이 내용을 국회 UN SDGs 포럼에서 발표했고, 참여한 의원들과 기업은 이를 공식 의제로 추진하기로 결정했다. 국회와 기업이 함께하는 글로벌 이니셔티브를 만들겠다는, 큰 꿈을 실현할 수 있는 발판이 만들어진 것이다.

하지만 국회 포럼이 끝나고, 곧바로 이어진 오찬에서, 포럼의 자문위원을 맡은 몇몇 기업의 임원분들이 당장 이번 8월의 반기문 총장님 예방 건이 과연 가능하겠냐고 물어왔다. 조금 회의적인 반응이었다. 시간이 얼마 남지 않았고, 여러 가지 상황상 뉴욕 본부에서 반 총장님을 만나는 일은 쉽지 않아 보였기 때문이다.

나는 만약 국회 UN SDGs 포럼이 대표단을 구성하여, 국회의장님의 친서를 가지고 UN을 방문하게 된다면 충분히 가능성 있는 일이라고 대답했다. 하지만 그전까지 이 방문 건에 대해 어떠한 형태로도 UN과 상의한 일이 없었다. 심지어 한국 외교부나, 국회, UNOSD와도 이 건에 대해 별도로 상의하지는 않았다. 순수하게 나만의 계획과 생각이었던 것이다. 그래서 일단 각 기업과 국회에 나름 실현 가능성과 필요성을 제안하긴 했지만, 실제로 정말 실현 가능할지는 스스로도 전혀 알 수 없는 상태였다.

WFUNA 사무총장과의 대화

이틀 뒤, 나는 보니안 골모하마디 WFUNA 사무총장님과 강남역 삼통치킨에서 만찬을 했다. 만찬이라고는 하지만, 치킨 네 마리를 시켜서 양 기관의 직원 한두 명이 참가한, 정말 말도 안 되게 간소한 저녁식사였다. 사실 나는 사무총장님의 격과 의전을 생각해서, 그가 묵고 있는 호텔의 꽤 괜찮은 레스토랑을 예약했다. 하지만 그는 호텔 음식이라면 이제는 질린다며, 간단한 음식을 하자고 제안했고, 거기서 더 나가서 한국의 젊은이들이 많은 곳에서 치킨을 하자는 파격적인 제안을 했다. 우리는 총장님의 제안에 무척 당황했지만, 이 놀랍고 재밌는 저녁식사를 즐거운 마음으로 준비했다.

큰 몸집의 사무총장님께서 그 사람 많은 치킨집에 양복을 입고 나타나셨다. 어딘가 어색하긴 했지만, 정말 멋있는 리더라는 생각이 들었다. WFUNA의 사무총장은 UN 내에서 사무차장급의 높은 의전을 받는 직급이었다. 그 정도 영향력과 위치에 있는 사람이 이렇게 유연한 사고를 할 수 있다는 건 정말 놀라운 일이었다. 그리고 뛰어난 능력이기도 했다. 우리는 1시간가량 서로가 하고 있는 각 사업 분야에 대해 이야기를 나누고 협력할 수 있는 방안들에 대해 논의했다. 장소가 편해서인지 대화는 정말 격의 없이 이어졌고, 때로는 농담을 하며, 화기애애한 늦은 봄 저녁을 보냈다. 나는 IDP와 ASD를 설립하고 UN을 돕고, 인류를 위해 일했던 그동안의 모든 순간이 자랑스럽고 의미 있었지만, 가끔씩 지극히 개인적으로 소소한 행복을 느끼는 순간이 있었다. 아마 이날이 그런 순간이었던 것 같다. 특히 나보다는 우리 직원들이 정말 멋져 보였다. 이날 예람 씨와 서지 씨뿐 아니라, 전에 함께 일한 보경 씨도 자리를 함께했고 그녀들은 그 어린 나이와 적은 경험에도 불구하고, 사무총장님 일행과 스스럼없이 대화를 이어나갔다. 그 자리에 있는 모든 사람들이 정말 멋진 사명과 소명을 가진 사람들이었다. 그리고 그 사이에 한없이 부족한 내가 앉아 있다는 사실 자체로도 충분히 영광스러운 시간이었다.

불가능한 시나리오

포럼이 끝난 후, 나는 3일간 UN DESA에 제안해 볼 구체적인 이니셔티브 안을 만들기 시작했다. 이 일은 UN OSD의 혜경 씨의 도움을 받으며 작성하고 있었는데, 완전한 안을 만들어서 DESA에 제출하기 전 우리는 몇 번의 전화와 메일을 통해, DESA에서 수용 가능한 안과 수용할 수 없는 안을 나눠서 문서를 작성했다. 그러다가 혜경 씨가 DESA에 먼저 간단한 아이디어 차원을 물어보았는데, 역시 우리가 예상한 대로 DESA에서는 새 이니셔티브를 만드는 안은 부정적이었다. 그리고 국회가 함께 한다는 것을 오히려 정치적인 이슈가 될 수 있다고 의견을 주었다. UN 사무국에서 고도의 외교적 판단을 해서 내는 의견이겠지만, 나는 이러한 반응이 그저 답답할 뿐이었다. UN은 193 개국의 첨예한 이해와 대립을 조정해야 하는 입장에 있기 때문에 어떠한 새 제안에도 항상 신중하고, 조금은 부정적이었다. 긍정적인 면을 고려하기 전에, 반대의 입장을 더 생각해야 하는 게 사실상 UN의 입장이었던 것이다. 우리는 작성하던 이니셔티브 안을 그만 만들기로 하고, 다시 조금 더 생각해 보기로 했다.

그러다가 이왕 이렇게 된 상황에서 좀 더 무모하지만, 직접적인 도전을 해 보면 어떨까 생각이 들었다. 그 안은 굉장히 역동적이면서, 동시에 굉장히 위험할 수 있는 안이었다.

나는 우선 8월 우리의 반기문 총장님 예방 추진을 위해, 공문을 작성해서 권성동 의원실의 권 보좌관님에게 보여주었다. 그리고 동시에 외교부 UN과에 공문을 보냈다. UN과의 입장은 부정적이었다. 총장님께서 각국 국회의 상임위원장급(보통 3선 이상 의원) 이상부터만 만나도록 UN 의전이 정해져 있다는 이야기였다. 권성동 의원님은 여당의 환경노동위원회 간사였고 재선의 핵심의원이셨지만, 상임위원장 신분은 아니었다. 그래서 나는 외교부에 다시 한 번 이야기하며 이번 방문단은 국회의장님의 친서를 가지고 가기 때문에 국회의 공식적인 대표단이고, 그런 만큼 격이 결코 낮지 않다는 점을 강조했다. UN과에서는 이러한 상황을 단독으로 결정하는 것이 부담스러운 눈치였다. 그래서 국회를 담당하는 기획재정담당관실과 녹생성장외교과에도 공문을 함께 보내 줄 것을 요청했다. 공문을 세 군데 모두 보냈지만, 여러 분위기상 외교부에서 이 사안을 적극적으로 나서 줄 것 같지는 않았다. 그래서 나는 UN에 직접 방문 건을 요청해 보기로 했다.

UN에서 사무총장님 일정은, 사무총장 비서실뿐 아니라, 의전실에서도 함께 맡고 있었다. 보통 의전실이라고 하면 매우 고위급 인사의 교류와 고위급 해외방문 등을 담당하는 부서였지만, 우선 UN 사무총장이라는 직책 자체가 워낙 전 세계 모든 국가의 수반급 인사들과 만나는 자리였기 때문에 의전실에서도 일정을 담당하게 된 것이다. 또한 당시 의전장님이 한국분이셨고, 누구보다 총장님과 오래 일하셨던 분이어서, 중요한 일정들을 조율하고 계셨다.

나는 재작년 2012년에 UN을 방문했을 때 의전장님과 인사를 나눈 일이 있었다. 하지만 이번 일을 의전실로 메일을 보내야 할지가 계속 망설여졌다.

일단 의전장님이 무척 바쁘셨고, 또한 한국 국회에서 방문하는 것을 어떻게 받아들일지 확신이 없었기 때문이다. 조금 더 고민하다가, UNOSD의 윤종수 원장님께 도움을 구해 보기로 했다. 윤 원장님은 이번 방문 일정에 대해 꽤 긍정적인 반응이셨다. 특히 그는 지난 정부의 환경부 차관을 지내서 그 누구보다 국회의 역할을 잘 이해하는 분이었고, 이번 대표단 방문이 SDGs를 위한 국회 차원의 역할을 모색하는 의미였기 때문에 기꺼이 도와주겠다고 하셨다. 특별히 그는 의전장님과 매우 가까운 사이로, 한번 어떨지 의견을 물어봐 주겠다고 하셨다. 고민에 고민을 거듭하던 중에 정말 큰 힘을 얻게 된 것이다.

나는 사무실로 돌아가서 바로 원장님께 외교부에 보낸 공문을 설명과 함께 보냈다. 그는 내가 보낸 메일에 약간의 설명을 덧붙여 의전장님에게 보냈고, 며칠 뒤 다시 의전장님이 보내주신 답변을 포워딩해 주셨다. 5월 24일 의전장님에게서 온 답변은, 일단 총장님께서 긍정적인 반응을 보이셨다고 하였다. 총장님께서 그 어떤 사안보다 SDGs에 대해서는 매우 큰 관심을 가지고 계시기 때문에 한국 국회의 이러한 활동을 긍정적으로 평가하신다는 내용이었다.

정말 뛸 듯이 기뻤다. 나는 우선 각 기업에 메일을 보내고 전화를 하여, 이번 8월 총장님 예방 건이 성사될 가능성이 있으니 미리 준비해달라고 요청했다. 지난 2회 국회 UN SDGs 포럼에서 UN 방문 건을 제안한 지 정확히 열흘 만에 생긴 놀라운 결과였다.

나는 다음 날부터 두 가지 일에 집중했다. 하나는 말 그대로 UN 방문과 반기문 총장님 예방을 위한 준비였고, 두 번째는 총장님께 요청드릴 글로벌 이니셔티브 발족 제안서였다. 앞서 내가 생각한 무모하고 위험한 도전이 바로 총장님께 직접 이니셔티브를 제안하는 일이었다. 사무총장은 UN의 모든 사무를 총괄하고, 동시에 6개 주요 기구의 당연직 최고 행정책임자였다. 만약 사무총장님께서 이 일에 대해 긍정적으로 평가한다면, 충분히 다시 DESA와 이야기해 볼 수 있는 사안이었다. 하지만 이 이니셔티브는 내가 제안할 수 있는 수준이 아니었다. 말 그대로 국회 UN SDGs 포럼 대표단이 직접 제안을 해야 하고, 특별히 이번 방문에 꼭 필요한 국회의장님의 친서에서 언급되어야 하는 사안이었다.

국회의장님의 친서 재가를 받는 일은 또 하나의 어려운 도전이었다. 국회의장은 대통령 다음 국가의전서열 2위인 대한민국 최고위 인사였고, 의장이 UN 사무총장에게 보내는 문서는 공식 외교문서가 될 수도 있기 때문에 이 일은 머릿속 생각만으로 쉽게 추진하기 힘든 일이었다.

하지만 두 가지 희망이 있다면, 우선 정의화 의장님께서 우리 국회 포럼의 창립총회와 며칠 전 열린 두 번째 포럼에 모두 참석하셨기에, 다행히 이 포럼을 이해하고 계셨다는 점이고, 두 번째는 권성동 의원님과 국회의장님 사이가 가까우신 편이었다는 점이다. 나는 이번 대표단 방문을 기획하고 실무를 총괄하는 입장이었기 때문에 의장님 친서 초안을 직접 작성하겠다고 제안했다. 보좌관님은 이를 허락했고, 나는 국회의장님이 UN 사무총장님에게 제안할 수 있는 가장 현실적인 내용과 절제된 문구들을 사용하여 친서 초안을 작성해 나갔다.

사실 고위급 서한이나 발표문은 지난 시간 꽤 많이 작성해 본 경험이 있었다. 이명박 대통령께서 서울 시장이시던 시절, 성신여대를 방문하여 말씀하신 강연 초안을 작성했었고, 박근혜 대통령 역시 새누리당 비대위원장 시절 우리 행사에서 말씀하셨던 축사 초안을 내가 직접 작성했다. 심지어 스물다섯 살에 개최한 국제회의에서 축사자로 모신 반기문 총장님의 연설문도 초안을 내가 작성했다. 직접 개최했던 여러 행사에서, 연사로 모셨던 교육부 장관님, 특임장관님 등 여러 장관님들, 그리고 국회의장님, 부의장님을 비롯한 여러 의원님들, G20 정상회의 준비위원장님의 연설문, 주요기업의 CEO 연설문까지 그동안 수십 차례 고위급 연설 자료들을 직접 작성했었다. 그래서 그러한 경험들을 최대한 발휘하여, 이번 친서에 신중히 담아내려 노력했다. 그리고 고심을 하며 한 문장씩 조심스럽게 써내려갔다.

초안을 어느 정도 작성한 후, 첨부 파일에 사무총장님께 우리가 제안 드리고자 하는 글로벌 이니셔티브 안을 상세하게 적었다. 본문에 이니셔티브 안을 구체적으로 적지 않은 이유는, 혹시 국회의장님과 사무총장님 두 분께서 이 내용을 부담스럽게 생각하실 수도 있었기 때문이다. 그래서 이니셔티브 제안을 첨부하는 것으로 아이디어를 냈다. 그리고 참가하는 기업과 국회의원들에 대한 격려요청도 잊지 않았다. 나는 이 안을 두세 번 더 다듬은 후, 윤종수 원장님과 권 보좌관님에게 보냈다. 윤 원장님은 문법을 몇 가지 수정해 주셨고, 권 보좌관님도 약간 다듬은 후 최종안이 정해졌다. 이 친서 안은 국회의장실의 국제담당 보좌관님에게 전해졌고, 그는 시안의 내용을 살펴본 후 문제가 없다고 판단하여, 이 안을 그대로 의장님께 보고했다.

그러는 사이 내게 또 한 가지 신기한 일이 생겼다. 사람들과의 소통과 네트워크를 위해서 평소 페이스북과 인스타그램을 즐겨 하고 있었는데, 특별한 한 분과 대화하게 된 것이다. 그녀는 박근혜 정부 1기 청와대 대변인이었던 김행 원장님이었다. 정확히 말하면 박근혜 대통령께서 취임과 동시에 임명한 1호 인사였다. 현직 여성 대통령이, 역시 여성인 그녀를 자신의 첫 번째 대변인으로 임명하는 것을 보며, 평소 무척 궁금했던 분이었다. 유능한 여성 언론인이라는 정도밖에 몰랐지만, 이전에도 정몽준이라는 거물급 정치인이 만든 당의 대변인까지 역임한 사람이었기 때문에 분명 정치적 매력과 능력을 겸비한 분이 아닐까 생각했다. 그런데 우연한 계기에 김행 대변인님과 페이스북 친구가 되었는데, 내가 올린 한 게시물에 갑자기 그녀가 댓글을 단 것이었다. 난 조심스럽게 다시 댓글을 달았고, 그러다가 서로 몇 번의 짧은 글로 대화를 나누게 되었다. 그 이후 나는 내가 하는 일을 간략히 설명하고, 한번 찾아뵙고 싶다고 요청했다. 그녀는 현재 여성가족부 산하 한국양성평등교육진흥원(양평원)의 차관급 원장으로 재임 중이었다.

그녀를 알게 된 것도, 그리고 그녀에게 면담 요청을 하게 된 것도, 내게는 무척 중요한 일이었다. 우리 협회가 앞으로 해야 할 일들 중 여성권익신장 프로젝트가 매우 중요한 부분이었기 때문이다.

실제로 UN 사무총장 홈페이지에 명시된 5가지 'Key Priorities(우선 순위)'를 보면, 우선 'Sustainable Development(지속가능발전)'이 첫 번째 있었고, 그중 한 가지로 'Doing more for the world's women and young people(여성과 청년들을 위해 세계가 더 많은 일을 하자)'가 있었다. UN 에서 여성에 대한 이슈는 아무리 강조해도 지나치지 않은 중요한 목표였던 것이다.

그녀는 매우 친절하고 예의 바른 대답으로, 면담을 흔쾌히 허락해 주었다. 6월 20일 나는 UN 방문을 준비하고 있는 무척 바쁜 시기임에도 불구하고, 기쁘고 설레는 마음으로 홍제동에 위치한 한국양성평등교육진흥원 본관을 방문했다. 김 행 원장님은 나와의 면담을 일

회성 개인약속으로 생각하지 않고, 양평원의 주요간부를 배석시키고 내 이야기를 함께 듣게 하셨다. 원장님의 따뜻한 배려와 적극적인 리더십에 감명받는 순간이었다. 그 고마움에 대한 답례로 나는 준비해 간 작은 도자기세트와 유니세프 시장바구니를 선물로 건넸다. 그리곤 그녀와 양평원 임원들에게 ASD를 자세히 소개하고, 동시에 우리가 함께할 수 있는 일들에 대해 설명했다. 양평원은 개발도상국 여성 리더들에게 다양한 교육을 전개하고 있었고, 특히 여성에 대한 폭력이 난무하는 인도 같은 국가에 대해 교육을 통한 변화를 모색하고 있었다. 그러한 교육에 ASD가 제공할 수 있는 국회 및 UN의 정책 네트워크를 연결하면, 양 기관이 서로 긍정적인 효과를 낼 것 같았다. 원장님도 내게 똑같은 제안을 했고, 우리는 빠른 시일 내에 전략적 양해각서를 맺자는 의견을 교환했다.

UN협회세계연맹(WFUNA)이라는 국제적인 비영리기구와 MOU를 맺은 지 얼마 되지 않아서, 다시 양평원과 MOU를 맺게 된 것이다. 꿈같은 일이었다. ASD는 IDP 시기부터 시작해서 설립된 지 불과 3년 된 비정부기구였고, 양평원은 설립 12년이 된 국가공무원 교육기관이었다. 어떤 면에서도 두 기관이 동등한 입장으로 볼 수는 없었다. 하지만 이 일은 내게 두 가지 중요한 의미가 있었다. 첫 번째는 이제는 우리 협회가 그 어떤 기관과도 전략적 파트너십을 맺을 정도로 건강하게 성장했다는 의미였고, 두 번째는 우리가 하는 UN SDGs 지원 사업은 국회, 국제기관, 국가기관 할 것 없이 모든 관련 기관들이 함께 해나가야 하는 정말 중요한 사업이라는 의미였다.

나는 원장님과의 면담을 우리 협회 이사장님께 보고했고, 양 기관은 서로가 가능한 날짜를 맞췄다. 그리고 마침내 7월 1일 한국양성평등교육진흥원 본관에서, 양 기관의 수장인 김 행 원장님과 이희성 이사장님 간의 사인으로 전략적 양해각서(MOU)가 맺어졌다. 우리는 양평원 측에서 준비한 오찬장소로 이동하여 아름다운 풍경을 바라보며, 함께 식사를 했다. 그리고 우리 협회와 양평원은 여성권리신장과 양성평등을 위해 다양한 사업을 함께 전개해 나가자고 뜻깊은 약속을 했다. 그러한 김 행 원장님의 부드럽고 의미 있는 제안들에 우리는 크게 동의하며 고개를 끄덕였다. 그 순간에 나는 우리 협회 ASD가 앞으로 해나가야 할 일들이 정말 많겠다는 생각을 하며, 기대와 희망을 가득 품고 있었다.

이날은 특별히 서지 씨의 추천으로 새롭게 합류한 직원, 김수연 씨가 처음 출근한 날이기도 했다. 수연 씨는 서지 씨의 학교 동기였는데, 영문 작성에 정말 탁월한 실력을 갖춘 사람이었다. 그녀는 예기치 않게 첫 출근을 꽤 어려운 자리와 함께하게 된 것이다. 그런데도 차분한 모습을 보여줘서 좋은 믿음이 가게 되었다.

지난 3개월간 2기 대학생 UN SDGs 홍보대사 업무를 담당한 동현 씨가 다시 학교로 복학하게 되어 있었다. 그녀와 밤늦게까지 홍보대사 명단을 보며 한 명씩 선발하고 팀을 만들던 일이 엊그제 같은데, 벌써 작별할 시간이 온 것이다. 또한 UN 경제사회이사회 협의지위 신청을 주도하며 그 누구보다 많은 고생을 한 예람 씨도 곧 미국으로 교환학생 갈 준비를 하고 있었다. 또래 어떤 대학생들보다 선한 마음

믿고 있다면 모든 것이 가능하다

과 따뜻한 말을 하며, 주변 사람들에게 밝은 웃음을 보여 준 두 사람이 떠나간다니, 무척 아쉽고 섭섭한 마음이었다. 그리고 조금 더 잘해 주지 못해서 고맙고 미안한 마음을 떨칠 수 없었다. 그리고 나는 다시 서지 씨와 상의하여, 역시 그녀가 강력히 추천한 정지윤 씨를 새 직원으로 채용하기로 했다. 그녀는 예람 씨와 같은 한국외국어대 학생이었고 미국에서 1년간 디즈니랜드에서 일하며, 다양한 경험을 가진 글로벌 인재였다.

ASD가 내부적으로 여러 변화를 겪는 시기였지만, 우리의 최우선 추진과제였던 UN 방문과 반기문 총장님 예방일정은 조금씩 윤곽이 보이고 있었다. 그러던 중 7월 17일, 드디어 그렇게 기다리던 총장님과의 면담 일정이 확정되었다. UN 의전장님이 윤종수 원장님께 보낸 메일에서, 총장님께서 우리 국회 UN SDGs 포럼 대표단과의 면담을 하겠다고 허락하셨고, 8월 11일 오후에 진행하자는 내용이었다. 원장님은 내게 그 메일을 그대로 포워딩해 주셨다. 나는 그 메일을 열 번 이상 읽고 또 읽으며 환호성을 질렀다. 그리고 다음 날인 금요일 아침, 의원님 사무실과 각 기업 등에 총장님과의 면담 확정 소식을 알렸다. 우리의 뉴욕방문 계획이 눈앞 현실로 다가오는 순간이었다. 가장 큰 기다림이 성공적으로 이루어졌고, 이제는 국회의장실의 친서에 대한 결정을 기다릴 순서였다.

나는 며칠을 긴장하며, 국회의장님께서 재가하시길 기다렸다. 그런데 내 기도를 또 한 번 하나님께서 들어주셨다. 의장님께서 이 안을 그대로 승인하여 재가하셨다는 답변이 온 것이다. 정말 기적 같은 일이었다. 내가 생각한 글로벌 이니셔티브를 이제는 의장님께서 반 총장님께 직접 제안하는 일이 이루어지게 된 것이다. 꿈같은 일이었지만, 정말 기쁘게도 그건 꿈이 아닌 현실이었다. 반기문 총장님 일정 확정과 국회의장님 친서 확정이라는 가장 중요한 두 가지 관문을 넘고 대표단에 참여할 의원들과 기업들 명단도 조금씩 윤곽을 드러내고 있었다. 그리고 7월 셋째 주가 되어서 대표단의 모든 일정과 명단이 정해졌다. 국회에서는 권성동 의원님을 단장으로 민현주 새누리당 대변인님과 이재영 의원님이 참여하기로 했고, 민간에서는 인텔코리아 사장님과 CJ제일제당의 부사장님, LG의 부사장님, KT의 상무님과 KT노조의 조직실장님이 참여를 확정했다. 나와 효찬 씨는 이번 대표단의 실무대표와 부대표를 맡기로 했으며, 일정과 동선, 면담일정 등 전체적인 출장 프로그램을 총괄하기로 했다. 그리고 뉴욕 현지 안내 스태프로는 김세윤 씨와 이태구 씨가 합류했다. 세윤 씨와 태구 씨는 미국 현지 아이비리그의 대학생, 대학원생으로, 상당한 어학실력과 매너를 갖춘 실력자들이었다. 이번 대표단 방문을 지원할 스태프를 모집하는 과정에서 20명이 넘는 지원자 중 모든 면에서 단연 가장 눈에 띄는 사람들이었다. 특히 세윤 씨는 만능 스포츠맨으로 매우 역동적이며 총명한 인재였고, 태구 씨는 원어민에 가까운 뛰어난 어학실력과 냉정함과 차분함을 가진 우수한 재원이었다.

7월 마지막 주를 앞둔, 25일 저녁 2기 대학생 UN SDGs 홍보대사 수료식을 진행했다. 숙명여대 법학관에서 진행된 수료식에서 나는 짧은 수료사를 하며, 이런 말을 했다.

물고기들은 바닷속을 자유롭게 유영하고, 그 안에서 살기 때문에 바다의 소중함을 인식하지 못합니다. 당연하게 생각하겠죠. 하지만 느리거나 방심하는 물고기들이 바다를 나와 조그만 수조에 들어가게 되면, 그제야 그동안 느끼지 못했던 바다의 소중함을 알게 됩니다.

사실 대부분 20대는 이 바다에서도 만족하지 못하며, 자신에게 주어진 조건과 주위를 둘러싼 환경을 늘 아쉬워하며 더 많은 것들을 바라고 있습니다. 그러나 앞으로 다가올 도전. 즉 바다 밖을 경험할 순간이 오게 되면, 지금 그 자리에서 모든 걸 쏟아 붓지 않았던 걸 후회하게 됩니다. 어떠한 환경과 상관없이 자신의 삶을 후회 없이 불태우고 아낌없는 열정을 보여주며 살아가길 바랍니다. 3개월간 젊음과 청춘을 보여준 여러분들에게 고맙고 감사한 마음입니다. 20대의 바다에서 가장 활기찬 리더들로 살아가길 바라며, 물 밖 세상을 나오더라도 두려워하지 않는 여러분이 되길 응원하겠습니다!

수료식을 끝내고, 숙대 앞 찜닭 집에서 오랜만에 직원들과 회식을 했다. 그렇게 동현 씨와 예람 씨는 ASD에서의 마지막 임무를 마쳤고, 각자의 자리로 돌아갔다. 다음 주부터는 서지 씨, 수연 씨와 함께 본격적으로 UN 방문을 준비하기로 했다.

인류

7월 넷째 주가 시작되는 월요일, UN 방문 계획에 몇 가지 문제가 생겼다. 우선 의원 대표단 중 민 대변인님께서 갑자기 참석할 수 없다는 뜻을 전해왔다. 정확한 이유는 알 수 없지만, 이 일정이 반기문 총장님과의 공식적인 약속이고, 국회의장님의 친서를 전달하는 대표단이라는 측면에서 방문 직전 명단변경은 무척 난감할 수밖에 없었다. 그리고 참가하는 민간회사 몇 곳도 현지 사업장 방문을 전체 일정 속에 함께 계획하여, 항공권을 조정해달라고 요청해 왔다. 8월은 모든 항공사의 최고 성수기였고, 특히 뉴욕은 전 세계 모든 사람들이 여름 휴가로 찾는 도시였기 때문에 불과 2~3주 뒤의 항공권을 예산에 맞춰 예약하기란 거의 불가능한 상황이었다. 숙소를 잡는 것부터 항공권, 참석자들의 비자문제까지 모두 나와 효찬 씨가 책임져야 하는 난제였다. 그런데 각각의 사정들이 계속 생겨나면서 수시로 조정해야만 하는 어려움을 겪어야 했다.

나는 우선 민 대변인님을 대신해서 대표단에 참여할 새로운 국회의원 한 분을 찾아보기로 했다. 국회 대표단이라는 이름인데, 민간기업 대표분들이 더 많이 가는 건 조금 어색할 수 있었기 때문이다. 더군다나 UN 본부는 곧 총회를 앞둔 상황이어서 반 총장님의 일정이 정말 무척 바쁜 시기였다. 우리의 일방적인 명단변경으로 자칫하면 면담 약속 자체가 취소될 수도 있는 상황이었다. 그래서 나는 상징성이 있으면서, 이번 대표단의 취지를 가장 잘 이해하실 수 있는 새로운 참여 의원 후보를 생각해 보았다. 그중 권 의원님 사무실의 추천과 국회에 있는 여러 지인의 추천으로 이자스민 의원님이 가장 적합할 것이라는 생각을 하게 되었다. 그녀는 헌정사상 첫 외국인 출신 국회의원이었고 초선의원임에도 불구하고 외교통상위원회에서 맹활약한 능력 있는 여성 리더였다. 물론 귀화를 해서, 현재는 한국 국적의 우리 국민이었지만, 가지고 있는 상징성도 적지 않았다. 무엇보다 우리가 방문하려는 미국과 UN은 193개 국가와 민족, 그리고 다양한 문화의 화합을 상징하는 곳이었다. 특히 UN에서는 여성이슈와 여성 리더십을 그 어떤 곳보다 존중하고 높이 사고 있었다. 이 의원님이 가진 상징성을 모두 발휘할 수 있는 최상의 방문지였다. 심지어 그녀는 원어민급의 영어실력도 가지고 있었다. 어떤 점에서 보아도 훌륭한 추천 후보였다. 나는 당장 이자스민 의원님께 참여를 요청해보기로 했고, 의원 사무실에 연락하여 취지를 설명하며 이번 방문 참여를 요청했다. 물론 권 의원님도 그녀에게 직접 전화를 걸어, 동참할 것을 권유했다. 다행히 며칠 뒤, 이 의원님은 방문을 수락했고, 우리는 다시 대표단의 전열을 정비할 수 있었다.

다음으로 가장 큰 문제는 항공권과 숙소였다. 특히 숙소는 뉴욕의 어떤 곳도 만실이었고, 방이 있는 곳은, 아무리 작은 호텔이더라도(심지어 모텔 같은 곳도) 터무니없이 비싼 숙박비를 요구했다. 우리가 계획한 예산으로는 그 어떤 곳도 갈 수 없었다. 나는 직접 방문하지 않고, 한국에서 전화나 온라인으로 알아보는 것은 거의 불가능하다고 생각했다. 그래서 현지에 있는 세윤 씨에게 숙박을 대신 알아봐 달라고 부탁했다. 그는 매우 똑똑하고 빠른 청년이었기 때문에 뉴욕을 직접 방문하여 호텔 몇 군데를 알아보겠다고 했다. 숙소를 알아보는 동안, 항공권 문제는 효찬 씨 전담이었다. 그는 전 세계 70개국 이상을 다닌, 정말 최고의 글로벌 전문가였다. 언제 어떻게 어느 시점에 어떤 곳에서 항공권을 예매해야 하는지, 그 누구보다 정확히 알고 있었다. 하지만 그런 효찬 씨도, 시시각각 변하는 항공사의 사정과 참여하는 여러 기업의 요구들을 해결하기엔 한계가 있었다. 우리는 좌석을 확보하기 위해서 정말 1분 1초를 다투며, 항공사와 연락하며 웹사이트 화면을 지켜보았다.

각 참가자들의 비자발급도 우리 몫이었다. 비자가 없는 사람은 단체로 ESTA 비자를 받게 해 주었고, 미국을 방문하기 위한 여러 행정적인 조치들을 하나씩 빠르게 취해나갔다.

그러던 중 세윤 씨가 반가운 소식을 알려 주었다. UN 본부와 불과 몇십 미터 떨어진 곳에 특급호텔이 있었는데, 마침 그 호텔이 이름을 'One United Nations Plaza Hotel'로 바꾸고 리노베이션을 하면서, 새로운 프로모션 특가 할인을 해 준다는 정보였다. 더군다나 우리가 생각하는 예산과 정확히 일치하는 가격이었다. 나는 재빨리 숙박명단을 작성하여, 뉴욕으로 보내 주었고, 첫날 함께 투숙하지 않는 대표단의 몇몇 참석자를 위해 개런티 문서를 보내주었다. 세윤 씨는 매우 복잡한 몇 가지 사항을 호텔과 더 협의하여 우리가 방문하기에는, 정말 최적의 상태로 만들어 놓았다. 뉴욕에서의 동선과 숙박을 해결한 세윤 씨와 태구 씨의 놀라운 능력에 찬사를 보낼 수밖에 없었다.

총장님과의 면담일정과 우리 대표단의 방문 시기, 숙소, 명단 등이 잡힌 후부터 주 유엔 대한민국 대표부와 연락을 하기 시작했다. 대표부에서는 UNOSD 윤 원장님께서 환경부 차관 재직 시 직원이었던 조 과장이 이번 일을 맡게 되었다. 원장님의 특별 부탁도 있었고, 권 의원님이 환경노동위원회 간사라는 점도 그녀가 이 일을 맡게 된 배경이었다. 반 총장님과의 면담 시, 의전 절차부터 뉴욕의 주요 인사와의 면담을 진행할 때 대표부가 도움을 줄 수 있다면 좋을 것 같았다. 나는 여러 가지 사항을 대표부와 밤늦게 통화하거나 메일을 보내며, 하나씩 협의하여 나갔다. 그러면서 3박 4일간의 뉴욕 일정을 채워나가는 일도 집중하며 진행했다.

뉴욕에서의 일정을 어떻게 채울지는 혼자 고민할 수밖에 없었는데, 우선 반 총장님 일정 외에도 UN의 고위 인사를 조금 더 만나는 게 좋겠다고 생각했다. 나는 WFUNA의 김 담당관에게 전화하여, 지난번 보니안 사무총장님과의 면담 시, 그가 UN 사무부총장님과 잘 아는 사이라고 말한 부분을 다시 물어보았다. 실제로 보니안 사무총장님과 얀 엘리어슨 UN 사무부총장님(UN Deputy Secretary General, Mr. Jan Eliasson)은 같은 스웨덴 출신으로, 매우 가까운 관계였다. 한 명은 UN의 두 번째 직위의 최고위급 인사였고, 한 명은 민간 UN이라고 불리는 WFUNA의 최고위 인사였다. 더군다나 두 사람은 동향이었기 때문에 가까운 사이일 수밖에 없었다. 나는 김 담당관에게, 보니안 사무총장님께서 얀 엘리어슨 사무부총장님과의 면담을 주선해 줄 수 있을지 물었다. WFUNA와 우리 ASD와 우호적인 관계를 가진 기관이었고, 그 역시 나와 좋은 사이였다. 김 담당관은 두 분 사이라면 가능할지도 모른다고 대답했다. 그리고는 사무총장님께 가급적 빨리 물어보고 회신을 주겠다고 했다. UN의 최고위 리더인 UN 사무총장님과 부총장님을 어쩌면 한 번에 만나게 된다는 생각을 하니, 가슴이 뛰고 흥분되었다.

나는 UN의 주요 인사들 외에도 뉴욕에 있는 우리 정부의 고위외교관들과 미국 정부의 고위급인사들과의 만남도 함께 추진했다. 사실 우리는 국회의장님의 친서를 가지고 UN을 방문하는 대표단이었기 때문에 당연히 정부에서 어느 정도 신경 써줄 것이라고 기대했다. 하지만 현실은 전혀 그렇지 못했다. 정부에서는 의원외교에 대한 의전을 기준을 정하여 하고 있었는데, 우리 방문단의 수준을 그렇게 판단하지 않았기 때문이다. 그래서 정부 차원에서의 UN과의 연락은 처음부터 많은 부분 벽에 부딪힐 수밖에 없었다. 누군가를 만나려는 계획은 철저히 나와 ASD 차원에서만 진행해야 했다. 만약 이런 경험이 처음이었다면 분명 쉽지 않았을 것이다. 그렇지만 몇 년 전 G20정상회의 브릿지포럼을 준비할 때를 비롯해 그동안 숱한 포럼과 컨퍼런스 등을 개최한 경험이 내 몸에 고스란히 배어 있었다. 나는 우선 주 유엔 대한민국 대표부의 수석대사인 오준 대사님과의 면담을 추진했다. 정부에서는 미, 중, 러, 일 4개국 대사는 통상 차관급이상의 인사를 파견하는데, 거기에 UN 대사까지 더해서 '4강+1'이라는 표현을 쓰며, 우리 정부의 고위외교관을 파견하고 있었다. UN 대사도 차관급 고위 인사였던 것이다.

이러한 면담을 추진할 때는 몇 가지 나만의 특별한 노하우가 있었다. 만남을 추진하는 양측 모두 매우 고위 인사들이기 때문에 외교적인 의전을 유연성 있게 맞춰서 접근하는 것이다. 즉 서로를 높여주고, 동시에 서로를 낮추는 방법이었는데, 예를 들어 유엔 대표부에는 우리 대표단과의 면담요청을 하는 공문을 우리 측을 조금 낮춰서 보내게 된다. 유엔 대표부 대사님은 우리 정부와 대통령을 대신하여 UN에 파견되는 특명전권대사였기 때문에 차관급 인사라고 하더라도 더 예우해서 부르게 되고, 반대로 권 의원님께 보고할 때는 대사관을 더 낮춰서 미팅을 하게 된다는 표현으로 보고해야 했다. 권 의원님은 굳이 국회의장님의 친서를 가지지 않았다고 해도, 재선의 선출직 공무원이었기 때문에 차관과 장관의 중간인, 장관급 예우를 받고 있었다. 특히 상임위 간사였기 때문에 원칙적으로는 대사보다 높은 위치에 있었다. 나는 양측을 더 높여주면서 동시에 더 낮추는 방법을 취하며, 조심스럽게 대표부와 총영사관에 공문을 보냈다. 대표부에서는 처음에는 조금 난색을 표하다가, 며칠 뒤 면담을 수락했다. 하지만 당시 오준 대사님은 해외 출장 중이라고 하여, 차석 대사님 두 분께서 환영과 오 만찬을 함께 하겠다고 알려왔다. UN은 다자외교의 정점에 있는 곳이기 때문에 특별히 대사(Ambassador)급이 세 명이 있었다. 수석 한 명과 차석 두 명이다. 그중 두 차석대사님께서 이번 일정 중 오·만찬과 환영을 함께하시겠다고 한 것이다. 우리로서는 훌륭한 환대였다. 나는 두 대사님들과의 일정을 잡은 뒤, 뉴욕 총영사관의 답을 기다렸다. 뉴욕 총영사는 베테랑 외교관인 손세주 총영사님이었다. 그는 뉴욕에 있는 우리 교민들을 대표하는 위치에 있었기 때문에 역시 우리 국민 전체를 대표하는 국회의원들과의 만남을 의미 있게 받아들였다. 세 분의 우리 정부 고위급 현지 외교관들과의 미팅이 잡혔고, 대표단 일정은 점점 구체적이고 의미 있게 채워져 가고 있었다.

다음으로 나는 미국을 방문하는 우리 국회 대표단인 만큼 미국 의회를 대표하는 의원과의 면담을 추진하고 싶었다. 하지만 이 일이야말로 정말 계란으로 바위 치기 같은 심정이었다. 여전히 세계 최강대국 중 하나인 미국의 연방의원이, 한국에 있는 비영리 법인의 문서를 제대로 보기나 할지가 우선 첫 번째 고민이었고, 두 번째는 본다 하더라도 이 일을 왜 국회 차원에서 공문을 보내지 않고, 우리가 보내느냐 한다면 딱히 할 말이 없었다. 하지만 이제 미국을 가기까지 정말 시간이 얼마 남지 않았고, 우리 외교부나 국회 차원의 공문을 요청하기에는 쉽지 않은 상황이었다. 나는 대표단의 의미를 설명하고, 동시에 우리가 국회를 대표하여 UN을 공식 방문한다는 내용을 특별히 강조하며 공문을 작성했다. 그리고 미 연방 의회 홈페이지에 들어가서 뉴욕 주(New York State) 의원을 찾아보았다. 그러던 중 마침 뉴욕 주 연방의원 중 한 명이 집권여당인 민주당의 찰스 랭글(Charles. B Rangel) 하원의원님이라는 사실을 알게 되었다. 그는 전설적인 미국 의원으로 무려 23선, 즉 45년 동안 연방의원을 한 엄청난 거물이었다. 게다가 그는 한국전쟁에 참전해서 그 누구보다 한국을 잘 아는 참전용사이자 지한파 의원이었다. 일전에 나는 대학생 때 당시 유재건 국회 국방위원장님과의 인연을 맺어, 그가 주최한 행사에서 랭글 의원님을 뵈었던 기억이 있었다. 정확히 10년 전에 만난 그에게 다시 한 번 연락하게 된 것이다. 벅차고 흥분된 마음으로 무작정 공문을 일단 보내보기로 했다. 수연 씨에게 메일을 보낸 뒤, 저녁에는 시차에 맞춰 반드시 한번 전화를 해 보라고 지시한 후, 초조한 마음으로 기다리고 있었다.

그런데 아침에 기쁜 소식이 두 가지 와 있었다. 랭글 의원실에서 기대보다 빠른 답을 주었고, 우리에게 조금 더 자세한 명단과 대표단 세부 일정 등을 요청한 것이다. 또한 그날 아침 랭글 의원실과 거의 동시에, UN 사무부총장실에서도 자세한 명단을 요청하는 메일이 왔다. 정말 기적이었다. 그 주간은 매우 바쁘게 움직이며 일하는 시간들이었지만, 다른 어떤 업무보다 랭글 의원실과 사무부총장실의 물음에 충실히 답변메일을 보냈다. 그렇게 나는 7월 마지막 주를 맞이했고, 미국으로 떠나기 정확히 열흘 전인, 7월 29일 모든 일정을 확정할 수 있었다. 드디어 찰스 랭글 의원님과 엘리어슨 UN 사무부총장님께서도 면담을 수락한 것이다.

이제 실제 일할 수 있는 시간은 한 주뿐이었다. 다음 주는 뉴욕으로 떠나는 주였기 때문에 마지막으로 최종적인 여러 점검을 해야 하는 주였다. 아직 우리가 온라인으로 먼저 보낸 정의화 의장님의 서한에 대해 반 총장님의 회신이 오지 않아서 초조하긴 했지만, 이제는 특별한 변동사항이 있지 않은 한 뉴욕에 가는 모든 일정과 준비를 마친 상태였다. 한 주간은 이번 대표단 방문을 위한 방문 킷(Visiting Kit)을 만들고, 방문을 위해 큰 도움을 주신 윤종수 UNOSD 원장님께 인사를 드리러 가기로 했다. 일정과 비상연락처, 방문 목적 등을 상세히 적은 휴대용 킷을 만들었고, 인천공항의 환송인사와 뉴욕공항의 환영인사들 명단목록을 점검했다. 이번 일정의 총괄 스태프는 총 4명이었다. 나와 효찬 씨 그리고 세윤 씨와 태구 씨였다. 효찬 씨와 나는 선발대 개념으로 하루 먼저 출발하기로 했다. 세윤 씨와 태구 씨도 우리가 도착하는 9일에 맞춰 뉴욕 호텔로 오기로 했다. 그러나 우리가 출발할 때 대표단과 함께 출발하지 못하기 때문에 공항에서 대표단을 안내해 줄 스태프 한 명이 더 필요했다. 고위급 인사의 동선을 챙기기에 적합한 경험과 지식을 가진 친구가 필요했는데, 마침 효찬 씨가 아는 훌륭한 지인이 있었다. 그는 서울대 라이온스클럽 회장이었던 추준호 씨였고, 비상한 머리를 가진 똑똑한 사람이었다.

꿈을 안고 뉴욕으로 떠난 국회 대표단

나와 효찬 씨는 8월 8일 금요일에 출발하기로 했다. 그런데 출발 전 날 또 한 번의 희소식이 왔다. 뉴욕 UN 본부에 계신 의전장님께서 국 회의장님께 보내는 반기문 총장님의 친서 회신을 메일로 보내주신 것이다. 친서에는 우리 국회 UN SDGs 포럼이 한국뿐 아니라, 전 세계의 Post 2015 아젠다 설정을 위해, 큰 역할을 해 줄 것을 기대한다고 쓰여 있었다. 정말 이보다 좋을 수 없는 문구와 회신이었다. 그동안 정말 힘든 과정이었지만, 이제는 최고의 순간을 맞이할 모든 준비가 마무리되고 있었다.

마침내 뉴욕으로 출발하는 순간이었다. 나와 효찬 씨는 예산절감을 위해 직항이 아닌 경유항공을 이용하기로 했다. 중국 동방항공을 탄 우리는 8일 저녁 중국 상하이에 도착하여 일곱 시간 이상 머무르며, 향후 여러 일정에 대한 계획을 다시 한 번 꼼꼼히 정리했다. 상하이에 도착했을 때 이자스민 의원실에서 의원님의 일정이 바뀌었다고 연락이 왔다. 울 것 같은 심정이었지만, 재빨리 미국 스태프에게 연락하여 숙소를 다시 체크해달라고 부탁했다. 그리고 007작전을 수행하는 순간처럼, 우리가 상하이를 떠나기 직전 다행히 그 문제를 해결할 수 있었다. 시작도 하기 전에 긴장된 순간을 맞았던 것이다. 우리는 긴 비행을 거쳐, 솜사탕 같은 구름으로 가득 찬, 파리의 아침 하늘을 미끄러지듯이 비행했다. 파리는 여름 휴가철이어서, 도시 주민보다는 오히려 외부 관광객들이 더 많은 분위기였다. 우리는 전철을 이용하여 도심으로 이동했다. 그리고 그 유명한 루브르 박물관 광장에 도착했다. 잠시 이곳저곳을 둘러 본 뒤, 노천카페에서 모닝커피를 한잔하고 파리에 있는 효찬 씨 지인과 점심을 하기 위한 장소로 이동했다. 시끌벅적한 시장에서 다소 질긴 치킨요리를 먹은 뒤, 파리 골목 곳곳을 걸었다. 그리고 파리의 상징 중 한 곳인 퐁피두 센터를 둘러보았다.

몇 주간의 전쟁 같은 출장 준비를 한 뒤, 이런 여유가 찾아올지 몰랐기 때문에 우리는 그곳의 공기와 분위기를 정말 마음껏 즐겼다. 하지만 사실 이 여유도 내일이면 끝나게 되고, 진짜 출장을 시작하게 된다. 우리는 저녁이 찾아오기 전에 서둘러 다시 드골 국제공항으로 돌아갔다. 출장 목적지인 뉴욕행 비행기에 몸을 실었는데, 무척 피곤했지만, 들뜬 마음 때문에 쉽게 잠을 이룰 수 없었다.

밤과 낮을 비행기에서 보낸 뒤, 비행기 창밖으로 눈부신 노을 모습이 눈에 들어왔다. 그 노을은 형용할 수 없을 정도로 매우 밝은 금빛 찬란한 아름다운 색이었다. 불과 어젯밤을 중국 상하이에서, 그리고 오늘 아침을 프랑스의 파리에서, 이제는 저녁을 미국 뉴욕에서 맞이하게 된 것이다. 환상적인 여정이었다. 이곳 JFK 국제공항은 세 번째 오는 곳이기 때문에 조금 친숙한 느낌도 들었다. 우리는 공항을 빠져나와서, 효찬 씨가 예약해 둔 리무진을 타고 숙소인 One United Nations Plaza Hotel로 향했다. 호텔에는 세윤 씨와 태구 씨가 미리 기다리고 있다고 했다. 리무진 안에서 브루클린 다리를 지나서, 뉴욕의 아름다운 스카이라인 야경을 바라보는데, 그제야 정말 이곳에 왔다는 사실이 실감 되었다.

호텔에 도착하니, 세윤, 태구 씨 두 사람이 우리를 반갑게 맞이했다. 호텔 로비는 깨끗하고 넓었다. 게다가 아늑하기까지 하여, 이번 출장을 위한 최고의 장소를 골랐다는 생각이 들었다. 두 사람은 우리가 머무를 숙소와 내일부터 시작할 각 각의 일정들을 한 번에 보기 좋게 모두 문서로 정리해두었다. 호텔 예약부터 정말 칭찬이 절로 나올 수밖에 없었는데, 세세한 일 처리까지, 내가 생각했던 것 이상으로 훨씬 뛰어난 사람들이었다. 나는 두 사람을 아낌없이 격려해 주었다. 그러는 사이 우리가 모인지 얼마 안 되는 시점에, 우리 대표단 일행 중 한 분인 LG 부사장님이 일정 하루 전날인 이날 도착하셨다. 김 부사장님은 나를 보며 반갑게 인사하셨고, 우리 일행에게 가볍게 맥주를 한잔하자고 하셨다. 자연스럽게 이번 방문목적에 대한 이야기가 나왔다. 나는 1시간가량 이번 방문의 목적들을 설명하는 자리를 가졌다. 이왕 이렇게 된 거, 내일 오실 대표단 본진에 대한 연습을 한다고 생각하며, 부사장님과 세 명의 스태프들에게 여러 가지 내용을 상세히 설명했다. 뉴욕에서의 첫날 밤은 반가움과 따뜻함으로 시작했고, 밤이 늦어지자 우리는 내일을 기약하며, 모두 숙소로 올라갔다. 드디어 내일부터 첫 일정이다.

다음 날 아침 일찍 나는 호텔 바로 옆에 있는 주 유엔 대한민국 대표부 대사관으로 향했다. 우리 대사관은 호텔과는 불과 5분 거리에 있었다. 효찬 씨는 출장기간 동안 대표단이 타고 다닐 커다란 승합차를 두 대 이끌고, 그보다 더 일찍 스태프들과 함께 JFK 국제공항으로 향했다. 오전에 우리 대표단의 세 분 의원님들과 KT, 인텔, CJ 기업의 대표들께서 미국 입국이 예정되어 있었기 때문에 아침부터 우리는 무척 분주했다. 나는 대표부로 가서 한충희 차석대사님께 처음 인사를 드리고, 대사님과 함께 JFK공항으로 이동했다. 대사님과 함께 대표단을 맞을 예정이었다. 차로 이동하는 중에 대사님께 이번 출장 방문 목적을 상세히 설명했다. 마침 한 대사님이 UN 대표부에서 SDGs와 Post 2015 아젠다를 총괄하는 담당 대사님이셨다.

브루클린 다리를 다시 건너며, 정말 본격적인 출장이 시작된 것을 실감하고 있었다. 우리는 곧 JFK공항에 도착하여, 대표단 본진 일행이 입국하는 과정을 도와주었다. 다음 날 오기로 예정된 이재영 의원님을 제외한 모든 대표단이 미국 입국을 완료했다. 우선 오찬시간이었기 때문에 바로 우리는 오찬 레스토랑으로 이동했다. 식사 후 숙소에 도착하여 각자에게 키를 전달한 뒤, 비로소 우리 스태프들은 한숨을 돌리게 되었다.

출장 첫날이었기 때문에 별다른 일정 없이 숙소에서 충분히 휴식을 취한 후, 우리는 저녁식사를 하기 위해 승합차에 올랐다. 저녁은 멋진 강과 바다로 둘러싸인 도시 뉴욕답게, 선상 레스토랑에서 진행하기로 했다. 허드슨강(Hudson River)과 이스트강(East River)이 만나는 곳에서 출발하여, 어퍼 웨스트사이드(Upper West Side)와 자유의 여신상, 웨스트 뉴욕(West New York)을 한 바퀴 돌았는데, 그 시간 동안 우리는 상상할 수 있는 모든 뉴욕 야경의 절정을 감상할 수 있었다. 정말 잊을 수 없는 밤이 되었다. 그리고 늦은 밤 우리 일행은 모두 숙소로 돌아와서 간단한 차와 커피를 하며, 본격적인 내일 출장 이야기들을 나누었다. 그렇게 두 번째 밤이 저물었다.

셋째 날은 최고로 중요한 날이었다. 우리가 뉴욕에 온 목적인, 반기문 총장님과의 만남과 SDGs에 대한 우리의 역할을 설정하는 날이었기 때문이다. 이번 미팅의 결과에 따라서 작게는 한국에, 넓게는 어쩌면 전 세계에 영향을 줄 수 있는 큰 결과가 만들어질 거라고 기대하고 있었다.

| 서른네 살, 2014년 8월 11일 오후

11일 뉴욕의 월요일 오후 햇살이 넓은 창문을 통해, 방 안 전체를 환하게 비추고 있었다.

나는 22층 내 방에 있는 하얀색의 넓고 푹신한 침대에 앉아 그 햇살을 즐겼다. 그리고 30분 뒤 시계를 보고는 천천히 자리에서 일어났다.

우리가 머문 호텔 이름은 'One UN Plaza (원 UN 플라자)'였는데, 조금 더 긴 정식이름으로는 'One United Nations Plaza Hotel이라고 불렸다. 그런데 'UN(UN)'과 'United Nations'이라는 명칭은 UN의 헌법인 UN헌장에 의해 엄격히 제한되는데, 어떻게 호텔 이름을 UN 플라자라고 지을 수 있었을지 궁금했다. 프런트에서 현재 호텔의 일부 층을

UN에서 사무실로 사용 중이고, 이 호텔도 UN 건물이라고 보면 된다고 설명해 주었다. 그러고 보니, 내가 있는 이곳은 뉴욕 맨해튼 1Ave. 46St. 였다. UN 본부의 주소였던 것이다.

약속한 시간이 다가오자, 우리 일행이었던 권성동, 이재영, 이자스민 국회의원님 세 분과 인텔, LG, CJ제일제당, KT에서 각각 참여한 기업 대표들께서 비어 있는 소파에 차례로 자리를 했다. 오전에 있었던 두 번의 미팅일정 때문이었는지, 다들 피곤한 기색이 역력했다.

이날 오전 우리는 할렘가로 이동해, 찰스 랭글(Charles. B Rangel) 미국 연방 하원의원님을 만났다. 그는 한국전쟁 참전용사 출신이었고 친한파 의원으로 유명했다. 85세의 연세에, 무려 23선(46년 동안 의원재직)을 기록한 미국을 대표하는 입지전적 국회의원이었는데, 그의 발언은 막힘없었고, 동시에 인간미가 넘쳤다. 또한 미국의 가치와 민주주의 가치들이 말 속에 담겨있었다. 랭글 의원님에게 면담을 요청한 것은 정말 시의적절한 선택이었다. 그는 한미관계와 국제정세에 대해 눈앞의 그림을 그리듯 해박하게 펼쳐 나갔다. 백전노장의 랭글 의원님은 우리와 헤어지는 시간을 무척 아쉬워했다. 다음 만남을 기약하고, 우리는 자리를 이동하여 손세주 주 뉴욕 총영사님을 만났다. 베테랑 외교관 손 총영사님과 미국식 중식당 2층 방에서 시작한 오찬은 금세 떠들썩해졌다. 열다섯 명이 모인 식사 자리는 마치 미국 땅에서 오랜만에 모인 한국인 대학 동창회처럼 화기애애한 분위기였다. 다양한 주제로 서로 토론을 하고 제안을 하고 이야기를 나눴다. 훌륭한 음식과 와인을 마시며 뉴욕의 한여름 오전과 점심시간이 금방 지나갔다.

믿고 있다면 모든 것이 가능하다

호텔로 돌아와서 우리 일행은 휴식을 조금 취한 뒤, 다시 로비에 모였다. 난 로비 반대편에 있는 작은 방으로 걸어가 한 대사님과 환경담당관인 조 과장을 만나, 일정과 이동 동선에 대해 다시 한 번 시나리오를 검토했다. 그리고 잠시 후 로비로 가서 일행들에게 간단한 브리핑을 한 후 호텔 밖으로 다 같이 이동했다. 아주 엷게 흩날리는 가랑비 사이로 햇살이 빛났는데, 마치 보석처럼 반짝이고 있었다. 호텔에서 조금 걸어가자 이스트 강변에 서 있는 큰 건물들이 눈에 들어왔다. 경기장처럼 가로로 길게 이어진 큰 건물 옆에, 조금 낡았지만 웅장한 직사각형 모양의 높은 현대식 건물이 서 있었다. 이곳은 매년 193개국의 대표들이 모여 국제사회의 다양한 문제 해법을 찾는 곳. 세계에서 가장 큰 국제기구이자 가장 강력한 조정자. 가장 큰 역할을 하는 국제사회의 해결사. 바로 국제연합(United Nations) 본부였다. 우리가 흔히 UN(UN)이라고 부르는 곳이다.

우리는 미리 마중을 나온 UN 의전장님과 함께 UN 본부 건물 내부의 보안 게이트를 통과했다. 그리고 엘리베이터 두 대를 나눠 타고, UN 지속가능발전목표(SDGs)의 최고 책임자인 토마스 가스(Mr. Thomas Gass) UN 사무차장보님과 아미나 모하메드(Ms. Amina J. Mohammed) 사무차장보님을 만났다.

아미나 사무차장보님은 차기 UN 사무총장 후보군에도 올라있는 매우 똑똑한 여성 리더였다. 아프리카 출신으로 그 어떤 선진국 여성보다 엘리트 코스를 밟은 굉장히 똑똑한 사람이었다. 그리고 그녀는 이미 한국을 여러 차례 방문한 경험이 있었고, 우리 대표단이 가지는 특별한 의미에 대해서도 매우 잘 이해하고 있었다. 한국이 개발도상국과 국제사회에 주는 의미가 무엇인지 명확히 알고 있었기 때문에 우리 대한민국 국회가 다른 국가 의회의 모델이 되어야 한다고 생각하고 있었다. 정말 나와 많은 부분 생각이 비슷했다. 나는 한국만이 가진 개발 분야의 특수성이 개발도상국에 충분히 좋은 역할모델이 된다고 생각했다. 아무것도 없는 거친 땅에서, 세계가 놀랄 정도의 급속한 경제성장을 이루었고, 그러한 산업화 과정에서도 전 세계 유례가 없는 산림녹화를 이룬 국가였기 때문이다. 남·북한의 대치라는 치명적인 핸디캡을 안고 있었지만, 그 어떤 국가보다 자유와 평화를 사랑하는 국민들이 있고, 아주 짧은 시간에 민주화를 이루기도 했다. 대다수 독재와 빈곤과 질병, 그리고 환경오염에 시달리는 수많은 개발도상국에 한국은 분명 좋은 모델이 될 수 있었다.

또한 대부분 개발도상국이 가진 치명적인 문제는 정치 시스템의 부패와 무능이었다. 물론 한국 역시 정치체계가 매우 선진화되었다고는 할 수 없으나, 다양한 관심과 수많은 이슈를 다루고 격렬히 토론하며, 오랜 시간 우리 사회의 기초가 된 것은 사실이었다. 그녀가 보는 한국의 의회가 이러한 SDGs를 논의한다는 것 자체가 매우 의미 있고 뜻깊게 보였던 것 같다. 그녀와 함께, UN의 주요 분야를 이끄는 토마스 사무차장보님은 우리의 이야기를 주의 깊게 들으며 연신 고개를 끄덕였다. 30분간의 짧은 브리핑이 될 것이라는 예측을 뛰어넘어서,

두 사무차장보와의 면담은 우리에게 많은 것을 생각하게 해 준 깊이 있는 토론시간이었다. 우리는 다음의 중요한 일정을 더 이상 지체할 수 없기에, 아쉬운 인사를 나누며 자리에서 일어섰다. 그리고는 38층으로 향했다.

레드카펫이 깔린 긴 복도를 따라서, 사무총장님의 손님 접견실이 나왔다. 이곳은 이미 2년 전에 와본 곳이었기 때문에 낯설지 않았다. 하지만 곧 있을 총장님과의 면담은 여전히 떨리고 긴장되는 순간이었다. 그러는 사이, 우리가 도착한 지 불과 30초 만에 한쪽 벽면에 있는 문에서 총장님이 밝게 웃으며 나오셨다. 난 총장님을 이 방에서도 뵈었었고, 그동안 다양한 장소에서 여러 차례 뵈었지만, 여전히 만날 때마다 설레는 분이시다. 그동안 그가 가진 생각과 표현방법, 모습들은 내게 매우 큰 영감을 주었다.

총장님은 한 사람씩 예의 있는 모습으로 악수하며 인사를 나누셨다. 나와 스태프, 그리고 대표단과 대표부의 배석일행까지 꽤 많은 인원이 었는데, 한 명씩 악수하는 걸 잊지 않으셨다. 그리곤 내 차례가 왔는데, 매우 반갑게 인사하시며, 단번에 나를 알아보셨다. 2년 전과 같이 특별한 설명이 필요 없었다. 가슴이 벅차오르는 순간이었다. 우리는 긴 나무 테이블에 총장님과 마주 앉아서 반가운 이야기를 시작했다.

먼저 총장님의 짧은 환영인사가 있었고, 이어서 권 의원님께서 우리의 방문목적에 대해 총장님께 설명해 드렸다. 국회가 총장님과 UN이 핵심적으로 추진하는 SDGs에 대해 도울 수 있는 길을 고민하고 있으며, 우리 포럼이 이를 대표해서 각계 전문가들과 함께 힘을 합쳐 방법을 찾고 있다고 했다. 총장님은 굉장히 반가운 표정이셨다. 그는 좌우의 윤 의전장님과 장 보좌관님을 번갈아 바라보며, "국회가 SDGs 포럼을 만든 일은 전 세계 UN 가입국 중 대한민국이 최초죠?"라고 물었다. 윤 의전장님은 고개를 끄덕이며 그렇다고 대답했고, 총장님은 중요한 일을 하셨다며 권 의원님과 우리 일행들을 크게 격려하고 감사를 전하셨다. 그동안 오랜 시간 동안 매우 힘든 도전과 시행착오를 겪으며, 이 일을 추진해 온 내 마음은 이루 말할 수 없을 정도로 뜨거워졌다. 서른네 살의 청년이 세계에서 가장 중요하고 핵심적인 리더들을 움직여서 이 자리에 불러 모은 것이다. 내 입에선 감탄의 작은 탄식이 나왔다.

총장님은 여성과 아동문제, 그리고 교육문제에 큰 관심을 가지고 계셨다. 우선 함께 참여한 이재영 의원님을 보시곤, 이 의원님의 모친(도영심, UN WTO STEP Foundation; UN 세계관광기구 스텝재단 이사장)께서 진행하는 전 세계 빈곤국 아동들의 교육지원 프로그램 '작은 도서관 캠페인'에 대해 언급하셨다.

보편적인 교육을 아이들에게 전달하는 일은 정말 매우 중요한 일입니다. 여전히 전 세계 5,700만 명의 아이들이 아직 교육의 혜택을 받지 못하고 있으며, 이는 사회의 가장 큰 빈곤과 갈등 원인이 됩니다. 여기 이 의원님도 계시지만, 그런 의미에서 우리도 대사님께서 하는 작은 도서관 캠페인을 저는 매우 뜻깊다고 봅니다. 저도 몇 차례

도서관 개소식에 참여했는데, 정말 그 작은 아이들이 책을 한 권 들고 기뻐하는 모습들을 보면, 그렇게 감동적일 수가 없습니다. 다른 문제를 다 떠나서, 인간으로서 누려야 하는 기초적인 교육도 받지 못한다는 것은 얼마나 잔인한 일입니까. 아이들이 어른으로 성장해서 그들이 사는 사회와 국가와 조직을 바꾸기 위해서는 교육만큼 강력한 대안이 없습니다. 여기 계신 의원님들께서도 너무나 잘 아시겠지만, 우리 한국만 봐도 가난과 질병, 사회문제 상당수를 뛰어난 교육능력과 혁신으로 바꾸었습니다. 이러한 교육의 중요성을 전 세계 개발도상국과 그 나라 의회가 인식할 수 있도록 여기 포럼 대표단께서 힘써 주시길 부탁드립니다. 그리고 또 하나는 여성문제로, 지구상에 여성만큼 잠재력을 많이 가진 자원은 없습니다. 아까 저를 만나기 전에 만나셨겠지만, 우리 아미나 사무차장보도 UN의 매우 뛰어난 재원 중 한 사람입니다. 여성 특유의 유연성과 강인함, 그리고 지혜를 모두 가진 여성입니다. 우리는 여성인재를 찾아서 기르고 지원하는 역할을 해야 합니다. 저 역시 재임 중 UN Women이라는 UN 산하의 여성 전문기구를 만들어서 국제사회가 여성문제를 좀 더 현실적으로 다룰 수 있도록 많은 노력을 기울이고 있습니다. 마찬가지지만 여성들에 대한 양질의 교육제공과 그들이 사회에서 발돋움할 수 있도록 육아문제나 산모의 건강문제도 우리가 관심을 가져야 합니다. 특히 산모건강문제는 매우 중요합니다. 아프리카나 개발도상국의 상당수 산모들이 보건시설을 제대로 접하지 못해서, 그 문제들이 아기들에게까지 가고, 곧 사회적인 문제로 발전합니다. 이를 우리가 제대로 인식하고 도움을 주어야 합니다.

의원님과 대표단 여러분들께서 잘 아시다시피, SDGs는 내년 총회에서 제정되면 2030년, 어쩌면 그보다 더 오랫동안 시행될, 전 세계 최대의 공동목표입니다. 우리가 빈곤과 교육, 여성, 인권뿐 아니라, 사회적인 문제들, 경제적인 문제들, 그리고 여기에 기후변화와 온난화, 사막화, 생물 다양성 같은 지구환경의 문제들까지 다루는 목표입니다. 아마 인류 역사상 가장 큰 공동 프로젝트로 기록되지 않을까 생각됩니다. 이 일이 UN 회원국인 각국에서 효과적으로 달성되기 위해서는, 여러분의 도움이 반드시 필요하고 절실하게 요구됩니다. 각 정부의 SDGs를 위한 정책과 예산을 입법부에서 도와주셔야 하고, 법을 제정하고 모든 국민들이 인식하도록 만들어 주셔야 합니다. 그 어느 때보다 국회의 역할이 매우 큽니다. 그런 의미에서 오늘 국회 SDGs 대표단의 방문은 제게 매우 큰 힘이 되고, 우리 UN 사무국에서도 제게 큰 힘을 실어주시는 중요한 일입니다. 또한 함께 방문해 주신 기업의 리더들께서도, 이 일들이 정부와 UN 차원에서만 할 수 없으므로, 힘을 모아서 민간재원과 인프라 지원에 적극적으로 나서 주셔야 합니다. 저는 그 무엇보다 우리 국회와 민간이 이렇게 한뜻을 모아서 UN SDGs를 위해 함께 이곳에 오셨다는데 정말 큰 감사해 하고 있습니다. 다시 한 번 여러분들에게 진심으로 감사드립니다.

총장님의 말씀은 지혜와 강한 호소력으로 가득 차 있었다. 그 큰 회의실에 앉아 있는 그 누구도 총장님의 이러한 말씀에 감동하지 않은 사람은 없었을 것이다. 우리는 몇 가지 업무적인 이야기들을 더 나누고, 인사말을 겸한 담소로 자리를 마무리하고 일어섰다.

나와 스태프들은 의전장님의 배려로, 총장님과 다시 사진을 찍을 기회를 얻었는데, 총장님께서 그때 특별히 나에 대한 칭찬을 시작하셨다.

"우리 김 대표는 예전에 대학생 시절부터, 연구회를 만들어서 내게 연락을 하고 매우 활발히 활동하던 뛰어난 청년입니다. 그 인연들이 이렇게 오래도록 이어지고, 또 오늘 이렇게 중요한 자리에 함께할 수 있어서, 무척 반갑고 놀랍습니다. 매우 열정적인 청년입니다. 그리고 미래에 중요한 일을 하게 될 리더입니다." 예상치 못한 총장님의 나에 대한 칭찬은 대표단 모두에게 놀라움을 선사했다. 나는 총장님께 2005년, 정확히 10년 전 나와 총장님이 함께 찍은 사진 액자를 선물로 드렸고, 그 사진 밑에는 '녕년 대학생 대표로 총장님을 뵌 청년이, 오늘 국회 SDGs 포럼 대표단 사무국장으로 다시 뵙게 되었습니다.'라고 쓰여 있었다. 감동적인 순간이었다.

다시 한 사람씩 총장님과 문 앞에서 인사와 악수를 하고, 우리는 38층을 내려오는 엘리베이터를 탔다. 엘리베이터 안에서 이재영 의원님은 나에 대해, 총장님께서 인정하는 정말 글로벌한 인재라는 말로 칭찬하셨다. UN 본부 엘리베이터 안에서 이렇게 마음이 뭉클해질 수가 없었다. 우리 일행은 본부 1층의 넓은 홀을 조금 구경하고 UN 본부를 나왔다. 저녁 만찬까지 시간이 많이 남아 있었으므로, 시내에 나가서 구겐하임 미술관 등, 이곳저곳을 둘러보기로 했다. 출장의 주요 목적이었던 반 총장님과의 미팅은 우리 기대 이상으로 성공적이었다. 우리 국회 UN SDGs 포럼의 존재와 역할, 그리고 향후에 어떤 일을 해야 할지 총장님과 UN의 고위급 인사로부터 자세히 들을 수 있었기 때문이다. 19대 국회가 남아 있는 향후 2년, 아니 더 큰 꿈으로 이 포럼이 우리 국회에서 최소 15년 이상 지속되길 간절히 바라는 마음이 생겼다. 매 순간 꿈꾸며, 매 순간 가슴 가득 비전을 가지고 사는 내게는 이 순간 모두가 기적같이 느껴졌다.

뉴욕 시내를 둘러본 후, 우리는 UN 대표부 두 분의 차석대사님 중 한 분인 백지아 UN 대표부 대사님과 만찬을 가졌다. 그곳은 아주 유서 깊은 레스토랑이었는데, 오래된 어떤 빌딩 지하에 자리 잡고 있었다. 이탈리아와 프랑스식 요리가 잔뜩 나왔고, 마치 예전 에티오피아를 방문했을 때 갔던 '탑 뷰' 레스토랑과 비슷한 어두운 금빛 조명을 가진 곳이었다. 백 대사님은 우리 정부의 몇 안 되는 최고위급 여성외교관이었다. 여성이 그 자리에 오르기까지 많은 도전들을 이겨낸 그녀는 여유로움과 강인함이 몸에 배어 있었다. 우리는 다양한 주제로 이야기를 나누었고, 무척 화기애애한 분위기 속에서 의견을 주고받았다. 반 총장님과 나눈 대화를 소재로 이야기를 나누며, 우리가 가진 막중한 역할에 대해 다시 확인할 수 있는 자리이기도 했다. 뉴욕에 대한 인상, 여성 외교관으로서의 삶, 그리고 우리 국회의 현안, 한국사회와 청년들에 대한 주제 등 정말 다양한 소재로 우리는 대화를 나눴다. 밤 깊은 줄 모르고 이야기하며, 그렇게 뉴욕에서의 세 번째 밤은 지나갔다.

밑고 있다면 모든 것이 가능하다

다음 날 우리는 오전식사를 마치고 점심을 하기 전에 주 유엔 대한민국 대표부 건물을 방문했다. 호텔에서 불과 5분 거리기 때문에 다 함께 걸어갔다. 그 모습이 마치 친구들끼리 함께 어우러져서 걸어가는 것처럼 보였다. 그만큼 우리는 며칠 만에 친해지고 익숙해져 있었다. 대표부 건물은 무척 아름다웠다. 원래는 총영사관과 함께 쓰는 건물이라고 했는데, 2012년 영사관이 이사를 나가면서 지금은 대표부의 단독 건물로 쓰고 있었다. 상당히 깨끗한 현대식 건물이었고, 곳곳에 예쁜 예술품들이 전시되어 있어서 브리핑룸으로 가기 전에 몇 번이고 걸음을 멈추고 건물을 둘러보았다. 특히 폭격을 맞아 폐허가 된 현장에서 연설하고 계신 반 총장님의 사진이 깊이 와 닿았다.

우리는 한충희 차석대사님이 마련한 SDGs를 위한 특별 브리핑을 들었다. 우리 정부가 SDGs에 대해 어떤 계획을 가지고 있으며, 향후 어떤 식으로 SDGs가 각국의 의견을 절충하여 제정될지 등을 설명해 주셨다. 한 대사님의 자세한 SDGs에 대한 설명을 들으며, 이 엄청난 프로젝트가 어떤 이유로 생기게 되었고, 향후 어떻게 진행될지, 어떤 영향을 발휘하게 될지 더 자세히 알 수 있게 되었다. 대표부를 방문한 후, 우리는 숙소에서 조금 휴식시간을 가지고 마지막으로 가질 매우 중요한 일정을 준비했다.

우리 대표단의 이번 출장 공식적인 마지막 일정은, 반 총장님에 이은 UN의 최고위급 인사와의 실무면담이었다. 지난번 WFUNA의 보니안 사무총장님의 도움으로 얀 엘리어슨 UN 사무부총장님과의 면담을 하게 된 것이다.

얀 부총장님은 스웨덴 출신으로, 코피아난 전임 사무총장 시절에 신설된, UN의 두 번째 고위직인 사무부총장이었고, 원래 스웨덴 외무장관과 UN 총회 의장을 지낸, 국제 외교가의 매우 거물급 인사였다. 반 총장님께서 신뢰하는 인물로 UN의 복잡다단한 다양한 이슈와 안보, 기후문제 등을 능숙하게 조율하는 해결사였다. 또한 박근혜 대통령의 취임식에 UN과 반 총장님의 특사로 참여하는 등 한국과도 좋은 인연을 가지고 있는 분이셨다.

우리는 어제와 마찬가지로 UN 본부 38층에 올랐다. 얀 부총장님의 사무실은 반 총장님 사무실 반대편 복도에 위치하고 있었다. 긴 복도를 사이에 두고, UN 최고위급 인사 두 분의 사무실이 있는 것이다. 대표단은 사무총장님 접견실을 들어갈 때와 마찬가지로 간단한 보안절차를 통과했다. 그리고 총장님 접견실보다는 조금 아늑한 회의실로 안내를 받았다. 회의실에는 이미 부총장님의 비서팀으로 보이는 UN 고위 인사들이 여러 명 자리하고 있었다. 세로로 된 테이블을 우리 일행은 둥글게 감싸서 앉았고, 그 뒤의 배석 자리에 UN 인사들과 나, 그리고 스태프들이 함께 앉아 있었다.

5분 정도 기다리는 사이, 키가 무척 큰 금발의 멋진 신사가 사무실 안으로 성큼성큼 걸어 들어왔다. 얀 엘리어슨 UN 사무부총장님이셨다. 매우 예의 있는 모습으로, 우리 일행 한 명, 한 명에 대한 소개를 듣고 위트 있는 농담으로 분위기를 여유롭게 만드셨다.

먼저 권 의원님께서 우리 대표단이 UN을 방문한 이유에 대해 자세히 설명하셨고, 어제 반 총장님과의 면담에 대해서도 이야기하셨다.

얀 부총장님은 며칠 새 우리가 만난 UN의 고위 인사들과 마찬가지로, 한국 국회가 SDGs에 관심을 가졌다는 사실 자체에 큰 인상을 받았다고 언급했다. 그리고 UN의 구조가 매우 복잡하여 어떤 큰 정책을 실현 가능한 결과로 만들기에는 힘든 점들이 많다는 점을 아쉬워하셨다. 이 어려움들을 UN 회원국 각 정부가 도와주어야 하고, 이를 의회가 뒷받침해 줄 때만 공동의 이익을 창출할 수 있다고 강조하셨다. 특히 내년부터 시행되는 SDGs는 인류 최대의 공동목표이자 지구와 사람이 공생하며 발전해 나갈 길을 찾는 정말 어려운 과제이기 때문에 그 어느 때보다 각국 의회와 민간의 큰 관심과 도움이 절실하다는 점을 설명하셨다.

우리는 부총장님의 설명을 들은 후, 그에게 여러 가지 이슈로 질문할 기회를 가졌는데, 몇 차례의 질문이 끝난 후 나에게 차례가 돌아왔다. 나는 오랫동안 UN에 대해 궁금해하던 내용을 질문했다. 서두에 부총장님께서 언급하신 UN 구조의 복잡함에 대한 질문이었다.

존경하는 부총장님, 부총장님의 설명을 매우 인상 깊게 잘 들었습니다. 저희를 초청해 주시고 면담해 주신 데에 대해 깊이 감사를 드립니다. 저는 이번 대표단의 실무를 총괄하는 SDG 지원 한국협회의 김정훈 사무대표라고 합니다. 이렇게 뵙게 돼서 큰 영광입니다. 제 질문은 부총장님께서 언급하신 내용에 대한 질문입니다. UN은 193개국의 공동의 목적과 이익을 대변하는 인류역사상 가장 큰 국제기구입니다. 그래서 각국의 적극적인 참여와 협조는 필수적입니다. 또한 마찬가지로 각국에 있는 의회와 기업, NGO들의 지지와 도움 없이는 복잡한 국제정세를 이끌어 나가기 매우 힘든 구조입니다. UN 스스로도 이 부분에 대해서 수없이 강조하고 호소해왔습니다. 하지만 UN과 주요 이슈에 대해서 협조요청을 하거나 토의과정을 거치는 것은 여전히 무척 어려운 일입니다. UN 본부 사무국과 연락을 주고받는 일은 큰 인내가 필요하며, 수많은 절차와 확인을 거쳐야 하는 일입니다. 70년이 된 기구인 만큼 이런 부분에서 조금 더 효율성을 발휘할 수 없는지, 혹은 이 일들에 대한 충분한 데이터가 있다면 보다 외부와의 적극적인 협조체제를 구성할 수는 없는지 궁금합니다. 아시다시피 저는 아시아에서 온 UN 옹호론자이지 UN 무용론을 펼치는 유럽과 미국인이 아닙니다.

진지한 질문 뒤에, 마지막 언급한 농담 때문에 회의장 안은 큰 웃음소리가 터졌다. 최근 UN 무용론과 방만한 경영을 지속적으로 지적하는 미국과 EU 국가들에 대해 빗대어 농담한 것이었다. 사무부총장님은 매우 시의적절한 질문이라고 하시며, 다음과 같이 대답하셨다. "아시아에서 온 UN 옹호론자답게, 현재 우리 UN의 문제를 가장 정확히 들여다보고 있군요." 우리는 다시 한바탕 웃었다. 그리곤 부총장님의 답변이 이어졌다.

아시다시피 UN은 70년이나 된 거대하고 오래되고 느린 초식 공룡입니다. 하지만 모두가 이 공룡이 언젠가는 쓰러지지 않을까 생각하지만, 우리들의 이 땅은 육식공룡들의 집요한 공격을 막아준 이 초식공룡 덕분에 여전히 푸른 들판과 삶을 보장받고 있습니다. 그래서 UN의 위기론과 무용론을 강조하는 것은 아직 이르다고 볼 수 있지요. 다만 김 대표께서 지적하신 대로 UN은 더 이상 이 거대한 세계를 스스로 이끌어 가기엔 많이 지쳐있다는 점입니다. 그래서 말씀하신 대로, 각국의 협조와 도움을 끊임없이 구하고 있죠. 그중에서 의회와 기업과 NGO들의 도움은 정말 절대적입니다. UN을 이루는 커다란 다른 몸통이라고 표현하고 싶습니다. 그만큼 우리에겐 중요합니다. 하지만 국제기구의 특성상 국가단위가 회원이 되고, 또 각국 행정부의 역할과 정책이 우선시되기 때문에 아직 외부와의 협조체제가 유연하지 못한 것은 사실입니다. 70주년을 곧 맞이하는 UN이 풀어야 할 매우 중요한 과제입니다. 특별히 김 대표와 국회 UN SDGs 포럼 대표단이 문제가 생긴다면, 여기 있는 제 특별 보좌관에게 직접 메일을 보내서 자문을 구하십시오. 저희가 어떠한 문제도 도움이 될 수 있도록 많은 관심을 가지도록 하겠습니다.

부총장님은 답변이 끝나자마자, 뒷자리에 배석해 있던, 그의 특별보좌관에게 나와 서로 명함을 주고받을 수 있도록 배려해 주셨다. 나와 UN 고위층의 정책적인 핫라인이 만들어진 셈이었다. 협회의 또 한 번의 발전이었다.

부총장님과 면담을 마치고, 그는 자신의 방 전망이 UN 안에서도 손에 꼽는다며, 우리를 자신의 방으로 직접 안내했다. 그의 집무실은 넓지 않았지만, 아늑하고 세련되어 보였다. 그의 책장 중간에는 액자 몇 개가 있었는데, 그중 하나가 박 대통령과 찍은 액자였다. 대통령의 취임식에 참석한 사진을 넣어둔 것이었다. 왠지 부총장님이 더욱 친근해 보였다. 그와 악수를 나누면 사진을 한 장씩 찍고, 본부 건물 로비로 내려왔다. 일행들과 로비를 걸을 때, 어제와 마찬가지로 이재영 의원님은 나를 매우 높게 평가해 주셨다.

"김 대표의 질문은 정말 국제무대에서도 듣기 힘든 상당히 수준 높은 질문이었어요. 머지않아 이 건물의 고위직으로 와서 일한다고 해도 전혀 어색하지 않겠어요." 나는 부끄러웠지만, 동시에 가슴은 뿌듯함으로 가득 채워졌다. 이 모든 순간들이 꿈같이 느껴졌다. UN의 프로젝트를 통해 국제사회의 빛이 되겠다는 생각으로, 오직 한길을 몇년 동안 땀 흘리며 뛰어 왔는데, 이제 그 결과가 조금씩 빛나고 있었기 때문이다. 거대한 UN 본부 로비를 걸으며, 내 가슴은 더욱 뜨거워지고 있었다.

그날 밤 우리는 이번 국회 UN SDGs 포럼 대표단의 공식적인 해단식을 가지고, 서로 그동안 느낀 점을 이야기하며, 즐거운 시간을 가졌다. 내일이면 모두 헤어지게 된다. 나와 효찬 씨는 뉴욕에서 하루 더 머무른 뒤, 15일부터 10박 11일 일정으로 유럽 출장이 예정되어 있었고, 태구 씨와 세윤 씨는 각자의 학교로 돌아가기로 했다. 이자스민 의원님과 LG 부사장님은 뉴욕에서 하루 더 머물며 공무를 보기로 했으며, 권 의원님은 중남미 출장이 예정되어 계셨다. 그리고 다른 일행

믿고 있다면 모든 것이 가능하다

들은 모두 서울로 돌아가는 일정이었다. 우리는 마지막 밤을 아쉬워하며, 한국식 식당을 찾아서 불고기로 저녁을 하며 이야기꽃을 피웠다. 이번 출장에서 UN과 미국, 그리고 한국 외교의 고위 인사들을 두루 만나면서, 우리 포럼과 협회의 역할이 향후 얼마나 중요할지 알게 되었으며, 우리가 어떤 역할로 세상을 변화시켜 나갈지 구체적으로 그릴 수 있는 귀한 시간이 되었다. 이곳에 참여한 국회와 재계의 리더들은 각자가 스스로의 삶 속에서 얼마나 치열한 과정을 거쳐서 그러한 자리에 올랐을지 상상하기 힘든 사람들이었다. 그만큼 그들이 현재 맡고 있는 위치들은 정말 중요한 자리였고, 또한 그 이상으로 모두 대단한 리더들이었다. 나는 이들이 꿈꾸는 세상이 내가 꿈꾸는 세상과 비슷해지길 오랫동안 바라왔다. 그리고 그러한 모습을 위해 많은 시간이 걸려서 노력했고, 수없이 많은 도전들 앞에서 좌절과 실패를 맛보기도 했다.

하지만 중요한 것은, 지금 이 자리에 이들이 나와 함께 있지 않는가. 믿을 수 없는 장면이었다. 그들이 나와 함께 생각을 공유하고, 이곳 UN에 와서 더 큰 비전과 계획을 가지고 돌아간다는 모습. 정말 이 모습을 상상이나 할 수 있었겠는가. 즐겁고 아쉬운 밤이었지만, 내 눈에는 작은 눈물이 고였다. 내게는 특별한 순간이었기 때문이다.

다음 날 대부분의 대표단 일행이 JFK 국제공항을 통해 한국으로 가는 귀국행 비행기에 올랐다. 나와 효찬 씨, 그리고 한충희 대사님은 이들을 환송했고, 우리는 몇 주 뒤 한국에서 다시 반갑게 보기로 기약했다. 효찬 씨와 나는 뉴욕에서 마지막 남은 하루를 각자 지인을 만나거나 휴식을 취하기로 했다. 나는 뉴욕에 있던 몇 명의 지인을 만나서 그 유명한 록펠러센터(Rockefeller Center)의 로어플라자(Lower Plaza)에서 저녁을 함께했다. 특히 록펠러센터에 있는 뉴욕 최고의 전망대 탑오브더락(Top of the Rock)이 있는 GE빌딩은 무척 인상적이었다. 작년 10월 한국에서 강연을 들었던, GE의 제프리 이멜트 회장이 근무하는 곳이었다. 웅장하고 멋진 GE빌딩 앞에서 기념사진을 찍은 후, 음료를 마시며 조금 더 이야기를 하다가, 충분히 뉴욕의 밤을 즐긴 뒤 숙소로 돌아왔다.

14일은 뉴욕에서의 마지막 날이었다. 효찬 씨와 나는 오전에 이자스민 의원님과 LG 부사장님이 공항으로 가는 모습을 배웅하고, 숙소로 돌아와서 천천히 짐을 쌌다. 그리고 시내에 있는 백화점으로 가서, 선물을 몇 개 샀다. 우리 방문기간에 고생하신 대표부와 총영사관 외교관들을 위한 작은 감사의 표시였다. 대표부로 가서 공사참사관님과 한 대사님을 잠시 뵌 뒤, 드디어 호텔에서 체크아웃하고 JFK 국제공항으로 출발했다. 언제 다시 올지 모르지만, 그 언제 오더라도 이토록 가슴 벅찬 여정을 다시 오긴 아마 어렵지 않을까 생각했다. 헤어지기 아쉬운 연인처럼, 그렇게 우리는 뉴욕을 떠나서 스위스 취리히로 향했다.

우리가 유럽 일정으로 잡은 스위스와 독일, 오스트리아, 체코는 매우 특별한 프로젝트를 계획하고 가는 출장이었다. ASD가 계속해서 회원사를 가입시키며, 재정안정을 추구하는 것도 중요하지만, 그에 못지않게 우리 스스로도 이익창출을 고민해야만 했다. 회원사의 회비만을 받으며, 협회를 운영하는 것은 수동적인 경영이 되고, 언제든지 위험요인이 될 수 있기 때문이었다. 우리의 새로운 관심은, 기후와 환경의 오염을 측정하는 스마트 시계 제작이었다. 물론 이 시계 제작 아이디어는 그 어느 누구도 흔쾌히 응원해 주지 않았다. 의미와 제작예산, 판매금액 등, 어떤 것 하나도 정확하게 잡아낼 수 없다는 지적이었기 때문이다. 하지만 나는 늘 세계를 움직이는 변화의 시스템을 만드는 일과 첨단 ICT 기술에 큰 관심을 가지고 있었다. 불과 내가 대학교 입학할 당시에 무선호출기 삐삐를 가지고 다녔다는 사실을 생각해 보면, 지금 전화의 기능을 넘어선 스마트 폰의 놀라운 세계는, 감히 상상도 할 수 없는 혁신이다. 또한 예전에는 이러한 변화가 10년 단위였다면, 지금은 1년, 아니 어쩌면 불과 몇 개월 만에 굉장한 기술의 혁신을 거듭하는 시대가 되었다.

기후변화, 환경, 사막화, 빈곤, 교육, 여성, 인권, 정치체계, 경제문제, 생산과 고용문제, 생물다양성, 물. 모든 SDGs 이슈가 첨단 ICT 기술의 영향을 받지 않는 것이 없었다. 나는 세상에서 인간이 만든 가장 오래된 기술인, 기계식 시계(오토매틱 시계)와 스마트워치는 반드시 서로의 영역을 넘나들 것으로 생각했다. 특히 지금은 스마트워치가 스마트폰과 헬스케어제품으로 초점이 맞춰져 있다면, 향후 분명히 이 기능에, 환경과 기후변화를 확인할 수 있는 기능도 더해지리라 생각했다. 당장 중국만 해도 어떤 도시를 가면, 앞을 볼 수 없을 정도로 황사와 미세먼지가 심각한 상황이었다. 스마트워치가 헬스케어제품으로 간다면, 당연히 환경에 의한 헬스케어를 고민하지 않을 수 없는 상황이었다. 나는 이 이슈들을 우리가 조금 더 빨리 이해한다면 ASD뿐 아니라 많은 부분에 큰 영향을 줄 것으로 생각했다.

효찬 씨와 나는 취리히 시내를 돌아다니며, 시계 산업이 어떤 방향으로 나가고 있는지 면밀히 살펴보았다. 긴장되었던 뉴욕 출장을 잘 마무리했고, 새로운 일에 대한 기회를 보러 간 여정이었기 때문에 조금은 여유 있는 마음으로 이곳저곳 천천히 둘러보았다. 취리히의 작고 낭만적인 소형 호텔에서 하룻밤을 보냈다. 그리곤 특유의 지독한 향기를 가진 정통 퐁듀를 점심으로 맛보고, 다음 일정으로 떠났다.

유럽 출장의 두 번째 국가는 독일이었다. 독일의 여러 도시 중, 우선 가장 발달한 경제도시 프랑크푸르트를 먼저 방문했다. 프랑크푸르트는 유럽의 도시치고는 꽤 높은 빌딩들이 있는 곳이었다. 유럽은 아직까지 근대, 더 나가서 중세시대 건물들을 많이 보존하고 있었기 때문에 아주 높은 현대식 빌딩을 보는 건 좀처럼 쉽지 않은 일이었다. 불과 이틀 전에는 아찔한 마천루가 대부분인 뉴욕 맨해튼 중심가에 있다가 유럽의 아담하고 아름다운 도시들을 보니 색다른 멋이 있었다. 낮에는 역시 시계매장들을 둘러보고 정보를 수집한 뒤 저녁에는 휴식을 취할 겸 광장에서 열리는 야시장 축제를 찾았다. 프랑크 소시지의 본고장답게 굉장히 큰 소시지들을 그릴에서 군침 돌게 굽고 있었다. 우리는 커다란 소시지를 하나씩 입에 우물거리며 보기만 해도 즐거운 축제 인파 속으로 들어갔다. 두고두고 기억에 남을 즐겁고 여유 있는 밤이었다. 그렇게 이틀 동안 시계에 대한 정보와 관련 인사들을 만난 뒤, 올림픽이 열렸던 도시 뮌헨을 거쳐서 다시 오스트리아 잘츠부르크로 향했다.

잘츠부르크는 여름에 열리는 세계적인 뮤직 페스티벌 덕분에, 매우 유명한 관광도시였다. 게다가 이곳은 기념비적인 작곡가 볼프강 아마데우스 모차르트(Wolfgang Amadeus Mozart)의 고향이자 영화 〈사운드 오브 뮤직〉에 등장한 너무나 아름다운 명소, 미라벨 정원이 있는 곳이었다. 또한 유럽에서 가장 큰 성인 호엔 잘츠부르크 요새(Festung Hohensalzburg)가 있는 도시이기도 했다. 사실 나와 효찬 씨는 이 뮤직 페스티벌에 참가해 볼 마음으로 잘츠부르크에 왔으나 실제로 우리가 도착했을 때는 축제를 몇 주 앞둔 시점이었다. 직접 경험하지는 못했지만, 대신 축제 전 도시가 들떠 있는 모습을 마음껏 볼 수 있었다. 그리고 이곳에서는 내가 알고 지내던 지인을 만나 도시 곳곳을 함께 다닐 수 있었다. 그녀는 잘츠부르크에서 유학 중인 음악학도였고, 우리를 위해 하루의 시간을 흔쾌히 내주었다. 그녀 덕분에 이 멋진 도시 곳곳을 자세히 살펴볼 수 있었다. 우리에겐 처음 맞는 관광일정이었기 때문에 하루가 어떻게 갔는지 모를 정도로 즐거운 시간을 보냈다. 고요한 신시가지를 걷다가 푸른색의 예쁜 강을 넘어가니 모차르트가 나고 자란 멋진 구 시가지가 나왔다.

유럽은 확실히 빌딩과 현대식 건물보다는 옛 정취가 그대로 살아 있는 작은 건물들과 아기자기한 골목들이 더 잘 어울리는 것 같았다.

오스트리아 수도는 흔히 '비엔나'라고 불리는 '빈(Vienna)'인데, UN 내 4
대 주요사무소(New York, Geneva, Nairobi, Vienna) 중 한 군데가 위치하고
있었다. 그래서 만약 시간이 맞는다면, 빈에도 가보고 싶었지만, 잘츠
부르크와 빈은 꽤 거리가 떨어져 있었다. 안내해 준 친구가 두 도시
는 여러 가지 비슷한 면이 많다고 하여 그나마 조금 아쉬운 마음을
달래게 되었다.

우리는 잘츠의 아름다움에 흠뻑 빠져있었지만, 다음 일정을 위해
하룻밤만 잔 뒤 다시 짐을 정리했다. 서울에서 출발하여 중국 상하
이, 프랑스 파리, 미국 뉴욕, 스위스 취리히, 독일 프랑크푸르트에 이
어 6번째 방문국으로 떠날 채비를 했다. 6번째 방문국은 체코였다. 체
코는 동유럽 문화의 정수가 있는 국가였고, 골든시티(Golden City)라고
불리는 황금도시 프라하가 있는 곳이었다. 우리는 육로로 이동하고
있었기 때문에 다시 독일로 입국하여 뉘른베르크를 거쳐서 프라하행
버스에 몸을 실었다. 짙은 어둠을 한참 달려서 한밤중에 황금도시 프
라하에 도착했다. 예약해 둔 숙소에 가서 짐을 푼 뒤 밀려오는 피로
감에 바로 깊은 잠에 빠졌다. 그리곤 부지런한 효찬 씨가 짐을 챙기
는 소리 깼다. 프라하의 아침을 맞은 것이다.

말로만 듣던 프라하에 오다니! 정말 신기하고 감사한 아침이었다.
프라하는 이렇게 직접 오기 전에, 이미 여러 차례 영화를 통해서 보
았던 멋진 도시이다. 동유럽 특유의 스산함과 섬세하고 화려한 고전
적인 모습 때문에 할리우드 영화에 꽤 자주 등장하는 도시였다. 내가

고등학교 1학년 때인 열여섯 살에 본 톰 크루즈 주연의 〈미션 임파서블(Mission Impossible)〉에서의 프라하는 정말 인상적이었다. 그 멋진 장면을 평생 잊을 수 없었는데, 화려하고 황금빛 가득한 도시, 프라하에 드디어 온 것이다!

우리는 잠시의 시간도 아까운 마음이 들어, 호텔에 비치된 시내지도를 들고는 프라하 시내로 걸어나갔다. 아침인데도 관광객들이 꽤 많이 보였다. 우선 시내 중심부 바츨라프 광장으로 가서 광장 주변에 있던 스타벅스 커피점에 들렀다. 이번 출장의 또 하나 색다른 재미는, 각국의 스타벅스에 들러서 커피를 마시고, 또 그 나라의 코카콜라도 사 먹어 보는 것이었다. 콜라는 워낙 좋아했기 때문에 각 나라에서 마신다는 것 자체가 의미가 있었고, 스타벅스의 아메리카노 커피는 몇 번의 출장을 통해 알게 된 사실이지만, 나라마다 조금씩 맛이 달랐다. 그런 재밌는 의미를 더해 지나온 국가 모두 이 두 가지, 나만의 즐거운 약속을 지키고 있었다.

우리는 커피를 한 모금씩 마시고, 본격적인 프라하 관광에 나섰다. 유럽 도시들의 좋은 점은 어디든 걸어서 이동할 수 있다는 것이었다. 매우 잘 알려진 대도시인 런던과 파리도 얼마든지 걸어 다니며 구경할 수 있었고, 프라하 역시 걸으면서 보는 곳곳의 아름다움이 매우 뛰어났다. 서울 같으면 상상할 수 없는 일이었다. 유럽 출장 중 내내 불만스러웠던 인터넷과 와이파이가 안 된다는 점을 이제는 어느 정도 이해할 수 있을 것 같았다. 유럽의 대부분 도시 모두 매우 친인간적이었던 것이다. 음악과 철학, 건축과 종교에서 모두 휴머니즘이 들어간 모습을 느낄 수 있었다.

프라하의 전통시장을 지나서, 명품매장과 노천카페가 있는 화려한 골목거리로 들어갔다. 노천카페에서 점심을 먹고, 다시 조금 더 걸어서 그 유명한 천문시계 오를로이(Orloj)가 있는 구시가 광장(Prague Old Town Square)에 도착했다. 이 광장에서는 1,000년 동안 수많은 역사적 사건이 일어났다고 한다. 그리고 600년이 된 세계에서 3번째로 오래된 천문시계인 오를로이는 아카데미 수상배우인 제프리 러시 주연의 〈베스트오퍼(Best Offer)〉라는 영화에 등장하기도 했었다. 천문시계를 지나서 조금 더 걸어가자, 프라하의 상징 두 곳이 보였다. 한 곳은 연인들의 사랑이 이루어진다는 까를교(Charles Bridge)였고, 또 한 곳은 다리 너머 높은 언덕에 자리 잡은 프라하 성(Prague Castle)이었다. 우리는 우선 까를교까지만 둘러본 뒤 짐을 맡길 수 있는 시간이 다 되어서, 다시 호텔로 돌아갔다. 그리고 원래는 다른 일정을 소화할 계획이었지만, 아무래도 프라하 성에 가 보지 못하고 온 것이 내심 안타까웠다. 서로 마음이 통했던 효찬 씨와 나는 다시 프라하 시내로 나가보자고 했다. 그리고 다른 우회로로 프라하 반대편을 빙 둘러서 한참 걸어갔다. 프라하 성의 계단을 하나씩 오르면서 어느덧 저녁이 가까워지고 있었는데, 성 안의 어마어마한 크기의 성당과 여러 건물들을 둘러본 뒤 성벽 한쪽 모퉁이에 있는 스타벅스로 향했다. 이제 곧 멋진 노을이 지는 시간이었다.

그 모습은 내 평생 절대 잊지 못할 아름다운 광경이었다.

믿고 있다면 모든 것이 가능하다

프라하 성에서 바라보는 프라하 구 시가지는, 정말 말 그대로 골든 시티, 즉 황금도시 그 자체였다. 노란빛 노을에 붉은 지붕들이 더 없이 황금색으로 밝게 빛나고 있었다. 선선한 바람과 뜨거운 커피 향과 프라하 성벽, 그리고 황금빛의 도시가 출렁이고 있었다. 그때 성 한쪽에서 이름 모를 여인의 노래가 흘러나왔고, 환상적인 프라하의 두 번째 밤은 그렇게 더없이 깊어가고 있었다.

다음 날 프라하 공항에서 우리는 다시 독일 프랑크푸르트로 넘어갔다. 매우 깨끗한 체코 항공 비행기와 친절한 승무원들의 미소가 멋진 도시 프라하를 더욱 사랑스럽게 만들었다. 이번 출장 기간 중 무려 세 번의 입국과 세 번의 출국을 하게 되는 독일에 다시 도착했다. 출장 나머지 기간은 독일에서 모두 보낼 예정이었다. 우리는 3일을 더 머무르며, 다시 시계와 관련된 사람들과 매장을 둘러본 뒤, 24일 프랑크푸르트공항으로 갔다. 그곳에서 나는 서울로 가는 비행기에 올랐고, 효찬 씨는 이틀 뒤 다른 출장을 위해 북아프리카 모로코의 카사블랑카로 가는 비행기를 탔다. 17박 18일의 모든 출장이 마무리되는 순간이었다.

서울로 돌아온 뒤, 출장의 여운이 사라지기 전에 다시 바쁜 일상이 시작되었다. 우선 다음 달에 곧 출범할 대학생 UN SDGs 홍보대사 3기를 선발해야 했다. 지난 1기와 2기 때 각 기수별 30명, 70명이 지원했던 것에 비해, 이번에는 무려 150명이 넘는 학생들이 지원했다. 우리의 프로그램이 아직은 부족한 점이 분명 많았지만, 관심과 홍보 면에서는 확실히 자리 잡고 있는 것 같았다. 크게 학생들을 후원하거나 물질적으로 운영하는 프로그램이 아니었음에도, 이 정도로 많이 지원한다는 것은 분명 큰 의미가 있었다. 우리와 함께할 대학생 리더들이 많아진다는 건 SDGs와 우리 ASD에 매우 기쁜 일이었다. 8월 마지막 주와 9월 첫 주 동안 열심히 이력서를 보며 3기 홍보대사 선발에 최선을 다했다. 이 일은 새로 합류한 지윤 씨가 참여해서, 나와 서지 씨, 지윤 씨 세 사람이 하게 되었고, 우리는 주말도 없이 바쁘게 준비했다. 다음 주는 추석이었고, 5일간의 연휴가 예정되어 있었기 때문이다. 두 사람은 고향에 내려갔고 추석이 끝난 뒤 약간의 업무조정을 했다. ASD 업무에 매우 능숙했던 서지 씨가 홍보대사를 전담하기로 했고, 지윤 씨와 나는 하반기에 시작할 ASD의 새로운 몇 가지 프로젝트를 만드는 일에 집중했다.

9월 17일 숙명여대 법대 모의법정에서 3기 대학생 UN SDGs 홍보대사 발대식을 가졌다. 대학생 홍보대사들은 매우 중요한 임무들을 맡고 있었는데, 우선 우리는 내년부터는 많은 사람들이 SDGs에 대해 궁금해할 것으로 생각했고 사람들이 SDGs를 검색했을 때 인터넷상에서 충분한 정보가 제공되어야 한다고 보았다. 그래서 홍보대사들의 첫 번째 임무는 네이버와 여러 주요 포털사이트 블로그에 SDGs에 대한 다양한 정보를 찾아서 기록하는 것이었다. 또한 홍보대사로 선발된 대학생들은 국제관계와 개발 분야, 또는 지속가능과 관련된 국제기구 및 환경 분야에 꽤 높은 관심과 지식을 가진, 그야말로 특별한 대학생 리더들이었다. 나는 이들이 향후 15년간 진행될 SDGs에서 중요한 분야의 리더들이 될 것이라고 생각했다. 따라서 두 번째 임무는 미래 지구와 인류의 리더들인 홍보대사들에게 여러 교육을 해 주고, 이를 바탕으로 각 분야에서 활동하게 만드는 것이었다. 비록 충분치는 않았지만, 우리는 홍보대사들에게 UN 사무국 기구와 국회 UN SDGs 포럼 회의 참관, 글로벌기업 탐방 등의 직접 참여할 수 있는 프로그램을 만들어서 기회를 제공했다. 나는 이 홍보대사 프로그램이 언제까지 지속될지는 알 수 없었지만, 가급적 우리 협회가 존재하는 동안 계속 이 일을 해 나가길 원했고, 다음 리더들을 통해서도 지속되길 원했다. 그래서 우리는 홍보대사 한 명, 한 명을 꼼꼼하고 신중하게 선발했다. 이 중요한 임무와 의미를 가진 홍보대사 3기가 오늘 출범하게 된 것이다. 학생들은 내 말과 우리 두 매니저의 설명을 들으며 깊은 흥미를 보였다. 3개월간의 멋진 활동의 시작이었다.

열심히 참여할 우리 홍보대사 학생들에게도 너무나 고마웠지만, 이 일들을 현실이 될 수 있도록 계획하고 이끌어 주는 서지 씨와 지윤 씨에게 더없이 고마운 마음이었다. 발대식을 끝내고 학교 밑 찜닭 집에서 맛있는 저녁을 함께하며, 따뜻한 말들을 서로 주고받았다. 비록 ASD는 아직은 작은 기구였지만, 그 누구보다 큰 비전과 이를 함께해 주는 따뜻한 가슴을 가진 사람들이 모인 곳이었다.

3기 발대식을 시작한 뒤, 9월의 나머지 달은 지난 출장 때 인사드렸던 수많은 리더들에게 손글씨 카드와 감사 선물을 보내는 일을 했다. 협회의 재정이 충분하진 않았지만, 우리의 성장과 비전에 큰 힘을 더해 준 이들에게 최소한 마음의 표시를 하고 싶었다. 나는 교보문고에서 깨끗하고 선명한 컬러로 된 아프리카 동물과 자연 화보집을 40권 정도 구매했다. 그리고 화보집과 함께 한복을 곱게 입은 사람들이 수 놓아진 예쁜 카드도 샀다. 카드에는 한 명씩 직접 이름과 글을 써서 지난 출장 시 만난 느낌과 감사함을 고스란히 표현했다. 카드를 쓰고 국내외에 이 등기를 보내기 위한 작업을 하는 데 보름 이상이 걸렸다. 우편 작업을 하니 어느덧 9월이 모두 지나가고 있었다.

| 서른네 살, 2014년 10월 7일

머나먼 땅, 남미와 파타고니아의 들판에 서다

10월 둘째 주 화요일이던 7일 서녁, 나는 다시 인천국제공항으로 향하고 있었다. 8월 한 달을 꼬박 해외에서 보낸 후 다시 올해 두 번째 해외 출장길에 오르는 중이었다. 이번 출장은 지난번 반기문 총장님을 면담할 때 총장님께서 언급하신, 국회 UN SDGs 포럼의 글로벌화를 구체화시키기 위한 목적과 친환경 및 친환경에너지 현장을 보기 위한 두 가지 중요한 목적이 있었다. 나는 한국 국회와 만든 이 포럼을 지속가능발전목표의 상징적인 대륙에서부터 확대해 나가고 싶었다. 그래서 처음 방문하기로 한 국가가 칠레였다. 칠레는 특별한 의미를 가진 나라였는데, 우선 지정학적으로 지구상 상당히 많은 개발도상국과 빈곤층이 살고 있으며, SDGs가 공식적으로 언급된 브라질 리우가 있는 남미대륙에 위치해 있었다. 그러면서 경제적으로는 OECD 에 가입할 정도로 꽤 좋은 환경에 있는 국가였다. 또한 한국과 FTA(자유무역협정)를 체결한 국가였고, 지구 환경의 마지막 보루인 남극 과 가장 가까운 국가이기도 했다. 그리고 수도 산티아고에는 UN의 중요한 지역경제기구인 UN 중남미카리브해경제위원회(ECLAC / CEPAL) 가 위치해 있었다. 여러 가지로 뉴욕 면담의 첫 번째 실행무대로 최적 의 조건을 가진 국가였던 것이다.

이번 출장은 국회나 기업과 함께 가는 것이 아닌, 온전히 ASD 차원 의 첫 번째 출장이었다. 그래서 긴장되었고 한편으로는 많은 기대를 가지고 있었다. 출장준비 시간이 짧았고, 편도 비행시간만 무려 26시 간을 타고 가야 하는 긴 여정이었다. 여러 가지 많은 걱정을 안고 떠 나게 되었지만, 칠레 현지에 있는 효찬 씨가 많은 부분을 도와주었기 에 선뜻 출발할 수 있었다. 이번 출장 역시 중요한 고위 인사들과의 면담이 예정되어 있었다. 우선 칠레 의회와 연결해 줄, 칠레 외교부의 차관보급 고위 외교관님과 면담이 예정되어 있었고, UN 중남미카리 브해경제위원회의 자원 및 기간시설 담당국장님과 자원 및 에너지 총 괄국장님 두 분과 면담이 예정되어 있었다. 또한 주 칠레 대한민국 대 사관의 유지은 대사님 면담도 계획되어 있었다. 칠레 정부와 한국 정 부, 그리고 UN의 고위급 인사를 모두 만나게 되는 것이었다.

늘 누군가 고위급 인사들을 모시거나, 기자들과 함께 해외 출장을 다녔기 때문에 이정도 고위 인사들은 자주 만났으나, 순수하게 나 혼자 떠난 출장에서 고위 외교관들, 정부인사, UN의 고위 인사들을 개별적으로 만나게 되는 건 처음이었다. 어느덧 우리 협회 ASD와 내 활동이 더 깊이 있어지고, 중요해지고 있다는 반증이었다. 별거 아닌 일일 수 있으나, 세상의 모든 역사적 사건과 결정들은 사람과 사람의 만남으로 이루어졌다고 봤을 때, 이제는 정말 내가 세계를 위해 작은 역할을 맡고 있다는 생각이 들었다. 누군가에게 따로 표현할 수는 없었으나 스스로 대견하고, 기특했다.

예상했었지만 칠레로 가는 여정은 무척 힘들었다. 13시간 동안 태평양의 해가 뜨고 지는 것을 보며, 미국 달라스국제공항에 도착했지만, 쉴 수 있는 시간은 많지 않았다. 2시간 뒤, 다시 칠레 산티아고로 긴 비행을 떠나야 했다. 인천국제공항을 출발한 지 꼬박 28시간 만에 남미대륙의 칠레 산티아고 국제공항에 도착할 수 있었다. 온몸의 기운이 다 빠지는 긴 여행이었다. 나는 공항 한쪽 모서리에 있는 레스토랑에 가서, 뜨거운 카푸치노를 주문했다. 커피 한 모금을 들이켠 뒤, 미처 연락을 제대로 못 하고 온 한국의 여러 지인들과 파트너들에게 문자를 보냈다. 그제 서야 칠레에 도착한 것이 조금 실감했다. 30분 뒤 효찬 씨와 효찬 씨의 지인인 로드리고 씨가 함께 공항으로 마중 나왔다. 우리는 시내를 따라서 산티아고를 천천히 둘러보며, 효찬 씨가 살고 있는 아파트로 향했다. 산티아고는 매우 발달한 대도시였다. 꽤 먼 거리였는데도, 중남미 전체에서 가장 높은 빌딩이며, 지구 남반구에서 두 번째로 높은 빌딩인 코스타네라 센터(Costanera Center)가 한눈에 들어왔다. 깨끗하고 넓은 차도와 인도는 매우 인상적이었다. 그리고 무엇보다, 칠레라고 하면 흔히 중남미 사람들이 살 것으로 생각하지만, 이곳 칠레 국민들은 키가 큰 백인들이 대부분이었다. 내가 가진 협소한 편견이 부끄러운 순간이었다.

효찬 씨의 아파트는 깨끗하고 잘 정비된 고급주택 타운에 위치해 있었다. 나는 우선 간단한 짐들을 풀고, 효찬 씨와 함께 시내로 나가서 점심을 함께했다. 그리고 지하철을 타고 몇 정거장을 이동해서 주칠레 대한민국 대사관으로 향했다. 대사관은 푸른 잔디 정원과 멋진 바로크 양식의 건물로 이루어져 있었다. 대사님과 면담 전에, 경제 담당 서기관과 이야기를 나누며 출장목적에 대해 설명했다. 서기관과 짧은 대화를 나누고 2층에 있는 대사님 집무실에 들어갔다. 유지은 대사님은 나를 반갑게 맞이해 주셨다. 사실 유 대사님과 나는 예전부터 특별한 인연이 있는 사이였다. 내가 5년 전 코이카에서 홍보관으로 일할 때, 유 대사님이 코이카 이사님으로 재직 중이셨기 때문이다. 5년 만에 만났지만, 마치 어제 뵈었던 분처럼 우리는 자연스럽게 서로를 반가워했다. 커피를 마시며 지난 시간 동안 어떤 일들을 했는지 대사님께 설명했고, 특히 지난 8월에 반 총장님과의 면담을 언급하며, 칠레에도 중요한 목적으로 출장 왔다고 말씀드렸다. 유 대사님은 우선 내가 이렇게 몇 년 동안 더욱 성장한 것에 대해 기뻐하셨고, 두 번째로 지금 하고 있는 일들에 대해 놀라움을 표하셨다. UN과 국제사회가 최우선 과제로 삼고 있는 SDGs를 그 어떤 기관과 리더들보다 빠르게 움직이고 실행하고 있었기 때문이다. 대사님과 20여 분 환담을 한 뒤 헤어질 때, 남은 출장기간 어려움과 도와줄 부분이 있으면 언제든 연락 달라고 하셨다. 또한 칠레 의회와의 여러 약속들도 본인이 도울 수 있는 부분은 최선을 다하겠다고 하셨다. 따뜻한 배려가 담긴 인사에 나는 거듭 감사함을 말씀드렸다. 대사관을 나오는 길에 인사드린 홍석화 공사참사관님도 진심 어린 격려를 잊지 않으셨다. 칠레에서의 첫 번째 일정은 기쁘고 반가움 속에 기대 이상으로 좋은 시간을 보낼 수 있었다.

대사님과의 면담 후, 우리는 코스타네라 센터에 있는 레스토랑에서 저녁을 먹고, 그 옆의 스타벅스에서 커피를 한잔 했다. 그리고 채 두 달이 되기도 전에 다시 만났지만 즐겁게 이야기를 나누며, 내일부터 있을 여러 일정들을 상의했다. 다음 날 아침 우리는 일찍 산티아고 국제공항으로 출발하여서, 칠레 최남단에 있는 도시 푼타아레나스(Punta Arenas)행 국내선 항공을 탔다. 본격적인 환경 답사를 시작하는 일정이었다.

푼타아레나스는 두 가지 의미에서 매우 특별한 도시였다. 첫째로 칠레 최남단 도시면서 사실상 지구의 최남단 도시기도 했다. 아르헨티나의 우수아이아(Ushuaia)가 조금 더 아래에 있긴 했지만, 우수아이아는 푸에고 섬이라는 남미 대륙 아래에 있는 섬의 도시였다. 따라서 순수하게 지구 대륙의 마지막 도시이자 가장 처음 도시는 푼타아레나스였다. 두 번째로 푼타아레나스는 남극으로 떠나는 첫 번째 전진기지로서 큰 의미가 있었다. 전 세계의 수많은 극지모험가들의 성지 같은 곳이었다. 인류역사 최초의 세계 일주를 한 모험가인 마젤란의 동상이 상징처럼 세워져 있었고, 대서양과 태평양을 이어주는 마젤란 해협의 가장자리에 위치한 도시였다. 나와 효찬 씨, 그리고 로드리고 씨는 이곳에서 출발하는 파타고니아 또레스 델 빠이네(Torres del Paine National Park) 국립공원행 버스를 탈 예정이었다. 또레스 델 빠이네는 스페인어로 푸른 탑이라는 뜻을 지닌, 말 그대로 고산 지역에 위치한 빙하 침식 지형 공원이었다. 파타고니아는 따로 상징 깃발이 있을 정도로, 지구에서 매우 독특한 환경을 지닌 지역이었다. 굉장히 추운 날씨였고, 강풍과 고산지대, 빙하와 만년설이 발달되어 있었다. 11시간을 날아와서 새벽에 푼타아레나스 공항에 도착하자마자, 국립공원으로 가는 작은 봉고차에 몸을 실었다. 비포장 된 도로에, 너무나 작은 봉고차 안에는 우리 일행 말고도 세계 곳곳에서 온 젊은 청년 여행가들이 함께 있었다. 비좁은 차 안에서 6시간을 달린 끝에 공원 중심부에 도달할 수 있었다. 우리는 빙하가 녹아 있는 에메랄드빛 호수에서 날아갈 듯한 바람과 싸우며, 인간의 손이 닿지 않은 놀라운 자연환경을 둘러보았다. 정말 환상적인 자연과 지구의 모습이었다. 내셔널 지오그래픽 다큐멘터리에 나올듯한 매우 아름다운 풍경이었다.

아이러니하게 나는 그 아름다운 자연을 바라보면서, 인간과 자연이 어떤 방법으로 공존하며 함께 살아가야 할지 더 깊은 고민에 잠기게 되었다. 이토록 아름다운 자연 그대로의 모습을 인간이 개발하고 훼손하지 않으면서 더 발전시킬 수 있는 방법은 없을까? 이 문제는 SDGs에서 개발도상국과 선진국이 치열하게 고민하고 토론하던 핵심 쟁점이었다. 끊임없는 개발과 발전이 필요한 개발도상국과 더 이상의 개발과 환경오염은 안 된다는 선진국 간의 의견대립이, 이곳 파타고니아를 보며 더욱 절절히 다가왔다. 과연 이 아름다운 자연을 우리 다음 세대들까지 볼 수 있을까. 만약 본다면 그들은 이 자연을 어떻게 활용할 것인가. 혹은 그대로 보존할 것인가. 호텔로 돌아오는 길에 내내 이 고민을 가슴에 품고 있었다.

우리가 묵는 곳은 친환경 호텔로 유명한 알티플라니코 호텔(Altiplanico Patagonia Hotel)이었다. 이곳은 무척 아름다운 호텔이었는데, 3층으로 되어 있었고, 세 개의 층 모두 땅속에 묻혀 있었다. 이런 특이한 모양이 가능했던 것은 호텔이 큰 언덕에 비스듬히 건축되어 있었기 때문이다. 즉 호텔의 한쪽 벽면은 외부로 보이는 통유리와 벽돌이었고, 다른 한쪽은 언덕의 흙 속에 묻혀 있는 구조였다. 특별한 외관만큼, 호텔 안 인테리어도 아름다웠다. 이 호텔이야말로, 자연과 인간의 개발이 어떻게 공존하면 좋을지를 보여주는 답 같았다. 우리는 이틀을 이 호텔에서 묵기로 하고, 다음 날은 아르헨티나를 방문했다. 아르헨티나 쪽에 있는 파타고니아 지역도 둘러볼 계획이었기 때문이다. 역시 8시간 가까이 비좁은 차량을 타고 이동해서 목적지에 도착했다. 짧은 남미 출장 동안 칠레와 아르헨티나 두 나라를 방문하게 된 것이다. 칠레와 다르게 아르헨티나는 끝없는 고원과 함께, 손 뻗으면 닿을 듯한 파란 하늘이 펼쳐져 있었다. 아르헨티나까지 둘러본 후, 저녁에 호텔에 가기 전에 푸에르토 나탈레스 라는 작은 도시에 들렀다. 우리는 칠레의 유명한 요리였던 양고기 바비큐를 먹기 위해, 한 식당으로 들어갔고, 양고기와 각종 고기, 소시지 등을 불에 구워 먹었다. 바깥

날씨는 무척 추웠지만, 마음만은 따뜻한 시간이었다. 호텔에서 하루 더 묵고 다음 날 극지방으로 출발할 계획을 가지고 있었다. 우리는 푼타아레나스로 다시 돌아왔고, 지구상 마지막으로 남은 미지의 땅 근처로 갈 채비를 했다.

끝없이 펼쳐진 눈꽃처럼 하얀 빙하를 보면서, 칠레 남부와 극지방에서 하루를 더 머물렀다. 빙하 땅은 높이가 최소 50m 이상이었고, 너무나 강한 냉기를 뿜고 있어서, 배가 휘청거릴 정도였다. 하지만 모든 것을 얼릴 것 같은 추위 속에서도 그 아름다움은 이루 말할 수 없었다. 정말 꿈속에 있는 느낌이었다. 빙하 곳곳을 자세히 사진으로 기록한 후, 다시 뱃머리를 돌렸다. 다음 날 산티아고로 가는 비행기를 다시 탔을 때, 눈앞에 계속 그 하얀 빙하들이 아른거렸다. 정말 내 생애 다시 보기 힘들 아름답고 웅장한 광경이었다. 우리는 산티아고 아파트로 돌아와서 주일 하루 동안은 충분한 휴식을 취하고 함께한 멋진 경험들을 나누며, 즐거운 시간을 보냈다.

다음 날 월요일인 14일 아침엔 일찍부터 서둘러서 칠레 주요 정부건물들이 있는 시내로 이동했다. 그리고 미리 약속했던 시간에 외교부 건물 앞에 정확히 도착해서, 신분검사를 통과한 뒤 외교부 건물로 들어갔다. 우리를 맞은 칠레 외교부의 라빈(Lavin) 아태 담당 차관보님은 부드러운 인상의 외교관이었다. 그는 한국에 와본 경험이 없었지만, 이례적으로 특별한 한국 사랑을 가진 분이었다. 그의 사무실 벽면 한쪽은 커다란 한반도 지도가 걸려있었고, 책상에는 제주도에서 생산된

녹차가 비치되어 있었다. 생각지 못한 반가움에 우리는 금세 한마음이 되어 대화를 나눌 수 있었다.

나는 특별히 대한민국에서 국회 UN SDGs 포럼이 시작하게 된 이유를 설명했고, 한국과 FTA를 체결하고, 다양한 분야의 교류를 하고 있는 칠레에서 이 포럼을 이어서 하게 되길 희망한다고 말했다. 또한 남미 대륙은 SDGs가 논의된 역사적인 장소였고, 특히 칠레 대통령인 미첼 바첼라트(Ms. Michelle Bachelet)는 국제사회 최초의 여성을 위한 국제기구인 UN Women의 초대 사무총장이었기 때문에 UN과 국제사회가 추진하는 이번 일에 칠레의회가 동참하길 원한다고 했다. 라빈 차관보님은 내 이야기를 매우 주의 깊게 들은 뒤, 자신이 의회에 제안할 수 있는 다양한 방법을 통해, 이 일들이 이루어질 수 있도록 관심을 가지겠다고 약속했다. 우리는 30분 남짓의 대화가 무척 아쉬웠기 때문에 곧 있을 점심시간에 혹시 식사 약속이 없다면 함께 오찬을 하면 좋겠다고 제안했다. 그는 이 제안을 흔쾌히 받아들이며, 잠시 후 다시 보자고 했다. 나와 효찬 씨는 만족스러운 마음으로 외교부를 나올 수 있었다. 1시간 뒤, 시내의 한 스시집에서 다시 만난 우리는 다양한 주제로 대화를 이어나갔다. 그리곤 그는 차를 사겠다며, 우리와 함께 유명한 커피 레스토랑으로 갔다. 2시간이 넘는 시간 동안 함께 대화를 나누고 식사와 차를 하면서, 나는 칠레에서 제2의 국회 UN SDGs 포럼이 생길 가능성이 있다고 생각했다. 기쁜 마음이었고, 이 먼 곳까지 온 일이 결코 헛되지 않았다는 것을 확신할 수 있었다.

믿고 있다면 모든 것이 가능하다

우리는 오후에 자리를 옮겨서 산티아고 외곽지역으로 이동했다. UN 중남미카리브경제위원회 본부로 가는 길이었다. 얼마 지나지 않아, UN 깃발이 펄럭이는 멋진 건물들이 눈앞에 들어왔다. 정문에서 신분 검사를 한 뒤, 담장 안 마당으로 들어가자, 한국인 한 분이 미소를 지으며 걸어 나왔다. 미리 우리와 면담일정을 조율했던 스태프였다.

나는 우선 자원 및 기간시설 담당국장님과 면담했고, 이어서 자원 및 에너지 총괄국장님과 연쇄 면담을 했다. 두 분 모두 처음 10분 동안 내 이야기를 주의 깊게 들어주셨다. 자연스레 바로 지난주에 다녀온 칠레의 아름다운 자연환경에 대해 이야기를 시작했고, 이런 아름다운 자원을 가진 중남미가 국제사회에서 환경과 에너지의 효율적 개발 모범지역이 되기 바란다는 말로 인사했다. 그리고 이런 모델들이 태평양 건너, 다른 개발도상국에도 전달해 주길 원한다고 요청했다. 또한 이 일들을 위해 우리 협회 ASD와 함께할 수 있는 일들을 찾아보자고 제안했다. 두 분 국장님은 ASD와 한국기업들이 중남미의 자원, 에너지, 기간시설 등에 함께 관심 가져주길 원했고, 나에게 특별히 한국의 뛰어난 IT 기술이 UN ECLAC와 협력할 수 있도록 이어주는 노력해 줄 것을 부탁했다. 30분가량 면담 후, 우리는 SDGs를 위해 전 세계를 대상으로 공통의 일을 찾아 나서자고 약속했다.

나는 남미와 극지방 출장에서 모든 면에서 기대 이상의 결과를 얻을 수 있었다.

우선 지난 8월에 UN 본부에서 반기문 총장님과 얀 엘리어슨 부총장님과 논의했던, 국회 UN SDGs 포럼의 글로벌모델을 만들 기초를 만들었고, 자연의 효율적인 활용과 신재생 에너지, 효과적인 자원관리 등의 고급정보 등도 면담을 통해서 배울 수 있었다. 그리고 무엇보다 놀라운 건, 우리 협회의 칠레법인을 만들기 위한 사전 준비 작업을 하고 왔다는 점이었다. 은행 신용대출 1,000만 원을 받아서 시작한, SDGs지원한국협회(ASD)가 이제는 다른 국가의 사무소를 둘 정도로 놀랍게 성장한 것이다. 의지와 열정, 그리고 도전의 기적이라고밖에 볼 수 없었다. ASD의 제2막이 열리고 있었다.

가을과 겨울을 달리다

일주일간의 출장 이후, 한국에서는 많은 일들이 나를 기다리고 있었다. 비록 10월 중순이었지만, 이미 12월까지 대략의 주요일정들이 정해져 있었고, 모든 일정이 중요하고 쉽지 않은 일들이었다. 크게 네 가지 일이었는데, 우선 12월 첫 주에 4회 국회 UN SDGs 포럼을 개최할 예정이었다. 특별히 이번 포럼에서는 여성가족부 장관상 시상식도 개최할 생각이었다. 지난 8월, 사무총장님께서 면담 시 언급하신 '국회포럼의 글로벌모델화', '여성', '교육', 이 세 가지 이슈 중 두 번째 이슈에 대한 우리의 화답이었다. 민간의 적극적인 참여를 이끌어내고, 여성에 대한 사회적 위상 제고를 위해, 지속가능한 여성인재를 양성하려는 기업에 장관상을 주면 좋겠다고 생각한 것이다. 이를 위해 나는 남미 출장 전부터 여성가족부와 관련 내용을 상의하며, 의견을 좁혀나가고 있었다.

믿고 있다면 모든 것이 가능하다

그리고 더 많은 기업들이 참여할 수 있도록 노력하는 일도 중요했다. 현재까지, 인텔, UCC, KT, KT노조, 일동제약, 이렇게 네 회원사가 있었지만, UCC와 KT, KT노조는 비슷한 성격의 기관이었기 때문에 사실상 ASD의 회원사는 단지 세 곳에 불과했다. 나는 뉴욕 출장을 함께 간 기업을 중심으로 회원사 가입을 위해 지속적으로 노력했고, 몇 군데 기업과 어느 정도 이야기를 진행 중이었다. 10월과 11월은 기업들의 협회 참여를 위해 많은 기업 담당자들과의 면담이 잡혀있었다.

그리고 세 번째 일은 대학생 UN SDGs 홍보대사 일정이었다. 먼저 12월 5일에는 3기 수료식이 계획되어 있었고, 곧이어 4기 모집을 시작해야 했다. 게다가 올해부터는 한 가지 특별한 일도 함께 계획하고 있었는데, 전 세계 최초의 'UN SDGs를 위한 대학생 총회' 개최였다. SDGs의 주요 목표를 담당하는 정부부처인 환경부와 함께 공동으로 이를 개최하고, UNOSD의 후원을 통해 진행할 생각이었다. SDGs를 위해 멋진 아이디어와 뜨거운 토론을 할 대학생 50명을 제주도로 초청해 1박 2일간 총회를 개최하는 것이었다. 세계적인 프로그램인 MUN(Model United Nations: 모의UN)의 SDGs버전이었다. 어느덧 1년이 된 대학생 홍보대사 프로그램이 하나의 멋진 결실을 맺는 순간이었다. 무엇보다, 미래 글로벌리더들의 의견을 정부와 UN에 제출함으로써, 이를 국제사회에 반영할 원대한 목표를 가지고 있었다.

이번 연말의 마지막 일은, 개인적인 성장과 일정 등이었다. 먼저 두 달 동안 무려 다섯 번의 강연이 잡혀 있었다. 경인여대, 숙명여대, 부여고, 부여여고 등의 강연이었다. 그리고 그중 한 번의 강연은 개인적으로 정말 특별하고 의미 있는 일이었다. 1년 전 이맘때, 제프리 이멜트 회장님의 강연을 들으며, 더없이 존경스러운 기업이라고 생각했던 GE(General Electric Company: 제너럴 일렉트릭)에서 나를 초청한 것이었다. 앞서 말했듯이 GE는 발명왕 토마스 에디슨이 만든 전기조명회사로 시작한 세계적 다국적기업이다. 무려 1878년에 설립되어, 1896년 12개 종목을 편입시켜 만든 '다우존스산업평균지수(Dow Jones Industrial Average)'에 현재까지 남아 있는 유일한 기업이며, 세계적 경제지인《포브스(Fobes)》에서 총자산, 매출, 순이익 등을 반영해, 매년 발표하는 '글로벌기업 2000'에 오랫동안 전 세계 기업 1위를 차지한 곳이었다. 최근에도 비 중화권 기업 중에서는 여전히 1위를 하고 있었다. 삼성전자가 2015년 들어 처음 20위권에 들어간 것을 생각한다며, GE가 얼마나 대단한 기업인지 알 수 있었다. 놀라운 점은 GE에서 매년 연말에 개최하는 가장 큰 행사인 'Women's Network Mega Event'의 기조연설자로 나를 초청한 것이다.

ASD를 설립하기 직전에, 그 과정에서 도움을 준 민제 씨가 당시 GE에서 일하고 있었는데, 지난여름 뉴욕 출장을 가기 전 정말 오랜만에 그녀의 연락을 받았고, 이러한 일을 추진 중이라는 이야기를 듣게 되었다. 그리고 그녀의 추천으로 GE Korea Women's Network 운영진이 나를 알게 되면서, 여러 정보를 보고 판단한 끝에, 이 행사의 두 기조연설자 중 한 명으로 최종 초청하게 되었다고 했다.

믿고 있다면 모든 것이 가능하다

그런데 놀라운 일은 거기서 끝이 아니었다. 더욱 믿기지 않는 일이 나를 기다리고 있었다. 두 연설자 중 한 명을 GE Korea Women's Network의 특별대사(Special Ambassador) 후보로 추천했는데, 내 이름 옆에 추천후보라고 기재되어 있었던 것이다. 전 세계 수많은 기업들의 영원한 롤 모델, GE에서 여성을 위한 특별대사라니! 행사 안내 브로셔를 두 눈으로 보면서도 그 사실이 믿기지 않았다. 1년 전, 제프리 이멜트 회장 강연을 보면서, 언젠가는 이 기업도 우리 ASD에 동참시키고, 함께할 수 있도록 해야겠다는 꿈을 가졌는데, 그 가능성이 드디어 내게 열리게 된 것이다. 더군다나 '특별대사'라는 상상하기 힘든, 너무나 멋진 임무에 위촉될 가능성도 함께 생기게 되었다. 개인적으로 한 단계 더 성장할 수 있는 엄청난 기회였다.

칠레를 다녀온 10월 중순은 이러한 일들이 내 앞에 빼곡하게 펼쳐져 있었다. 나는 숨을 고르고, 2014년 연말을 향해 한 걸음 내디뎠다. 그리고 일주일 뒤, 그 어느 해보다 많은 땀을 흘렸던 노력의 결실이 생겨났다. 10월 21일 ASD의 공식적인 여섯 번째 회원사가 가입하게 된 것이다. 여섯 번째 회원사는 SK하이닉스였다. SK하이닉스는 최근 몇 년간 한국에서 가장 성장한 기업이었다. 더군다나 2015년에는 삼성전자에 이은 국내 두 번째 순위의 대기업이 되었다. 현대차가 오랫동안 지키던 시가총액 2위를 역전하는 진기록을 가지게 된 것이다. SK하이닉스는 환경에 관심이 많은 회사였고, 또한 그 분야에서 다양한 사회공헌을 하고 있었다. SK하이닉스는 ASD가 가진 환경 분야, 국회에서의 노력들에 흔쾌히 참여를 결정했다. 가입 날로부터 한 달 뒤, 11월

25일 SK하이닉스를 방문하여, 대외협력본부장님께 가입증을 전달했는데, 감회가 새로웠다. 코이카에서 정부 대외무상원조홍보단을 이끌던 시절, SK네트웍스의 참여로 홍보단의 활동에 큰 힘을 얻을 수 있었고, ASD 이전의 국제개발파트너십 시절에도 SK텔레콤의 도움으로 적지 않은 힘을 얻은 것이 생각난 것이다. 몇 년간 지속된 인연이 이렇게 좋은 결실을 맺었다는 사실이 내게는 정말 뭉클한 일이었다. 큰 결정을 내려 준, 하이닉스와 신 본부장님, 그리고 그의 팀의 정율이 선임 등, 도움 준 모든 분들에게 진심으로 감사했다. 하이닉스에 방문한 뒤 불과 이틀 후, 이번에는 LG전자가 협회 회원사 가입을 결정했다. ASD이 일곱 번째 회원사였다. 이로써, KT, SK, LG라는 한국을 대표하는 글로벌기업 그룹사들이 우리 협회의 회원사가 되었다. 3년 전 협회를 처음 설립할 때, 과연 상상이나 했던 일이었던가. 기적은 또 다른 기적을 만든다는 말이 이제야 조금 실감 났다. 나의 노력도 노력이지만, 내가 하는 SDGs가 지구와 인류에 얼마나 중요한 일인지 판단하는 우리 기업들의 안목에 감사하는 순간이었다. 전적으로 내게 이 일을 맡기신 하나님께, 그리고 이 일들이 실현될 수 있도록 도와주는 국회, 기업의 큰 리더들에게 모든 감사를 드릴 수밖에 없었다.

2014년 마지막 달인 12월 첫 주는 그야말로 숨 쉴 틈 없는 일들이 기다리고 있었다. 1일에는 지난 뉴욕 출장을 정리하고, 새로운 주제를 선보이는 제4회 국회 UN SDGs 포럼이 개최되었다. 그리고 심혈을 기울여 추진했던 제1회 지속가능여성인재양성 장관상 시상식도 함께 진행되었다. 꿈꾸고 계획한 모든 일들이 하나씩 현실로 만들어지고

믿고 있다면 모든 것이 가능하다

있었다. 특별히 4회 포럼은 반 총장님께서 우리 대표단에게 말씀하신 세 가지 주요 이슈 중, 마지막 하나인 '교육'을 주제로 하고 있었다. 남미 출장으로 '국회 UN SDGs 포럼의 글로벌 모델화'를 본격적으로 시작했고, 여성가족부 장관상 제정으로 '여성' 이슈에 대한 노력도 시작했다. 그리고 마지막 이슈였던 '교육'에 대해서도 이번 포럼을 통해 노력할 기회를 만들게 된 것이다. 특히 교육 분야 중에서도, 미래 세대의 핵심교육이 될 '지속가능한 소프트웨어 교육의 정책과 방향'을 다루게 되었다. 사실 인텔을 제외한 다른 기업들로서는 관련성이 크지 않은 주제였고 다소 생소한 이슈였다. 하지만 불과 10년 만에 세상의 모든 환경이 바뀌게 되었는데, 이 일들의 모든 기원이 ICT분야였다고 본다면, 소프트웨어 교육은 미래 사회에 정말 중요한 이슈가 되리라고 예상했다. 우리 포럼에서 반드시 다뤄야 할 중요한 주제였던 것이다. 이번 포럼에서 고무적인 또 하나의 일은 불과 1년 만에 네 번의 포럼을 개최하게 된 것이었다. 2014년은 세월호 참사를 비롯한 수많은 사건, 사고들이 한국사회를 강타한 한 해였다. 그만큼 국회는 잠시도 쉴 수 없었다. 그러한 와중에 네 번의 포럼을 개최하여, 국회와 기업, 그리고 각계 저명한 리더들이 함께 모였다는 건 결코 쉽지 않은 일이었다.

이날 여성임원 비율이 국내 기업 중 가장 높고, 다문화 가정의 여성을 지속적으로 지원했던 KT가 여성가족부 장관상을 수상했고, 여당 대표인 김무성 새누리당 대표님을 비롯한 많은 분들이 4회 포럼에 참석하여 축하해 주셨다. 그리고 소프트웨어 교육의 권위자와 관련 기자들도 함께 참석하여 미래를 위한 대안과 비전을 열정적으로 제시했다. 특별히 이번 포럼에서는 내년이 UN SDGs가 공식적으로 시작하는 해인 만큼, 우리가 더 큰 비전을 제시하고, 국제사회 주요의회들에게도 적극적으로 동참을 호소하자는 의견을 모았다. 나는 우리가 어떤 활동과 비전을 제시하는지에 따라, 우리 사회와 국제사회에 적지 않은 변화를 일으킬 것이라고 믿었다. 처음 포럼을 창립할 때 가졌던 생각과 계획들이, 조금씩 눈에 보이기 시작했다.

미래 여성 리더들과의 만남

이틀 뒤, 12월 3일에는 하루 동안 두 번의 여대 강연이 있었다. 여대에서의 강연은 정말 오랜만이었다. 책을 출간하고 한참 강연을 다니던 2009년과 2010년에는 꽤 여러 곳의 여대에서 강연했지만, 그 이후로 순수하게 대학과 학생회 초청으로는 처음 가는 여대 강연이었다. 그만큼 떨리는 마음이었다. 우습게도 거울도 몇 번을 다시 보면서 긴장되는 마음으로 집을 나섰다. 오후에는 인천에 있는 경인여대에서 강연을 했고, 저녁에는 숙명여대에서 강연을 했다.

반기문 총장님이 늘 말씀하시는 내용이 있습니다. '우리 시대에 충분히 개발되지 않은 마지막 자원은 여성뿐이다.' 저는 이 말에 전적으로 공감합니다. 지난 시간 여성들은 대부분 가정과 육아의 환경에서 크게 벗어나지 못했습니다. 이는 한국을 비롯한 아시아뿐 아니라, 서양에서도 마찬가지였습니다. 하지만 아이러니하게도 가정이 어려워지고, 집안의 위기가 생겼을 때는 늘 여성들이 나서서 누구도 견디기 힘든 사회생활을 해야만 했습니다. 현재 2014년입니다. 며칠 뒤엔 곧 2015년이 되겠죠. 그런데 ICT기술이 눈부시게 발달하고, 달을 넘어서 화성을 두드리는 지금 이 시간에도, 여성들은 여전히 역차별에 시달리고 있습니다. 가정뿐 아니라, 일터와 사회 전반적인 시스템에서도 마찬가지지요. 성희롱과 성폭력에 노출되어 있고, 재능에 대한 과소평가가 늘 따라다닙니다. 하지만 놀라운 점은 여성이 가진 일반적인 잠재력은 남성의 상당 부분을 초월한다는 것입니다. 오랜 시간 의학적, 과학적으로 증명된 사실입니다. 우리가 흔히 레이디 앤 젠틀맨, 혹은 레이디 퍼스트라고 입버릇처럼 말하는 인사말처럼 사회가 그말 그대로 진화했다면, 우리는 어쩌면 지금과는 또 다른 놀라운 세상에 살아갈지도 모릅니다.

그리고 제가 또 한 가지 말하고 싶은 내용은 삶을 대하는 자세입니다. 특히 여러분과 같은 대학생과 20대들에게 꼭 해 드리고 싶은 말입니다. 어느 순간 우리는 세 가지 마법에 강력히 사로잡혀 있습니다. '청춘은 힘들고 고달프다. 그러니 슬퍼하지 마라.', '스펙 없이는 어떤 사회장벽도 넘을 수 없고 진입조차 할 수 없다.', '경제적으로 고달프기 때문에 독립과 자립성을 가지는 건 불가능하다.'고 하는 현실에 대한 비관적인 생각입니다. 일정 부분에서 이 이야기들은 맞을 수도 있습니다. 하지만 제가 오늘 분명히 말하죠. 이 이야기들은 전부 틀린 이야기입니다. 역사와 현실 속 많은 사례들이 이를 증명합니다. 예를 들어 우리는 대부분 평범하다고 믿고 있습니다. 실제로 평범하게 살아가는 사람들이 대부분이기도 합니다. 여기 계신 여러분도 스스로 평범하다고 믿을지 모릅니다. 하지만 두 가지만 생각해 보아도 이는 틀린 이야기라는 걸 알 수 있습니다. 첫 번째로 우리 지구에 사는 72억 명의 사람들 중에서 완벽히 DNA까지 똑같은 사람이 한 명이라도 있나요? 아니, 나와 완벽히 닮은 사람을 평생 살면서 한번이라도 만날 수 있나요? 당연히 그렇지 않습니다. 두 번째로는, 많은 사람들이 비슷한 직업과 비슷한 환경에서 서로 살아간다고 하지만, 과연 그 사람들의 성격과 인성도 모두 똑같나요? 그들이 가지고 있는 환경이 그들 모두의 인격을 똑같이 만들고 있나요? 이것도 결코 사실이 아닙니다. 그럼 여기서 생각해 볼 수 있습니다. 여기 모여 있는 우리는 대부분 평범하게 살아가지만, 빌 게이츠, 스티브 잡스, 일론 머스크 같은 이들은 어떻게 완전히 새로운 세상을 창조해낼 수 있었을까. 그들이 우리와는 다른 특별한 환경과 특별한 직업을 택했기 때문에? 제 생각은 전혀 아닙니다. 그들은 우리와 다르지 않고, 우리와 다른 환경과 다른 직업을 택하며 살지도 않았습니다. 표면적으로 그들이 우리와 다른 건, 그저 생물학적으로 다른 DNA를 가진 사람이고, 다른 인격을 가진 사람이라는 점 정도뿐입니다. 그들이 우리와 완전히 다른 삶을 산 결정적 이유는, 그들 자신 안에 있는 재능을 정확히 파악하고, 그 재능을 둘러싼 모든 환경을 이겨내며 끊임없이 도전했기 때문입니다. 정말 딱 그 한 가지 이유입니다.

우리는 태어날 때부터 모든 개개인별의 특별한 재능을 품고 있습니다. 그 가능성은 여러분이 어떤 노력과 어떤 삶을 이끌어 나가냐에 따라서, 밖으로 표출될 수도 있고, 평생 내재되어 있기만 할 수도 있습니다. 여러분은 모두 평범한 사람들이지만, 분명 여러분 모두는 매우 특별한 재능을 지닌 사람들이기도 하다는 사실입니다. 그 사실을 잊지 말고 늘 기억하며, 자신의 삶을 앞으로 이끌어 나가야 합니다. 그리고 또 한 가지 중요한 점은, 자신의 성격과 인성을 끊임없이 다듬고 만들어 나가야 합니다. 이는 절대 불가능하다고 믿으면, 그대로 그렇게 바뀌지 않고 살아가게 될 것이고, 변화가 가능하다고 믿으면 반드시 변화하게 될 것입니다. 여러분이 세상에서 만나며 어울리고 대화하는 모든 사람들에게는, 존중받아야 할 인격과 인권이 있습니다. 여러분 누구도 상대방의 인격과 인권을 함부로 해치거나 무시하거나 업신여길 수 없습니다. 모든 사람들에게 일방적으로 친절할 필요는 없지만, 상대에게 최소한의 예의와 배려는 가지고 있어야 합니다. 이는 인간관계와 사회생활의 가장 기초라고 생각합니다. 제가 그동안 다닌 여러 나라들은 일반적인 영어가 통하지 않고 언어소통이 힘든 곳도 꽤 많았습니다. 하지만 그들과 함께 어울리고 소통할 수 있었던 건, 언어가 아니라 서로가 상대방에게 보인 미소와 매너였습니다. 상대를 불편하지 않게 하고, 배려해 주고, 내 입장에서만 생각하지 않고 그들 입장에서 한 번쯤 고려해 볼 수 있는 것. 거기서 나오는 힘은 정말 어마어마합니다. 여러분의 미래와 삶 속에 아주 많은 전진과 변화를 일으킬 수 있는 보석 같은 힘입니다. 72억 명의 인류는 끊임없이 서로 대립하고 싸우고, 때로는 전쟁을 일으키며 상대를 정복하고 잔인한 삶을 이어왔지만, 정말 중요한 점은 여전히 우리 인류는 그보다 더 강한 인류애와 개개인의 사랑과 배려와 존중을 가지고 있다는 사실입니다. 그래서 우리는 지금 이 순간에도 이 땅에 두 발을 딛고 서 있을 수 있는 것입니다. 여러분이 이 사실을 꼭 한 번쯤 생각하면 좋겠습니다. 여러분은 정말 세상 누구보다 빛나는 여성이며, 세상 누구보다 빛날 수 있는 대학생과 20대입니다. 여러분이 가진 지금의 삶은 그 어떤 강력한 스펙보다 빛나고, 그 어떤 경제적 어려움과 그 어떤 삶의 고단함보다 단단하고 이겨낼 수 있는 가능성을 가지고 있습니다. 이 말들을 하기 위해, 제가 지금 이 시간 여러분 앞에 서 있는 것이고, 또한 아마도 제가 했던 대부분의 일들은 거기에 대한 증명이라고 생각합니다. 여러분은 존재 자체가 큰 축복이고 이 세상을 비추는 빛입니다.

| 서른네 살, 2014년 12월 4일

GE 특별대사에 임명되다

다음 날 4일 저녁, 나는 많은 사람들의 박수를 받으며, 압구정동에 있는 송은 아트스페이스 ATRIUM의 연단에 오르고 있었다. 연회장에는 200여 명의 GE 임직원들이 있었는데, 강성욱 GE코리아 총괄사장님을 비롯한 Women's Network를 이끄는 여성임원들이 함께 자리하고 있었다. 연단에는 내 이름과 소속, 그리고 환하게 미소 짓고 있는 내 사진이 빔 프로젝트를 통해 대형 스크린에 고스란히 걸려있었다. 나는 GE 로고가 선명하게 새겨진 연단의 단상 앞으로 갔다. 그리고 좌우를 둘러본 뒤, 천천히 연설을 시작했다.

제가 최근에 읽은 매우 재밌는 책이 있는데, 『뜨겁고 평평하고 붐비는 세계』라는 책입니다. 토머스 프리드먼이 지은 책이죠. 그 안에 이런 내용이 있었습니다.

중국 속담에는 이런 말이 있습니다. '바람이 바뀌면, 벽을 쌓는 사람도 있고, 풍차를 만드는 사람도 있다.' 무척 짧지만 의미심장한 이야기입니다. 우리에게 던져주는 메시지도 결코 만만치 않은 무게를 지니고 있습니다. 바로 오늘 제가 여러분에게 말씀드리고 싶은 내용입니다. 여러분은 바람을 막기 위해 벽을 쌓는 사람이 되시겠습니까. 혹은 바람을 이용하여 풍차를 만드는 사람이 되시겠습니까? 책에 나온 내용을 조금 더 말씀드리겠습니다.

1973에서 74년에 아랍 산유국들의 수출금지로 1차석유파동이 생겼을 때입니다.

각 지역과 국가별로 대응방법이 모두 달랐습니다. 유럽과 일본은 휘발유세로 이에 대응했습니다. 특히 일본은 에너지 효율을 위한 대대적인 운동을 전개했습니다. 프랑스는 국가프로젝트로 원자력에 엄청난 투자를 해서 오늘날 전력의 78%를 원자력에서 얻게 되었습니다. 브라질은 사탕수수에서 에탄올을 생산해서, 현재는 자국 내 석유

생산과 에탄올 생산 덕분에 원유를 거의 수입하지 않고 있습니다. 브라질이 석유를 수입하지 않는다는 사실. 정말 놀랍지 않나요?

자 이제 미국은 어떻게 했을까요? 세계 경제의 기준이라고 할 수 있는 미국은 여러 방법 중에서 연비규제를 택했습니다. 자동차회사에 연비를 강화하는 방법을 써서, 1975년 미 의회가 에너지정책 및 보존법을 통과시킴으로써 기업평균연비기준이라는 것을 정했습니다. 덕분에 그 이후 10년간 미국 자동차의 연비는 거의 2배가량 상승했습니다. 이 조치들은 후에 80년대부터 90년대까지 전 세계적인 석유 공급과잉에 영향을 주었고, 당시 세계 2위 원유생산국이었던 소련해체에도 적지 않은 영향을 미쳤습니다. 상당한 정책이었다고 말할 수 있죠.

그런데 미국은 바람이 방향을 바뀌자 벽을 쌓기 시작했습니다. 레이건 정부 이후 연비규제정책을 조금씩 완화하는 바람에 잠시 국내 석유시장과 자동차회사는 숨통이 트였지만, 결과적으로 오늘날까지 미국이 중동. 특히 사우디에 목을 매는 결과를 만들었습니다. 이 결과들은 무수히 많은 곳에 영향을 미쳤습니다. 대표적으로 이라크 전쟁, 중동정책. 세계안보와 평화 등 현대의 세계정세에 큰 변화를 준 사건들이죠. 또한 여기서 그치지 않고, 신재생에너지연구와 환경문제도 대단위로 후퇴시켰습니다. 당연히 예산을 감축시켰죠. 자동차회사와 석유회사들의 배를 채워주는 대신, 전 인류의 문제에는 눈을 감아버린 것입니다.

미국의 글로벌 자동차 회사 GM의 회장은 이런 말을 했습니다. "우리는 소비자의 트렌드를 따라가는 데 매번 실패했다. 그런데 어떻게 기업이 성장할 수 있었냐고? 그건 소비자의 니즈를 잘 파악했기 때문이다." 오늘날 미국과 유럽의 차를 비교해 보겠습니다. 여러분들이 알고 있는 것처럼 유럽은 작은 도시들을 잘 다니도록 디자인이 예쁘고 작은 차를 선호하고, 미국은 광활한 대륙을 달리고 효율적으로 쓰기 위해 픽업트럭이나, SUV와 같이 투박하고 큰 차를 선호할까요? 얼핏 들으면 틀린 말은 아니지만, 정확히 다시 한 번 살펴보면 틀린 말이라고 할 수 있습니다. 사실 유럽은 강력한 휘발유세 인상으로 연비가 좋고 성능 좋은 차를 만들어 냈지만, 미국은 연비가 좋은 차를 만드는 것에 신경 쓰지 않았기 때문입니다.

또 하나의 비슷한 이야기를 해 볼까요? 제가 일전에 신문을 읽다가 어떤 대기업 임원이 한 인터뷰를 보았습니다. 그 임원의 말에 따르면, 미래 마켓은 확실히 아프리카나 동남아나 중남미가 될 것이라고 했습니다. 왜냐면 그곳은 폭발적인 인구증가가 기다리고 있고, 결국 그 말은 그 국가에 거대한 마켓이 생긴다는 말이다. 라는 부연설명도 덧붙여 있었죠.

우선 표면적으로 보면 결코 틀린 말이 아닙니다. 하지만 이 역시 정확히는 틀린 말이기도 합니다. 2015년. 즉 내년에는 1,000만 명 이상 인구를 가진 세계적 도시가 26개에 달하게 된다고 합니다. 그런데 진짜 문제는 뭐냐면 저 임원이 한 말처럼 대부분 그런 인구가 늘어나는 도시는 인구증가를 감당하기 힘든 국가들에서 일어날 거란 뜻이기 때문이죠. 즉 해당 지역은 정치적으로 불안하고 석유가 불안정한 국가들이란 말과 같습니다. 이 국가들에서 인구증가로 삼림이 남벌되고, 어류가 남획되고, 물이 부족하고 대기 및 수질이 오염될 거라는 건 매우 심각한 문제가 만드는 겁니다. 또한 이들 국가에서는 청년층의 인구가 비정상적으로 늘어날 가능성이 큰데, 이러한 불안정에서는 직업을 잃을 거고 폭동이 생길 수도 있겠죠.

이는 단순히 장밋빛 미래마켓으로만 말하기에는 매우 아이러니한 상황입니다, 상당히 안일한 생각이기도 하죠.

앞서 말한 에너지 문제는 많은 부분에 영향을 미칩니다. 석유파동이나, 각국의 잘못된 석유정책, 또는 인구의 과도한 증가로 인한 수요급증 등으로 에너지 수요가 많아진다고 했을 때, 이는 가난한 이들을 더 가난하게 만들고 잘사는 사람들은 더 잘살게 만드는 상황이 됩니다.

예를 들면, 연료비가 오르면 농사비용과 식료품비도 오르게 되고, 연료비가 인상되면 브라질의 예가 있듯이, 개발도상국에서는 농작물을 생산하던 비옥한 토지에서 에탄올 같은 바이오연료를 생산하게 됩니다. 농업토지면적은 당연히 줄어들 것이고, 생산량도 줄어들 것입니다. 문제는 미국 같은 선진국에서는 농업에 대한 보조금을 상당히 지급하고 있다는 것이죠. 생산량이 떨어지고 그들의 농지를 국가에서 활용하는 대신 농가에 막대한 보조금을 줍니다. 이 보조금으로 인해 미국의 농업인구는 잘살게 되지만, 시장에서 형성된 매우 높은 가격경쟁력은 개발도상국의 농부들을 힘들게 하게 되죠. 그들은 농지도 줄어들고 생산량도 줄어들고 인위적으로 맞춰진 고비용도 감당하지 못하게 됩니다.

그럼 과연 이런 문제들은 누가 어떻게 해결해야 할까요. 우리는 왜 못사는 국가들이 여전히 못사는지 깊이 생각하지 않습니다. 그들은 여전히 수준 낮은 정부정책과 불안정한 사회인식을 가지고 게을러서라고 함부로 평가하고 생각합니다. 하지만 세계정세는 그들에게 기회를 잘 주지 않습니다. 그 기회를 바꿀 수 있는 사람들은 많지 않습니다. 하지만 여러분들의 의지에 따라 달라지게 되어 있습니다.

기업에서 NGO나 UN과 관련된 기관에 후원하는 것을 아까워합니다. 대부분 그들의 브랜딩 강화에 어느 정도 도움될 때만 후원하는 경우가 많습니다. 하지만 UN과 NGO들은 역으로 말하면 그들이 해결하지 않고, 어쩌면 더 어려워지고 있는 세계 환경과 질서와 정의를 맞추는 역할을 미미하게라도 하고 있는 것입니다. 그로 인해 세상의 시장이 여전히 살아 있고, 그들의 물건도 팔 수 있습니다. 그런데도 힘의 균형이 밀려서, 점점 그 질서가 무너져가고 있지만 말이죠.

자, 오늘 제가 말씀드린 이런 내용들, 바로 이 내용들이 최근 UN의 고민이라고 할 수 있습니다. 여기 연단에 서 있는 저의 고민이기도 하죠. 신재생 에너지의 개발과 환경오염방지, 그리고 정치적 안정과 식량문제해결, 어려운 지역의 질병문제, 여성인권문제 등. 우리가 직면하고 있는 문제는 정말 너무나 많습니다. 인도네시아와 브라질에서 이루어지는 산림남벌은 전 세계 자동차와 트럭, 비행기, 배, 기차를 모두 더한 것보다 더 많은 이산화탄소를 배출하는 효과라고 볼 수 있습니다. 하지만 이 나라들에서는 산림채집만큼 효과적인 경제대안은 별로 없습니다. 이들 국가들이 자립하고 경제적으로 성장할 수 있도록 GE 같은 글로벌기업들의 역할이 중요합니다. 지금 이 순간에 말이죠.

문제의 요는 이런 것입니다. 세상의 많은 문제들은 몇몇 잘못된 정책집행자들과 잘못된 기업의 이익추구에서 나온다는 것입니다. 사실 이를 바로 잡기 위해 UN과 NGO와 시민사회에서 노력을 하지만, 거대한 이익들 앞에서는 속수무책입니다.

우리 지구에서 자연을 제외하고 창조된 모든 것은 인류가 만들어 낸 것입니다. 인류는 전 우주에서 가장 아름다운 것들을 만들어내서 그것을 역사와 자산으로 만들어두었습니다. 하지만 이러한 것들을 우리 대에서 모두 소진해 버리고 말 것인지, 또는 신께서 주신 자연마저 훼손할 것인지 지금 이 순간 고민해야 할 때입니다.

UN에서 반기문 총장님 취임 이후에 여성문제에 대한 특별한 관심 촉구와 강조로 인해 UN Women이라는 국제기구를 만들었습니다. 이 기구의 주요활동은 여성인권보호도 있지만, 동시에 여권상승이라는 목적도 있습니다. 여성의 권리가 상승한다는 것은, 말 그대로 권한과 권력을 서로 나눠 가지자는 뜻이 아닙니다. 이는 여성이 가진 특별한 자산들을 활용하자는 뜻입니다.

제가 불과 이틀 전, 경인여대와 숙명여대에 가서 했던 이야기입니다. 여성이 가진 창의적 역량과 사고, 그리고 유연성, 남성보다 강한 목표의식 등을 이제 존중하고 활용해야 한다는 뜻입니다. 그리고 무엇보다 여성이 가진 가장 큰 힘은 정의로운 것들에 대한 추구의식입니다. 우리가 눈앞에 이익과 목적을 위해 나아갈 때 여성들은 더 넓은 문제들에 너그럽고 부드럽게 접근할 수 있습니다. 인류와 지구가 훼손되지 않는 곳에서는 어쩌면 여성들은 살아남아 있을지도 모릅니다. 지구환경과 에너지, 인류의 문제와 여성의 권리신장. 이 모든 일들을 GE가 앞장서서 해 주길 기대합니다. GE는 매우 특별한 상징성을 가진 회사니까요.

연설을 마치자, 강연장에 있던 GE 임직원들의 우레와 같은 박수가 나왔다. 그리고는 GE의 전무님이 앞으로 나오셔서, 내게 감사패 겸 특별대사(Special Ambassdor of GE Korea Women's Network) 위촉패를 전달해 주셨다. 전 세계에서 가장 크고 위대한 기업의 여성 분야 특별대사가 된 것이다. 명예직이지만, 이런 과분한 호칭과 직책에 위촉되었다는 사실이 정말 믿기지 않았다. 제프리 이멜트 회장님을 멀리서 지켜보고, 뉴욕의 GE 건물 앞에서 두근거리는 마음이었던 순간이 머릿속에 빠르게 지나갔다. 이루지 못할 일은 없으며, 꿈꾸는 자에게 기적은 늘 가까이 있다는 것을 정말 절실히 실감하는 밤이었다. 내 인생의 최고의 밤 중 하루였다.

최고의 밤이 지난 다음 날은 그동안 3개월간 SDGs를 공부하고 세상에 열심히 알려온, 3기 대학생 UN SDGs 홍보대사 수료식이 있었다. 새삼 시간이 정말 빠르게 흘러간다는 것을 느꼈다. 길지 않은 시간 동안 3기 수료생 60여 명이 이룬 업적들은 굉장했다. 사회적으로 SDGs가 점점 주목받고 관심받기 시작하면서, 우리 홍보대사들이 블로그와 SNS에 올린 수많은 자료들과 글들이 큰 조명을 받고 있었기 때문이다. 덕분에 ASD와 국회 UN SDGs 포럼도 주목을 받고 있었다. 수료하는 기수가 늘어갈수록 우리 협회와 나의 역할이 우리 사회와 국제사회에서 많아질 거라는 확신이 점점 들었다. 1년 전 26명의 홍보대사로 시작한 프로그램이 이제 어느덧 150여 명이 수료한 UN을 위한 최고의 대학생 프로그램으로 자리 잡게 된 것이다. 그리고 무엇보다, 이번 기수가 끝나면, 1, 2, 3기 중에서 50명을 선발하여, 환경부, UNOSD와 함께 제1회 UN SDGs를 위한 대학생 총회를 개최할 계획이었다. 하나씩 새로 시작하는 프로젝트들은 스물네 살 때 가슴처럼, 나를 설레고 기대되게 했다.

2014년이 불과 2주 남은 주일 아침이었다. 나는 깊은 잠에 빠져 있다가 요란하게 울리는 전화벨 소리에 잠에서 깼다. 학생들이 모두 공항에 도착해 있다는 서지 씨의 전화였다. 정신이 번쩍 들어서 시계를 보았는데, 비행기 출발시간이 불과 1시간 30분 정도밖에 남아 있지 않았다. 오늘이 대학생 제주총회를 가는 날이었던 것이다. 전날 밤까지 우리 협회를 도와주는 여러 사람들에게 크리스마스카드를 손으로 하나씩 쓰다가 새벽 늦게 잠들었는데 아침 알람 소리를 듣지 못하고 깜빡 잠이 든 것이다. 예전에 중국 출장에서 아침 일정에 늦어서, 정말 1분 만에 옷 입고 그대로 나간 적이 있는데, 이날도 그날과 비슷한 속도로 옷을 입고, 세수만 하고 총알같이 거리로 나갔다. 테헤란로에 서 있는 한 택시를 타고 김포공항까지 최대한 빨리 달려달라고 말씀드렸다.

내가 거리에 나선 속도와 비슷하게 택시도 한산한 주일 아침 거리를 미끄러지듯이 빠르게 속도를 내어 달렸다. 허겁지겁 공항에 도착하니, 이미 모든 학생들과 함께 가는 서지와 지윤 매니저, 그리고 이번 총회일정을 도와주기로 한 오상익 대표가 모두 와 있었다.

나는 스태프들과 멋쩍게 인사를 나눈 뒤, 곧 시간에 맞춰 비행기에 탑승했다. 제주도로 가는 비행기는 조용하지만 설렘으로 가득해 보였다. 나 역시 정부와 함께 대학생 SDGs 총회를 개최한다는 사실에 내심 들뜬 마음이었다. 뭔가 우리 학생 홍보대사들이 너무나 자랑스럽고 대견하게 느껴졌다. 1시간 뒤 제주공항에 도착했는데, 옅게 비바람이 흩날리고 있었고, 우리는 서둘러 기다리던 차량에 올랐다. 숙소 겸 회의장으로 쓰는 리조트로 가다가 잠시 내려 뜨거운 전복탕 점심을 먹었는데, 비로소 제주도에 온 것이 실감났다.

새로 지은 깨끗한 리조트 건물에 들어서서, 우리는 방을 배정하고 곧바로 총회 회의 준비를 했다. 30분 뒤, 넓은 회의장에 학생들이 가득 차기 시작했고, 곧 뜨거운 토론과 발표가 이어졌다. 총회에 참석한 UNOSD의 윤종수 원장님을 비롯한 환경부 관계자들은 우리 대학생들의 발표수준과 실력에 연신 감탄했다. 나 역시 대학생들이 알고 있는 SDGs에 대한 폭넓고 깊은 지식에 놀라울 뿐이었다. 당시 우리는 UN 공개 작업반 회의에서 제시한 17가지 SDGs목표를 여섯 팀으로 나뉘어서 토론했다.

모든 형태의 빈곤종결, 기아해소와 식량안보, 지속가능한 농업발전, 건강보장과 모든 연령대 인구의 복지증진, 양질의 포괄적인 교육제공과 평생학습기회 제공, 양성평등달성과 모든 여성과 여아의 역량강화, 물과 위생의 보장 및 지속가능한 관리, 적정가격의 지속가능한 에너지 제공, 지속가능한 경제성장 및 양징의 일자리와 고용보장, 사회기반시설 구축, 지속가능한 산업화 증진, 국가 내, 국가 간의 불평등 해소, 안전하고 복원력 있는 지속가능한 도시와 인간거주, 지속가능한 소비와 생산 패턴 보장, 기후변화에 대한 영향방지와 긴급조치, 해양, 바다, 해양자원의 지속가능한 보존노력, 육지생태계 보존과 삼림보존, 사막화방지, 생물다양성 유지, 평화적, 포괄적 사회증진, 모두가 접근가능한 사법제도 제도와 포괄적 행정제도 확립, 그리고 이 목표들의 이행수단 강화와 기업 및 의회, 국가 간의 글로벌파트너십 활성화

그날 대학생 총회에서 다루어지고 토론된 주제들이다. 정말 어마어마하지 않은가. 우리는 이 훌륭한 토론과정과 PPT를 총회 이후 한 권의 책으로 묶어서 UN과 환경부에 제출한 예정이었다. 정부와 UN에서 우리의 프로그램에 참여한 대학생들의 의견이 반영된다면, 정말 기쁠 것 같았다.

이튿날은 원래 있던 여러 야외 일정을 취소하고, 공항 가는 길의 동선에 맞게 몇 군데만 둘러보았다. 여전히 비가 내리고 바람이 많이 불고 있었기 때문이다. 그중 한 군데 들린 마상묘기 경기장에서, 그 추운 날, 밖에 서 있는 작은 조랑말 몇 마리가 보였다. 그렇게 마음이 아프고 불쌍할 수가 없었다. 가진 현금의 절반쯤을 당근 사는 데 전부 쓰고, 당근을 주며 머리를 쓰다듬어 주었다. 처음에는 머리 만지는 것을 별로 좋아하지 않지만, 사람이나 동물이나 매한가지 마음인 것 같다. 자신에게 잘해 주고 따뜻한 관심 가지는 이에게는 마음이 쓰이는 법이다. 나중에 출발 시간이 되어, 버스에 타려 하자, 세 마리의 조랑말들이 강한 콧소리를 내며 아쉬워했다. 마주친 눈에 눈물이 맺혀 있는 거 같아서 마음이 짠했다.

제주도에 다녀온 후, 드디어 2014년의 마지막 한 주를 시작했다. ASD로서는 상상하지 못할 만큼의 큰 성장을 하게 된 한 해였고, 개인적으로도 큰 걸음을 앞으로 내디딜 수 있는 한 해였다. 그만큼 많이 배우고 성장하고 어려운 여러 일들을 해내었다. 하지만 지극히 개인적인 일에선, 무척 아쉽고 안타까운 한 해였다. 결혼까지 약속했던 여자 친구와 이별을 했기 때문이다. 너무나 착한 마음을 가진 예쁜 친구여서, 그 미안함은 이루 말할 수 없을 정도로 컸다. 물론 이 일 때문에 주변의 많은 사람들이 지치고 고통을 받았다. 부모님을 비롯한 여자 친구 집안의 어른들까지 모두 힘든 시간을 보내서야 했다. 그리고 내게 기대했던 주변의 많은 사람들에게 실망을 안겨주었다. 이 글을 쓰는 지금 이 순간에도 당시 여자 친구와 부모님께 너무나 미안하고 죄송스러운 마음뿐이다. 개인적으로도 굉장히 고통스러운 시간들이었다. 이 일은 이후 내 삶에 적지 않은 영향을 미쳤다. 어떤 일을 하더라도 늘 마음속에 무거운 짐을 안고 살아야 했기 때문이다. 아무리 글로 설명하고 싶어도 그녀와 양가 부모님께서 가졌을 상심을 표현해낼 수가 없었다. 나는 솔직하지 못했고, 또한 삶에서 가장 중요한 일에 누군가의 가슴에 큰 상처를 남기게 된 것이다. 그 아무리 세상을 변화시키고 움직이는 일을 하고 있다 해도, 스스로가 마음을 다잡고 정확한 정신으로 살아가지 않는다면 그 어떤 일도 허상에 불과하다는 것을 새삼 깨닫게 되었다. 적어도 몇 개월 동안은 너무 마음이 복잡하여 어떤 일을 해도 편하게 잠을 잘 수가 없었다. 그녀와 식사한 곳, 만난 곳, 이야기했던 곳. 늘 아른거리고 죄인의 마음으로 살아야 했다. 함께한 추억은 쉽게 잊힐 거라 하지만, 그녀가 내게 보여주었던 인내심과 따뜻함은 쉽게 잊을 수가 없었다. 그녀만큼 나를 충분히 이해하고 감싸준 이가 드물었기 때문이다. 그러한 고마움과 감사함이 나에게 많은 과제를 던져주었다. 내가 과연 원하는 것이 무엇이고, 또 갚아나가야 할 것은 무엇이며, 지금 이곳에 어떤 모습으로 서 있어야 할지 늘 스스로 되묻게 되었다. 물론 난 지금도 여전히 부족한 생각과 마음을 가지고 있지만, 이 문제들은 살면서 내가 계속해서 스스로 이겨나가야 할 것들이었다. 나에 대해 그리고 가족과 주변 사람들에 대해 다시 한 번 깊이 생각해 볼 수 있는 시간을 가지게 되었다.

복잡한 심경을 마음에 담고, 12월 마지막 주 월요일을 시작했다. 부여로 달리는 버스 창가 너머에는 하얀 눈이 소복이 쌓인 아름다운 들판이 보였다. 함박눈이 펑펑 내린 오후 난 부여여고에서 강연이 계획되어 있었다. 차가운 바깥공기와 다르게, 강당 안은 뜨거운 열기로 가득 차 있었다. 몇백 명이나 되는 여고생들이 내가 강당 안으로 들어올 때, 그리고 연 단위로 올라갈 때 엄청난 함성을 질렀다. 책을 출간한 직후, 강연 연사로 꽤 인기가 있을 때도 이 정도의 함성을 들은 기억이 별로 없었다. 개인적으로는 큰 감동이었다. 나는 연단에 올라서서, 여기 있는 부여여고 학생들이 미래 글로벌 사회에서 모두 주역이 되리라 믿는다고 화답했다. 더 뜨거운 함성이 나왔고, 2시간의 강연이 어떻게 지났는지도 모르게 설렘과 감동, 기쁨으로 가득 차 있었다. 아이들에게 말하고 있었지만, 사실 강연 내내 스스로에게 말하고 있는 것과 마찬가지였다. 정신 차리라고, 앞으로 제대로 나가라고, 더 많은 생각을 하고, 더 많은 행동을 하라고 스스로에게 말하고 다독이는 시간이었다. 강연이 끝나고 문득 마음속에 뭉클함이 밀려왔다. 2014년의 12월은 그 어느 때보다 많은 일들을 하며, 정말 바쁘게 지나갔다. 그리고 드디어 2015년 새해가 찾아왔다.

꿈으로 시작한 새해

새해가 되었다. 가슴 터질 듯한 열정으로 가득 차 있던 어린 청년은 어느덧 서른다섯 살의 글로벌 청년이 되어 있었다. 외모는 이전보다 살찌고 파릇한 청춘도 조금 없어졌지만, 남들과 다른 시선으로 세상을 보며, 호기심 가득했던 그 눈은 여전했다. 그리고 작년 이맘때 그러했듯이 올해도 또 한 번 내게 수많은 기적이 일어나기를, 그래서 그 기적들이 세상에 작은 변화를 만들어낼 수 있도록 기도하고 기대했다. 부족하고 가진 지식 없이 세상을 살아가지만, 인류와 지구환경이 내가 생각하고 행동하는 일들로 인해 조금이라도 긍정적으로 변화할 수 있다면, 그것 이상 내게 큰 기적은 없었다. 그 기적을 꿈꾸며 새해 2015년의 첫 달을 맞이했다.

아주 짧았던 연말의 여유를 느낄 틈 없이, 1월과 2월 역시 나와 우리 ASD에 중요한 일들이 기다리고 있었다. 우선 작년 5월에 UN 경제사회이사회 협의지위 신청 한 것에 대한 첫 번째 심사가 UN 본부에서 개최되었다. 이 심사가 개최된다고 지난 11월 22일에 UN 경제사회이사회 NGO 담당부서에서 연락이 왔는데, 특이하게 이 회의는 참석을 해도 되고, 하지 않아도 되는 회의라고 했다. 그리고 회의를 참석한다고 해도, 참석단체에게 반드시 질문을 한다는 보장도 없다고 언급했다. 아마 전 세계에서 매년 적게는 200개 이상, 많게는 500개의 UN과 관련된 활동을 하는 단체들이 협의지위를 신청하기 때문에 그 단체 대표자들을 뉴욕으로 모두 부르는 건 맞지 않다고 느낀 것 같았다. 더군다나 회의에 비싼 경비를 들여 참석한다고 해도, 발언권이나 질문권을 주지 않았기 때문에 더더욱 그런 상황이었다.

나는 고민할 수밖에 없었다. 이 회의에 참석하자니 막대한 경비가 들고, 협의지위를 받는다는 보장도 없었고, 참석하지 않자니 회의에서 어떤 말이 오가는지 너무 궁금할 거 같았다.

방법을 고민하다가, 작년 국회 UN SDGs 포럼 대표단의 뉴욕 방문 시 함께 했던 현지 스태프, 세윤 씨에게 연락을 했다. 그는 아직 펜실베이니아 주립대에서 공부하고 있었다. 나는 그에게 이번 회의 참석을 위해 뉴욕 출장을 가줄 수 있는지 물었다. 그는 그 시기에는 시간적인 여유가 되기 때문에 참석할 수 있다고 흔쾌히 승낙했다. 그리고 작년에 경제사회이사회에 제출한 문서들을 모두 보내면서, 하나하나 꼼꼼히 체크해달라고 했다. 정말 방대한 양의 문서들이었고, 복잡한 내용이었기 때문에 영리한 그가 아니었으면 살펴보는 것조차 불가능할 거라고 생각했다. 두 달가량 서류를 모두 검토한 후, 모든 준비를 마치자 나는 회의가 열리는 뉴욕 UN 본부로 그를 파견했다. 그리고 그곳에서 4일간 머무르며 매일 회의에 참석해서 우리 협회에 대한 언급이나 관련 사항들을 꼼꼼히 체크하라고 부탁했다. 그렇게 우리 ASD는 1월 26일부터 2월 3일까지 UN 본부에서 열리는 2015 regular session of the committee on NGOs에 참석했다. 그런데 놀랍게도 이 회의에 참석한 NGO 관계자가 거의 없었다는 사실이다. 아마 다들 궁금하긴 해도 뉴욕에서 일주일 이상을 머물며 그냥 참관만 하기에는 경비부담이 상당했던 것 같았다.

기적을 일구다,
UN 경제사회이사회 특별협의지위 승인

　세윤 씨는 시차가 반대인 뉴욕에서 매일 회의가 끝나면 내게 여러 가지 상황들을 보고해 주었다. 한국시각은 보통 새벽 3~4시 정도였고, 나는 그 기간 동안은 잠을 자지 않으면서 회의 때 나온 말들을 들어보고, 되새기며 판단해 보았다. 3일 정도 지나자 그는 다음 회의 때는 우리 협회가 언급될 것 같다고 보고했다. 회의에서 검토되는 순서를 모두 볼 수 있었기 때문이다. 그리고 4일 차에 세윤 씨가 매우 기쁜 목소리로 내게 전화를 했다. "대표님 우리 ASD는 협의지위를 받을 것 같습니다. 축하드립니다!" 나는 그 말이 정말 기뻤지만, 그보다 우선 어떤 근거로 알 수 있는 거냐고 물어보았다. 정확한 이유를 듣고 싶었다. 그는 그동안 검토되는 단체들에 대해, 회의에 참석하는 어떤 국가대표든 한 번씩은 반드시 문제를 제기하고 의문을 표시하며 지나가는데, 100개 단체 중 1개 정도의 단체는, 아무 문제를 제기하지 않고 만장일치로 통과한다고 했다. 그런데 우리 ASD가 만장일치로 회의에서 통과되었다는 것이었다. 나는 새벽이라는 사실을 잊고 기쁨의 소리를 질렀다. 그리고 다음 회의 때 확실한 결정이 언제 나올지 다시 알아봐 달라고 했다. 아직 결정이 난 사항이 아니었기 때문에 무척 조심스러웠다. 그는 그러한 여러 가지 상황을 이해하고 고려하는데 최고의 적임자였다. 신중하고, 매우 세심하고 똑똑한 청년이었기 때문이다. 다음 날 다시 펜실베이니아로 돌아가려 짐을 챙기며 그는 내게 소식을 알려왔다. 통상 7월에 발표하는데, 이번에는 4월에 최종결정을 하게 될 것 같다는 내용이었다. 나는 세윤 씨에게 정말 수고했다는 격려의 말을 건네고 기쁜 마음으로 기대할 수 있었다.

　그리고 또 하나 좋은 소식이 들려왔다. 몇몇 기업들에서 우리의 회원사 가입을 긍정적으로 결정한 것이다. 새로 가입예정인 회원사들은 작년부터 여러 경로를 통해서 이미 우리 협회의 가입을 고려하던 회사들이었다. 나는 회원사 한 곳이 늘어날 때마다 큰 감사함을 느끼고 있었다. 1월 29일 ASD의 여덟 번째 회원사로 현대엔지니어링이 가입했다. 현대엔지니어링은 현대자동차그룹의 설계, 플랜트, 화공 계열사로 규모도 매우 컸고, 무엇보다 자체적으로 지속가능경영 10대 전략 과제를 경영목표로 삼는 회사였다. 29일 계동에 있는 엔지니어링 본사를 방문하여, 박 기획실장님을 비롯한 그의 팀과 인사를 나누고, 정식 가입증을 전달했다. 특히 작년 여름부터 우리 협회 가입을 검토하기 위해 종종 메일을 주고받던 김예지 대리를 직접 만나게 된 것도 기쁜 마음이었다.

　그리고 2월 18일에는 CJ제일제당이 아홉 번째 회원사로 가입했다. 그동안 우리 협회 일에 많은 관심을 가지시던 이재호 부사장님을 비롯해 김형준 부장님, 장인석 부장님, 은지 씨에게 너무나 감사한 마음이었다. 특히 이 부사장님과 김 부장님은 살아 있는 열정과 뜨거운 애사심을 가진, 우리 시대 멋진 가장과 리더의 모습이었다. 그리고 인석 형님과 은지 씨 또한 따뜻한 가슴과 올곧은 마음을 지닌 존경스러운 분들이었다. 이제 그들과 함께 정식으로 일하게 된 것이다.

내가 하는 일들은 글로벌기업들과 함께할 때 큰 변화를 만들어낼 수 있는 일들이었다. 그들이 가진 재원과 인프라는 그 어떤 이들도 대신할 수 없는 세상을 효과적으로 변화시킬 수 있는 자원이기 때문이다. 당연히 더 많은 기업들을 설득하고 참여를 이끌어내야만 하는 시점이었다. 소중한 회원사들이 한두 곳씩 늘어가는 지금 이 순간에 오히려 더 많은 리더들과 기업들의 참여가 절실히 요구되고 있었고, 또 그러한 일이 현실이 될 때 우리 모두가 원하는 변화를 만들어 낼 수 있다고 나는 믿고 있었다.

UN SDSN

2월에 생긴 또 하나 중요한 일은 개인적으로 큰 영광이며, 우리 협회가 한 단계 더 발전하는 기회였다. 나는 2013년 3월에 UN의 새로운 목표인 SDGs에 대한 자세한 정보를 찾기 위해 노력하고 있었는데, 그 시기에 UN 사무총장의 글로벌 자문그룹인 UN SDSN을 알게 되었다. 그리고 당시 SDSN의 한국 멤버십과 지부를 유치하기 위해 의향서를 제출했던 일이 있었다. 물론 내가 가진 여러 자원이 충분치 않았고, 또한 SDSN 집행이사회에 참여하는 한국 멤버 양수길 교수님이 계셨기 때문에 나에게 이 기회가 돌아오지는 못했다. 하지만 다행히 양 교수님께서는 무사히 UN SDSN Korea를 작년에 발족하여, 각계 주요 리더들을 모으며 매우 열정적으로 활동하고 계셨다. 한국에 정말 필요한 UN 자문기구였는데, 이를 교수님께서 성공적으로 발족하셨던 것이다.

SDSN은 세계적 경제학자인 제프리 삭스(Dr. Jeffrey David Sachs) 컬럼비아대학교 교수가 이끌고 있었는데, 삭스 박사는 UN 사무총장의 MDGs 자문관도 맡고 있었기 때문에 이 글로벌 이니셔티브를 리드하기에 탁월한 적임자였다. SDSN은 UN의 리우+20 정상회의 결과 만들어졌었고, 반기문 총장께서 직접 이 이니셔티브를 발표하셨다는 점과 전 세계 최고 전문가들의 네트워크로 만들어져서 SDGs 의제설정을 이끈다는 점 때문에 출범 전부터 국제사회의 많은 관심을 받고 있었다. 한마디로 SDGs를 연구하고 전문가들의 의견을 반영하는, 중요한 UN의 자문기구였던 것이다.

그런데 2월 11일, 양 교수님 연구실에서 한 통의 메일이 왔는데, 나를 UN SDSN Korea의 전략연구협의위원으로 위촉하겠다고 제의가 온 것이었다. 나는 메일을 읽으면서도 정말 내게 온 내용이 맞는지 몇 번을 다시 확인했다. 그러면서 함께 위촉되는 분들의 리스트를 보았는데, 다들 각 분야에서 너무나 대단한 위치에 있는 고위 전문가들이어서, 과연 내가 이 자리에 들어가도 되는지 고민이 되기 시작했다. 2년 전 UN SDSN의 한국지부를 유치하기 위해 밤새 공문을 만들고 UN의 문서들을 찾아보던 일이 불과 얼마 전 같은데, 이렇게 2년 만에 놀라운 기회가 다시 내게 찾아온 것이다. 그동안 수많은 도전과 활동들이 나에게 이런 결과들로 하나씩 찾아온다는 사실에, 새삼 감격스러웠다. 나는 이 제의를 며칠간 고심한 끝에 수락했다. 이렇게 영광스러운 제의를 고민한 까닭은 과연 내가 이분들과 함께 깊이 있는 논의를 시작할 준비가 되었는지 스스로 고민스러웠고, 만약 그 준비가 되었다 해도 스스로 과연 전문가인지 되묻는 시간이 필요했기 때문이다. 분명 나는 자격이 충분히 않았지만, 이 또한 새로운 도전이라는 생각으로 SDSN에 참여하기로 했다.

나는 만약 ASD가 국제사회에서 지속가능한 지구와 인류를 위한 가장 단단하고 영향력 있는 기구로 만들어지게 되면, 그때 UN 사무총장이 임명하는 고위급 특별대표(Special and Personal Representative)나 특별사절(Special Envoys), 특별고문(Special Advisers) 또는 글로벌 이니셔티브 위원(Member of Committee), 평화메신저(Messengers of Peace) 등에 도전해 볼 계획이었다. UN의 리더십의 위치에서 더 많은 변화를 이끌고 싶었기 때문이다. 물론 그렇게 되기 위해서는 정말 지금과는 비교도 안 되는 노력과 인내가 필요할지도 모른다. 그런데 오늘 SDSN Korea의 한국위원은, 그러한 내 비전에 대한 작은 도전과 시도이기도 했고, 가능성을 보여준 중요한 계기가 되었다. 그래서 내게는 뜻깊고 큰 의미가 있는 기회였다.

이렇게 2015년의 시작이 바쁘고 다양한 도전들로 시작하고 있었기 때문에 우리 ASD의 조직도 재정비가 필요했다. 협회가 어느덧 설립 5년 차가 되었고, 이제는 더 큰 파도와 태양을 향해 앞으로 나가야 했기 때문에 오랫동안 함께해 줄 직원이 필요했다. 현재 인턴십 제도는 협회 성장에 큰 힘이 되었지만, 연속성 있는 큰 프로젝트를 하기 위해, 조금 더 안정적인 고용시스템이 필요했다. 항상 ASD가 만들어내는 국제사회의 변화에만 모든 초점을 맞추다 보니, 정작 우리 내부의 변화는 스스로 한계를 두었던 것이 사실이었다. 단순히 재정적인 부분만 고려한 것이 아니라, 우리를 도와주고 응원하는 회원사와 각계 리더들에게 ASD가 노력과 열정으로 움직이는 조직이라는 것을 강조하고 싶었다. 하지만 이제는 더 큰 목표를 보고 나가야 할 때였다.

ASD는 나와 인턴직원 세 명, 그리고 주요 운영위원 다섯 명 등 총 아홉 명의 중심인원체제로 실질적인 운영을 하고 있었다. 나는 많은 고민을 한 결과, 이번에는 정규 직원과 인턴을 동시에 채용하기로 했고, 12월 말부터 1월 말까지 채용공고를 내었다.

총 스물여덟 명이 ASD 채용공고에 도전했고, 나는 서류심사를 통해 그중 일곱 명을 직접 면접하기로 했다. 새로운 직원들이 선발되게 되면, 당장 그들과 함께 3월의 4기 대학생 홍보대사 출범식, 4월의 5회 국회 UN SDGs 포럼 등을 준비해야 했다. 그래서 짧은 준비기간에도 금방 적응하고 실력을 발휘할 수 있는 순발력 있는 지원자들 중심으로 면접을 했다.

1월 말에 총 세 명의 직원을 선발하게 되었고, 2월에 이들을 채용하게 되었는데, 세 명 모두 매우 뛰어난 재원이었다. 앞서 함께했던 ASD의 뛰어난 매니저들의 전통을 이을 최고의 인재들이라고 할 수 있었다. 먼저 이번 채용에서 정식직원으로 선발된 강명아 씨는 한국의 고등학교를 마치고 호주의 뉴캐슬대학교(University of Newcastle)에서 입학과 졸업을 마친 해외파 유학생이었다. 영어가 능숙했고, 2014년 11월 호주 브리즈번에서 개최된 G20정상회의의 지역국 CP인턴으로 참여한 경력을 가지고 있었다. 특히 그녀의 자기소개서는 어린 나이에 쓴 글이라고 보기엔 놀라울 정도로 탄탄한 문장력을 구사하고 있었다. 우리 협회는 UN을 비롯한 국제사회의 주요기구, 그리고 각 계 주요기관 및 주요리더들과 항상 많은 공문과 메일을 주고받았기 때문에 무엇보다 탁월한 작문능력이 필요로 했다. 그리고 한국어로 쓴 내용을 단순히 영어로 번역하는 것이 아니라, 창의적인 자신의 생각과 앞뒤 상황을 유추할 수 있는 능력 또한 필요했다. 하지만 이런 실력은 오랜 경험과 경력을 갖지 않고는 쉽게 얻을 수 없었기 때문에 사실상 대학교를 갓 졸업한 친구에게 기대하기는 힘든 부분이었다. 그러나 난 명아 씨가 쓴 한 장의 자기소개서를 보고 그녀의 실력에 감탄하게 되었다. 분명 그 나이에 가질 수 있는 실력이 아니었다. 면접하는 날, 그녀는 매우 먼 거리에서 왔음에도 불구하고, 충분히 밝고 긍정적이고 똑똑한 모습을 보였다. 이런 내 느낌은 틀리지 않았고, 현재 그녀와 일한 지난 6개월은 정말 놀라움의 연속이었다. 작은 체구에서 나오는 긍정적인 에너지와 열정, 그리고 능력은 그 어떤 이들을 압도하기에 충분했다. 또한 보기 드문 로열티와 리더십을 동시에 가진 사람이었다. 무엇보다 그녀는 요즘 사람들, 특히 해외 유학파가 가지기 힘든 도전정신, 인내심, 그리고 따뜻한 인간미까지 모두 가지고 있었다. 최고의 재원을 선발하게 된 것이다.

명아 씨와 함께 두 명의 인턴직원도 선발했는데, 박채원 씨와 김지원 씨였다. 두 사람 모두 영어에 매우 능한 친구들이었다. 채원 씨는 숙명여대 글로벌서비스학부 출신의 똑똑하고 유연한 사람으로, 상황에 대한 판단과 적응력이 매우 빠른 사람이었다. 그리고 아무리 복잡한 일들도 하나씩 정리하는 데 탁월한 능력이 있었다. 무엇보다 다양한 호기심과 욕심을 가지고, 우리 사회를 넓은 눈으로 보려 하는 점이 무척 인상 깊었고, 통일 문제에도 관심을 가지고 직접 동아리를 만드는 등 능력 있는 인재였다. 아울러 인간적인 정이 많다는 점도 그녀의 따뜻한 마음과 함께 큰 장점이었다. 그리고 마지막으로 선발된 지원 씨는 성균관대 졸업반의 경제학도였다. 꼼꼼한 성격이었고, 끊임없이 이건 '왜?'라는 의문을 던져 조직에 적절한 긴장감을 주는 비타민 같은 사람이었다.

나는 새로 선발된 세 명의 인재들과 ASD의 2015년을 시작했다. 벌써 서른다섯 살의 아저씨가 되었지만, 늘 새로운 시작에는 여전히 소년 같이 설레는 마음이었다. 우리는 2월 한 달 동안 여러 업무를 분담하며 익혀나갔고, 3월이 되어, 새로 출범할 4기 대학생 홍보대사 발대식을 준비했다. 새 직원들은 능숙한 솜씨로 PPT를 만들었고, 우리는 그 어느 때보다 체계적인 준비로 홍보대사 발대식을 개최할 수 있었다. 무려 500명이 지원하여, 그중 60명이 선발되었고, 이 홍보대사들은 앞으로 3개월간 SDGs 원년인 올해 가장 상징적인 청년리더들이 될 것이라고 기대했다. 또 이 학생들과 함께 7월에 개최될 제2회 제주 총회도 갈 예정이었기 때문에 우리는 4기 홍보대사에게 많은 기대를 가지고 있었다.

3월 한 달 동안 새로운 직원들과 또 새 홍보대사들과 많은 준비를 했다. 우선 4월에 있을 5회 국회 UN SDGs 포럼에 대한 준비에 무척 분주했다. 포럼이 어느새 5회를 맞이하게 된 것이다. 우리는 각 기관에 연락하고, 새로운 주제에 맞는 연사들을 섭외했다. 그리고 기업들에도 초청장을 보내고, 권 의원님실과 수시로 연락하며, 장소와 날짜를 조정했다. 그러던 중 4월이 되었고, 셋째 주 월요일이던 13일 새벽, 믿기지 않는 한 통의 메일을 받았다. UN 경제사회이사회 NGO 담당 부서에서 온 메일이었는데, 말 그대로 믿을 수 없는 내용이었다.

그 메일에는 우리 협회가 UN 경제사회이사회의 특별협의지위(ASD in Special Consultative Status with the ECOSOC)를 최종적으로 받게 되었다고 쓰여 있었다. 그리고 여섯 장에 이르는 UN의 긴 공문이 첨부되어 있었다. 그 공문에는 우리 협회가 UN과 국제사회에서 가질 수 있는 각종 권리들과 의무가 자세히 적혀있었으며, 향후 UN의 중요한 회의들에 참석하고 의견서를 제출할 수 있는 특권에 대한 내용도 함께 기재되어 있었다. 1월에 세윤 씨를 통해 우리가 협의지위를 받을 가능성이 높다는 사실은 들었지만, 막상 이렇게 최종적인 승인결정을 보게 되자, 정말 믿을 수 없이 기뻤다. 단순하게 표현하면, 지난 몇 년간의 고생들이 모두 보상받는 기분이었다. 사람들은 끊임없이 도전하고 그 도전의 결과가 어떻게 되던 그 과정에서 흘린 땀을 자신의 삶에 큰 밑거름으로 삼는다. 하지만 결과마저 생각했던 것 이상으로 얻게 된다면, 그 일은 영원히 가슴속에 남게 된다. 이날 새벽 받은 메일은 내게 그런 일이었던 것이다.

믿고 있다면 모든 것이 가능하다

우리는 이후부터 UN의 주요 회의에서 의제를 제출하고, 발언할 수 있게 되었으며, 각 국가와 정부에 영향을 행사하며 인류의 보편적 가치를 지키도록 촉구할 수 있게 되었다. 또한 UN 구역의 출입신분증을 받고, 국제적인 비정부기구로 어떤 곳에서도 활동의 제한을 받지 않게 되었다. 이날부터 ASD가 국제적인 단체가 되는 순간이었다. 이로써 우리는 UN 지원기구로서 한 발 더 다가설 수 있게 된 것이다. 나는 회원사들과 국회에 이 소식을 빨리 알리고 싶었고, 그 어느 때보다 기쁜 마음으로 국회 포럼을 준비했다.

또 한번의 도전, UN SDGs지속가능경영 인증

4월 마지막 주 28일, 국회에서 개최된 제5회 국회 UN SDGs 포럼에서 나는 우리 ASD가 UN 경제사회이사회 특별협의지위 기구가 되었다는 반가운 소식을 전했고, 더불어 한 가지 특별한 의미의 발표를 했다. 기업과 민간재원의 SDGs의 적극적인 참여를 위해 UN과 국회가 기업의 지속가능경영성과를 인증해 주자는 제안이었다. 나는 이를 우리에게 부여된 권한으로 경제사회이사회에 정식으로 건의할 계획이었다. 현재 대부분의 글로벌기업들은 지속가능경영(Sustainable Management)을 기업경영의 매우 중요한 기준으로 삼고 있는데, UN이 기업의 참여를 강조한다면 향후에 이 내용을 진지하게 고려해 보아야 한다는 뜻이었다.

한국에서는 2003년 삼성 SDI를 시작으로 지속가능경영보고서 제작과 인증에 들어갔는데, 이미 당시에는 대부분 글로벌기업들이 지속가능발전에 대한 세계적 관심과 화두에 맞추어 '지속가능경영' 인증에 참가하고 있었다. 대표적인 지속가능경영인증은 주로 다우존스 지속가능경영 지수(DJSI)와 GRI 가이드라인 및 ISO 26000이 활용되고 있었다. 그런데 문제는 기존의 인증방식이 사회적 책임, 윤리경영, 친환경 사업장 중심의 평가로만 이루어지고 있다는 점이다. 나는 올해 UN과 국제사회가 시작하는 지속가능발전목표(SDGs)의 원년임을 감안한다면, 세계적 흐름을 반영하는 새로운 인증방식이 필요하다고 생각했다.

즉 2015년은 전 세계가 함께 참여하는 UN SDGs가 시작하는 해인만큼 이에 따른 6개의 큰 목표와 세부 항목들을 제시해, 국제사회의 이목과 인프라가 집중되도록 하자는 계획이었다.

SDGs 자체를 강조하는 새로운 인증방식이었다. 내가 제시하는 여섯 가지 새로운 지속가능발전경영인증은 UN 사무총장 보고서를 기반으로 했으며, 'SDGs지속가능발전경영인증(Leading Company on UN SDGs)'이라는 이름으로 발표했다. 여섯 가지 인증의 주요내용은 다음과 같다.

1. **존엄**: 전 세계적인 차별과 빈곤문제 대한 기업의 기여
2. **사람**: 기업의 여성과 청소년에 대한 보편적 교육 및 양질의 일자리 제공
3. **번영**: 기업의 노사 균형과 지속가능한 경제발전을 위한 고용가치 창출

4. **환경**: 지구환경 변화에 대한 기업의 책임 및 행동 촉구

5. **정의**: 사회 정의 실현 및 공공발전을 위한 기업의 역할

6. **파트너십**: SDGs 달성을 위한 기업, 국회, 국제기구의 지속적인 상
   호파트너십

5회 포럼에 참석한 주요 기업 대표와 실무자들은 이 내용을 매우 관심 있게 지켜보았으며, 나는 올해 9월에 UN과 함께 이 내용을 중점적으로 추진하겠다고 말하며 발표를 마쳤다.

포럼이 끝나고 5월에 들어서는, 2년 전 우리 협회를 잠시 지원한 바 있던 글로벌 반도체 유통전문 회사 유니퀘스트가 새로운 ASD 회원 가입을 선언했다. 드디어 열 번째, 그리고 두 자릿수 회원사가 탄생하는 순간이었다. 유니퀘스트의 앤드류 김 사장님은 회계전문가 출신으로 미국에서 학위를 받은 글로벌 경영자였다. 그는 우리가 추진하는 여러 일들에 좋은 이해를 가지고 있었고, 언제든 함께할 수 있는 일들은 흔쾌히 참여하겠다고 말했다. 내가 하는 일들에 같은 비전을 공유하고자 하는 분들이 점점 더 많이 생기고 있었고 나는 그분들에게 반드시 변화를 만들어 낼 수 있다고 약속했다. 특히 기업 경영자분들께는 결국 내가 만들고자 하는 사회와 환경이 그들에게 다시 훌륭한 비즈니스 환경을 제공할 것이라고 강조했다.

예를 들어 한국의 자동차기업은 아프리카에 처음 법인을 세울 때, 안전한 북아프리카 이집트와 남아프리카의 남아프리카공화국 등에

법인을 세워서 한동안 안정적인 성장을 이어나갔고, 일본의 도요타는 아프리카 내륙 깊은 곳에서부터 사업을 시작하여, 늘 불안한 상황을 헤쳐나가야만 했다. 하지만 2010년의 아랍의 봄 사태로 인해 중동과 북아프리카는 극심한 혼란에 직면하게 되었다. 우리가 주로 수출 전진기지로 삼던, 이집트를 비롯해 알제리, 바레인, 요르단, 리비아, 모로코, 튀니지까지 이 물결에 휩쓸리고 있었다. 하지만 당시 도요타는 어떠했는가. 도요타의 수많은 차들은 여전히 아프리카 대륙 곳곳 깊숙한 곳까지 달리고 있었다. 아프리카는 지구에서 인구가 가장 급속히 늘어나고, 가장 큰 미래 소비자층이 존재하는 곳이다. 기업들이 선뜻 투자하기 꺼리는 환경들이 미래에는 최고의 마켓이 되는 것이다. 눈앞에 있는 이익을 쫓아 당장 안정적인 곳에 투자한다면, 미래의 소비자와 시장 둘 다 잃게 된다고 생각한다. 지속가능한 환경을 구축하고, 그곳에 투자하고 인프라를 구축하고, 사람을 보내는 것은 기업의 미래 먹거리를 위해 더할 나위 없는 훌륭한 선택을 하게 되는 것이다. 나는 이러한 미래에 대한 투자가 기업이 지구환경과 인류에 할 수 있는 가장 중요한 역할이라고, 기업들을 방문할 때면 꼭 강조했다.

UN이 준 놀라운 기적

UN 경제사회이사회 협의지위를 받은 우리는 UN에 보내는 각종 공문들을 작성하며 5월을 바쁘게 보냈다. 이 일은 주로 나와 명아 씨가 했는데, 내가 한국어로 어렵게 표현하는 문서를 명아 씨는 세련되게 해석하여, 멋진 영문으로 만들어내곤 했다.

특히 우리는 두 개의 공문을 만들며 무척 정성을 기울였다. 하나는 우리 협회의 가장 큰 염원이기도 한 UN명칭 사용에 대한 UN의 허가 요청 공문이었고, 두 번째 문서는 다가오는 UN의 고위급 회의에 제출할 공식 의견서(Written Statement)였다.

UN명칭을 쓰고자 하는 가장 큰 이유를 한마디로 말하면, 국회와 기업뿐 아니라, 더 많은 사회 각계 리더들에게 SDGs를 알리기 위해서였다. SDGs라는 개념도 무척 생소하지만 무엇보다 이 일이 왜 UN을 중심으로 국제사회가 함께 시행하는지에 대한 설명이 필요했다. 우리는 국제사회의 리더들에게 우리 협회가 하는 모든 일들이 UN의 지속가능발전목표를 지지하고, 그 시스템과 시행방법들을 돕기 위한 일이라는 것을 강조하고 싶었다. UN이 만장일치로 추진하는 일은, 다른 말로 표현하면 193개국 모두가 함께 추진한다는 뜻이었다. 그만큼 국제사회가 모두 참여하는 중요한 일에 더 많은 리더들이 함께 이끌어 나가길 원했던 것이다. 특히 최근 UN 무용론이 각국에서 제기되고 있었기 때문에 인류가 잊지 말아야 할 UN의 창설이념과 존재이유에 대해 강력한 응원과 지지를 하고 싶었다.

문제는 이러한 내 바람에도 불구하고, UN은 그 명칭과 로고, 엠블럼 사용 등에 대해 굉장히 엄격한 기준을 세우고 있었다. UN 설립 후 1년 뒤인, 1946년 총회에서는 UN 이름과 로고를 UN의 공식적인 허가가 있을 경우에만 쓰게 했고, 1967년에는 스톡홀름에서 파리협약을 개정하여, UN 이름, 로고, 엠블럼에 대해서 UN 헌장에 대한 법률적 해석과 사무총장의 특별허가가 있을 시, 사용이 가능하게 만들었다. 또한 이는 UN뿐 아니라 모든 국제기구에 해당되며, 이름을 허가 없이 쓸 경우는 회원국에서 규제가 가능하도록 했다. 한마디로 이를 해석하는 사무국에서 UN 헌장의 취지에 맞는 경우와 사무총장의 허가가 있을 시에만 사용이 가능하도록 한다는 뜻이었다. 하지만 사실 이 내용이 허가된 경우는 거의 없었다. 우리의 시도는 애초부터 불가능한 일이었다.

그렇지만 우리는 이 일을 천천히 점진적으로 하나씩 풀어나갔다. 2011년 11월에 UN 엠블럼의 한쪽 면을 형상화한 우리 로고와 함께, UN MDGs Supporting Organization 수식어를 처음으로 허가받았고, 2012년 10월에는 'United Nations, We Believe'라는 슬로건을 우리 단체명 위에 쓸 수 있도록 허가받았다. 또한 2013년 6월에는 Korean Association for Supporting SDGs라는 단체 이름의 승인을 받았다. 정말 적합한 사유와 활동내용이 있다면, 어쩌면 이번에는 UN의 승인을 받을지도 모른다는 희망을 가지고 있었다. 그래서 경제사회이사회 협의지위를 받게 되자, 다시 한 번 이 일을 도전해 보기로 한 것이다.

우선 우리가 중점적으로 하고 있는 사업들을 자세히 쓰고, 그 일들에 UN의 명칭을 함께 쓸 때 얻을 수 있는 효과들, 그리고 ASD가 현재 UN에 주는 의미와 영향, 우리가 지난 1년간 활동했던 Annual Report와 활동모습들, 그리고 UN 회원국 최초로 창립한 국회 포럼과 UN 사무총장님과 부사무총장님을 예방했던 내용들을 자세히 기재했다. 공문을 작성한 후, 2011년과 2012년 받은 UNOLA의 공문도 함께 첨부문서로 넣었다. 매우 복잡하고 방대한 양의 자료였다. 우리는 한 달 동안 정말 꼼꼼하게 준비하고 번역했다. 그리고 UN의 공식적인 연락처를 통해 정식요청을 했다. 이전에 거절당한 경험이 있었기 때문에 사실 이번에도 하나의 큰 도전이라는 생각을 하고 있었다. 다만 이러한 시도들을 통해서 UN의 이념에 더 가까워진다면 그것만으로도 훌륭한 성과이고 ASD의 성장과정이라고 생각했다.

UN에 우리의 요청공문을 보낸 뒤, 곧 있을 2015 UN 경제사회이사회 고위급회담(2015 ECOSOC High-Level Segment)에 제출할 의견서(Written Statement) 준비도 했다. 의견서는 각 협의지위에 맞게 제출할 수 있는 글자 수가 제한되어 있었는데, 우리는 특별협의지위를 받았기 때문에 500자 안에, 주제에 맞는 의견을 제시해야 했다. 고위급회담은 매년 UN 총회 전에 중요한 의제를 조정하기 위해 개최되는 회의로, 각국의 장관급 이상 인사들이 참여하는 매우 중요한 회의였다. 이 회의에 협의지위 NGO들은 의견을 제시할 수 있었고, 그중 몇 개의 의견은 채택되어 회의 참석자들에게 전달되었다.

ASD의 의견이 채택될지 알 수 없었으나, 우리는 그동안 UN에서 우리에게 보여준 특별한 기대와 관심이 이번 의견서에도 반영될 수 있으리라고 기대했다. 나와 명아 씨는 MDGs에서 SDGs로 전환되는 이 시점에서 어떠한 노력들이 필요한지를 중점적으로 썼다. 특히 기업과 국회의 역할이 매우 중요하고, 이를 위해 우리 ASD가 기울이는 노력에 전 세계가 주목해 줄 것을 호소했다. 짧은 글에 우리의 의견이 깊이 있게 반영되어야 하기 때문에 무척 신중하게 썼다. 그리고 만약 이 내용이 채택된다면, 실제로 UN에서 바로 활용하게 되기를 기대하며 꼼꼼히 작성했다.

"Managing the transition from the Millennium Development Goals to the sustainable development goals: what it will take"

According to Global Sustainable Development Report, United Nations assesses that many activities for sustainable development actually is not conveyed to decision makers smoothly after Rio+20 conference(United Nations, 2014). In other words, even if member countries of the United Nations voted for Sustainable Development Goals(SDGs) in the United Nations General Assembly, it is quite difficult to be executed indeed by each country. The reason is that each country has its important affairs of state that should be processed in the first place; on the other hand, the United Nations global issues have never been the top priority. In addition, these issues lead to situation in which global issues at the United Nations underestimate in the legislative body of nations. Consequently, a smaller budget always has been allocated to issues at the United Nations than that was previously reported to the United Nations.

Millennium Development Goals(MDGs) was successful international development project, but it has been challenged by financial problems at the same time. Because Sustainable Development Goals(SDGs) covers much wider goals and issues than Millennium Development Goals(MDGs), it needs more financial assistance and each country should fully understand the reason why they need it.

Especially there are two different approaches to achieve Sustainable Development Goals(SDGs) effectively. Firstly, recognition of the legislative body about Sustainable Development Goals (SDGs) should be improved so the government should have the active cooperation of its legislative body when they secure budget for Sustainable Development Goals(SDGs). Secondly, enterprises have to get actively involved. In order to induce the participation of enterprises, the practical benefits from participation can be an effective tool rather than just a suggestion for voluntary participation. Enterprises are influenced by the laws and policies of nations in many ways, so the network between the legislative body and enterprises to discuss Sustainable Development Goals(SDGs) together within framework can be a possible example. It has a great effect on promoting Sustainable Development Goals(SDGs), and 'Korea National Assembly UN SDGs Forum(NSD)' of 'Korean Association for Supporting SDGs(ASD)' that is an NGO in Economic and Social Council(ECOSOC) Special Consultative Status is a good alternative. At the 'Korea National Assembly UN SDGs Forum(NSD), the cooperation between government and private sectors including system and implementation has been possible because the legislative body and enterprises have discussed together how to establish policy for Sustainable Development Goals(SDGs). Therefore, if this initiative is applied to both developing and developed countries properly, the problems that we found on Millennium Development Goals (MDGs) can be considerably resolved.

United Nations(2014). Prototype Global Sustainable Development Report. Online unedited edition. New York: United Nations Department of Economic and Social Affairs, Division for Sustainable Development, 1 July 2014.

믿고 있다면 모든 것이 가능하다

(According to Global Sustainable Development Report, published in July 1st, 2014, UN assesses that many activities for sustainable development actually isn't conveyed to decision makers smoothly after Rio+20 conference.

다르게 표현하면, UN의 회원국이 UN 총회에서 SDGs를 의결한다고 해도, 실제로 각국에서 이를 실행하는 건 매우 어렵다는 뜻이다. 그 이유는 각 국가마다 우선적으로 시행해야 하는 중요한 국가과제가 있고, 반면에 UN이나 국제사회의 이슈는 우선순위가 되지 못하기 때문이다. 또한 이러한 이유들은 각국의 국회에서 UN 이슈가 높게 평가받지 못하는 상황을 만든다. 그 결과 UN에서 추진하는 이슈들은 원래 UN에 보고되는 예산보다 항상 적게 배정되게 된다.

MDGs는 성공을 거둔 목표였지만, 동시에 재정적인 부분에서 많은 도전을 받아왔다. SDGs는 MDGs보다 훨씬 광범위한 목표와 이슈를 다루기 때문에 더 많은 재정이 필요하고, 이 재정이 필요한 이유들을 각 국가가 정확히 이해해야 한다. 특별히 두 가지 면에서 접근이 필요한데, 첫 번째로 국회에서 SDGs에 대한 인식이 지금보다 더 나아져야 한다. 그래서 정부에서 SDGs를 위한 예산을 신청했을 때, 국회의 적극적인 협력을 받을 수 있어야 한다. 두 번째로 기업들의 적극적인 참여가 필요하다. 기업들의 참여를 유도하기 위해, 자발적인 참여를 권유하는 방법보다는 보다 실질적인 참가 이익을 주어야 한다. 예를 들어 기업들은 각국의 법과 정책에 많은 영향을 받음으로, 국회와 기업이 함께 네트워크를 구성해서, 제도 안에서 함께 SDGs를 논의하게 하는 방법이 있을 수 있다. 이는 큰 효과를 볼 수 있으며, 현재 UN 경제사회이사회 특별협의지위 NGO인 ASD에서 만든 NSD가 좋은 대안이 될 수 있다. NSD는 국회와 기업이 SDGs를 위해 어떠한 정책을 만들어 나갈지 함께 논의하기 때문에 정부와 민간분야가 함께 움직이고, 제도와 시행이 함께 이루어질 수 있다. 이를 개발도상국과 선진국에 적용하면 MDGs에서 발견한 문제점을 크게 보완할 수 있을 것이다.

우리는 이러한 내용으로, 그동안 줄곧 UN과 국제사회에 호소했던 내용을 말했고, 이를 의견서에 담아 사무국에 제출했다.

❙ 서른다섯 살, 2014년 6월

6월 10일과 13일. 3일 간격으로 우리 협회는 UN과 국제사회에 있어 중요한 역사를 하나씩 만들어냈다. UN 사무국은 국회와 기업, 그리고 각계 주요리더들에게 SDGs를 효과적이고 정확하게 전달하기 위해 UN의 이념을 실천하겠다는 우리의 요청을 받아들였다. 드디어 ASD의 이름에 UN의 명칭이 정식으로 포함될 수 있도록 공식 승인한 것이다. 이 일은 그동안 우리가 만든 많은 기적 중에서도 가장 놀라운 일이었다. 말 그대로 UN의 지원기구로써 시작하게 되었다.

6월 9일, 나와 ASD 앞으로 전달된 공문에는, ASD는 'Korean Association for Supporting SDGs(SDGs지원한국협회)'에서 'Korean Association for Supporting the SDGs for the UN(UN지원SDGs한국협

회'로 이름이 변경되는 것을 승인하겠다고 기재되어 있었다.

전 세계에서 UN을 지지하며, UN의 주요활동인, 평화, 인권, 아동, 여성, 교육, 환경, 경제, 보건, 빈곤 분야에서 활약하는 3만 개의 NGO 중 1,400개 NGO만이 가지는 경제사회이사회 특별협의지위를 보유하게 되었고, 특별히 그중에서 처음부터 UN이 설립한 민간 국제기구를 제외하고 유일하게 UN 이름을 쓸 수 있는 기구가 된 것이다. 우리는 올해 창립 70주년이 되는 UN 역사에 기억될 하나의 기록을 만들게 되었다.

또 한 가지의 일은 6월 12일 UN 경제사회이사회가 우리가 제안한 의견서를 채택하겠다고 알려온 것이다. 채택된 의견서는 이번 UN 경제사회이사회 고위급회담 기간에 각국 참가자들에게 제공되며, UN의 공식 언어인 6개 국어로 번역되어 홈페이지에 게재된다고 했다. 이 일은 단순히 우리 의견이 UN에 반영되었다는 의미가 아니었다. 우리 ASD가 활동한 목적을 집약하여 요약한 의견이 UN의 가장 중요한 회의 중 한 군데에 정식으로 반영되었다는 뜻이기 때문이다.

이 두 가지 일은 작은 물줄기로 출발한 나의 도전이, 이제는 거대한 대양으로 나가기 시작하는 느낌이었다. 그만큼 UN의 이번 두 결정은 나와 ASD에 매우 큰 의미와 울림을 주었다.

그리고 덕분에 나의 긴 여정은 이제 막 새로운 출발선에 서게 되었다. 새로운 목표와 비전을 향해 더 힘차게 걸어나갈 수 있는 동력을 다시 얻은 셈이었다. 남극과 가장 가까운 땅에 있는 아르헨티나의 우수아이아(Ushuaia)에 가면, 이런 말이 새겨져 있다. '여기는 세상의 끝, 그리고 모든 것의 시작'

어떤 일의 끝에 다다랐다고 느낄 때, 그곳은 모든 것을 시작할 새로운 출발지인 셈이다. 이번 일을 계기로, 향후 5년간 내 앞에 놓인 새로운 미래에 대해 단단한 준비를 하게 되었다. 이날은 비전을 향한 멈출 수 없는 여정의 또 다른 출발일이 된 것이다.

나는 지난 10년간 단 한 번의 쉼 없이 묵묵히 앞을 향해 나가고자 노력했다. 그리고 그 길 속에서 수많은 도전과 한계들이 나를 끊임없이 멈추게 하고 포기하도록 종용했다. 하지만 어두운 동굴 속을 걸을 때는 아주 작은 빛줄기라도 찾아 헤맸고, 길이 없는 막다른 곳에 도착했을 때는 먼 길을 돌아가거나, 왔던 길을 다시 돌아서 다른 길을 찾아가기도 했다. 내 삶 속에서 세 가지 강력한 동기와 믿음이 있다면, 하나님에 대한 믿음과 가족들에 대한 감사함, 그리고 내 삶의 비전에 대한 믿음이었다. 그리고 내가 가는 길에 크고 작은 도움을 준 많은 이들을 난 잊지 않고 있다. 그들이 있기에 내가 여전히 앞을 보며 이 자리에 서 있을 수 있었다. 세계적 음료회사인 레드불(Redbull)의 CF에는 이런 말이 나온다. "한계는 자신 스스로가 만드는 것." 나는 내 한계를 언젠가 내 비전이 이루어지는 날에 만들지도 모른다. 적어도 그전까지는 내 삶 속에서 한계를 두지 않고, 계속 앞으로 전진할 것이다. 모든 이에게 감사하며, 모든 이에게 겸손하며, 모든 이들을 존중하며.

그리고 나와 지구와 인류 모두가 빛나는 그 순간을 꿈꾸며.

내가 또 주의 목소리를 들은즉 이르시되 내가 누구를 보내며 누가 우리를 위하여 갈꼬. 그때에 내가 가로되 내가 여기 있나이다. 나를 보내소서.

-이사야서 6장 8절

그 어떤 어려운 길이라도 필요하다면 난 두 손을 번쩍 들 것이다. "제가 하겠습니다. 제가 여기 있습니다."라고.

Success is ability to go to go from one failure to another
with no loss of enthusiasm.
성공이란 실패를 거듭하면서도 열정을 잃지 않는 능력이다.

-윈스턴 처칠

나는 세상이 인정하는 성공을 한 적은 없다.

그렇다 해서 지난 10년 동안 내 비전과 목표를 중도에 포기하겠다고 생각한 적도 없다. 더욱이 조금 더 편안하고 인정받는 길로 가고자 마음먹지도 않았다. 매일 매일 가능과 불가능 사이에서 위태롭게 뛰어다니며, 제도권과 비제도권 상황에서 고민을 거듭하며 길을 걸어왔다.

아직 해가 뜨지 않은 새벽 일찍 눈을 떠서 하루를 온전히 불태우고, 다시 별을 보는 새벽이 될 때면, 나는 내가 가진 계획과 비전이 조금씩 전진하고 있는지 곰곰이 생각해 보았다. 그 누구보다 놀라운 기적을 많이 보았고, 그 누구보다 빛나는 젊음을 보냈기에, 여전히 가능성을 믿으며 앞을 바라보지만, 그 가능성이 과연 세상을 달라지게 했는지, 늘 고민하고 안타까워했다. 내가 가진 빛이 어떤 사람들에게 비추어졌는지, 또 누가 아직도 어둠 속에 있는지 언제나 내 마음을 아프게 한다.

우리는 너무나 풍족한 삶을 살며 깨끗한 환경과 아름다운 자연을 보고 있지만, 반면에 극심한 배고픔에 시달리며 메마른 땅과 오염된 공기 속에 살기도 한다. 이렇게 오늘날 우리가 살아가는 세상은 두 가지 모습이다.

우리 인류는 지난 몇 천 년 동안 눈부신 기술과 놀라운 문명을 이루었다. 하지만 우리 곁에는 여전히 인간의 기본적인 삶조차 누리지 못하고 고통받는 이들이 너무나 많이 있다. 그들은 한참 동안 방치됐으며, 우리는 그 모습을 무기력하게 그저 지켜보기만 했다.

훌륭한 문화를 누리고 풍족한 음식을 먹으며, 깨끗한 물과 공기를 차지할 권리는 어떤 누군가만의 특권이 절대 아니다. 인류가 이룩한 위대한 성과들은 이 땅에 살아 숨 쉬는 모든 이들이 함께 나누어야 하는 의무이기 때문이다.

오랫동안 세상의 리더들은 기아와 빈곤, 교육차별과 인권, 기후변화와 환경오염, 사막화와 동식물 멸종위기를 다른 누군가가 해결할 거라고 꾸준히 생각해 왔다. 하지만 늘 그렇듯이 이 문제들을 해결할 다른 누군가는 지구상 어디에도 있지 않다. 오로지 이를 위해 움직일 수 있는 사람은 자기 자신 스스로일 뿐이다. 내가 움직이지 않는다면 그 누구도 나를 대신해서 노력할 사람은 결코 존재하지 않는다.

인류애는 지금까지 우리가 살아온 모든 생명의 원동력이며, 하나님께서 이 땅에 사는 우리에게 주신 가장 큰 권한 중 하나이다.

이 땅에는 여전히 5,800만 명의 어린이들이 아무런 교육을 받지 못하고 있다. 그리고 매년 다섯 살이 되기도 전에 310만 명의 아기들이 기아로 세상을 떠나고 있다.

우리는 이제 무엇을 해야 할지 더 늦기 전에 생각해 보아야 한다.

인류의 지속적인 미래, 그리고 멈추지 않는 삶을 지키기 위해 서로가 작은 힘을 더할 수 있다면, 그것 이상의 큰 가치는 없다고 생각한다. 나는 그 모습이 우리가 성취할 수 있는 가장 큰 성공이며, 동시에 가장 위대한 도전과 열정이라고 믿고 있다.

혹시 실패할지도 모른다. 하지만 더 이상 머뭇거리지 말고, 지금 이 순간 변화에 대한 도전을 함께 시작해야 할 때이다.

처칠 경의 말이 그런 뜻이었다면 전적으로 공감하며, 나 역시 성공으로 가는 길목에 있다고 믿고 싶다. 또한 이 책이 그 길목에 있는 문이 될 수 있기를 바란다.

인류의 삶이 더 없이 빛나고, 더 없이 행복하길 바라며….

감사의 인사

서른다섯 살, 길지 않은 인생을 살아왔지만, 감사드릴 분들이 너무 나 많습니다. 개인적 사정으로, 혹은 제 짧은 기억 탓에, 모두 성함을 쓸 수 없음을 양해 구합니다.

세상의 모든 걸 가르쳐주신 가장 위대한 스승이시며 가장 사랑하고 존경하는 아버지, 어머니, 부족한 동생 때문에 늘 고생하고 마음쓰는, 고맙고 존경하는 형님 내외와 사랑하는 조카 가빈이 서빈이, 16년을 함께 산 영원한 나의 친구 새롬이, 저를 걱정해주고 언제나 기도해주시는 친척분들에게 감사드립니다.

서울시와 대선캠프, 대통령직인수위 등에서 만난 선후배들 동료들, 그리고 기자 선배들, 한국국제협력단 코이카에서 만난 박대원 이사장님, 김영목 이사장님과 존경하는 선후배 동료직원들, IDP 시절 함께해준 멋진 직원들 박민제, 한하경, 양소연, 안지영, 김혜성, 신지연, ASD

믿고 있다면 모든 것이 가능하다

부터 함께해준 소중한 직원들 배소진, 이명주, 강유미, 천예진, 이윤아, 박보경, 강수정, 김서지, 주예람, 김동현, 김소미, 김수연, 정지윤, 박채원, 김지원 씨, 또한 현재 함께해주는 능력자 강명아 매니저와 협회의 협의지위 수여에 큰 힘이 된 세윤 씨, 뉴욕 프로젝트를 함께해준 태구 씨, 언제나 변함없이 내 일이라면 도와주는 친구 오상익 대표, 오랜 기간 많은 일을 함께한 최고의 우정 정효찬 대표, 우리 홈페이지를 만들어준 김민규 대표, 디자이너 친구 준행, 지숙씨, 동화인쇄 사장님 힘들 때 힘이 되어준 해병대 동기 임재영, 코이카에서 우정을 나눈 명일 형, 준성 팀장님께도 감사드립니다.

저에게 사회에서 가장 좋은 스승이 되시는 권성동 의원님, 권통일 보좌관님, 황성현 비서관님, 안청모 비서관님, 최종민 비서님, 신윤정 비서님, 이자스민 의원님과 윤영 비서관, 그리고 이재영 의원님과 따뜻한 영육 보좌관님, 상동 형님, 존경하는 이주영 의원님과 유주형 비서님, 둘도 없는 좋은 형인 인석 형님, 중덕 형님께도 늘 감사합니다.

정윤모 위원장님, 이대산 부문장님, 신현옥 실장님, 이성규 상무님, 이선주 상무님, 윤성욱 팀장님, 이종원 차장님, 함윤희 차장님, 송광헌 과장님, 장종운 지점장님, 한상철 팀장님, 황성관 총장님, 최장복 실장님과 박경윤 국장님 등 노조 임원님들, UCC의 존경하는 각 사 노조위원장님들, 큰 힘을 주신 이희성 사장님과 가족 같은 이재령 상무님, 김인래 이사님, 실비아문 차장님, 이효주 대리님, 존경하는 리더 이재호 부사장님, 김형준 부장님, 이은지 비서님, 존경하는 이충학 부사장님, 김민석 부장님, 전현진 과장님, 황성미 과장님, 존경하는 신승국 본부장님, 김현준 책임님, 정율이 선임님, 존경하는 박찬우 실장님과 이상훈 부장님, 김명일 차장님, 김예지 대리님, 큰 도움을 주신 이정치 회장님과 강정훈 차장님께 감사드립니다.

저의 영원한 인생의 선배, 윤상진 비서관님과 홍식 형님, 그리고 이성수 선배와 윤석정 선배, 믿고 따르는 임현찬 사장님과, 좋은 친구 소연 씨, 사진작가 경진, 김동윤 회장과 준수 씨, 홍대 동기 정현 형과 후배 한솔이, 그리고 호기심 언론인 태민 국장, ASD 홍보대사 신아영 아나운서님, 따뜻한 마음과 큰 도움을 주시는 앤드류 김 사장님과 서혜련 차장님께 감사드립니다.

존경하는 윤종수 원장님과 최고의 여성리더 쉘리 혜경 씨, 존경하는 박노벽 대사님과 한충희 대사님, 유지은 대사님, 그리고 최남호 사무관님과 여러 정부 기관의 좋은 선배님들. 앞서나가시는 여성 리더 김행 원장님과 손차영 대리님, 존경하는 양수길 교수님과 한종택, 진새봄 연구원님, 존경하는 홍현종 사무총장님과 강전욱 연구원님, 강성욱 사장님과 GE Korea 이미나 대리님 우먼즈 네트워크 임원님들, 이신화 교수님과 이요한 이사님, 김의연 담당관님, 보니안 골모하마디 사무총장님과 유엔협회 세계연맹 분들께도 감사드립니다.

　어떤 말로 표현할 수 없고 너무나 미안하고 미안한 은영이와 부모님, 그리고 정말 고마운 쥬리, 친구 혜영, 전용균 대표님과 더 좋은 매니저님들, 패션계의 거목 장광효 선생님, 박성목 실장님, 이상봉 선생님과 이청청 디자이너님, 국가대표 배구팀 한유미, 한송이 선수님 자매, 박정훈 대표님, 솔잎, 친구 윤혜, 방지은, 바이올리니스트 선이 씨, 시민 씨, 첼리스트 정란 씨, YTN 장민정 앵커님, 경하 씨, 장미송이 씨, 승아 씨, 선하 연구원님, 성열씨, 유정씨, 평창 기대주 동현 씨, 책을 펴내 준 김회란 부장님, 이소현 대리님, 이 책에 담지 못한 1,800명의 사회 파트너들, 모든 제 친구들, 사랑하는 동료들, 사회 선후배들, 늘 응원해주는 7,000명의 SNS 친구분들과 자랑스러운 대학생 UN SDGs 홍보대사 300명께도 감사드립니다.

밑고 있다면 모든 것이 가능하다

무엇보다 제 삶의 큰 영감이신 반기문 총장님과 UN의 존경하는 모든 외교관님들, 외교부와 환경부의 헌신적인 공직자분들께도 깊이 감사드립니다.

그리고 제 삶을 만들고 이끌어주시는 하나님께 이 모든 감사를 드립니다.